公認心理師
スタンダード
テキストシリーズ

1

［監修］
下山晴彦・佐藤隆夫・本郷一夫

［編著］
下山晴彦・慶野遥香

公認心理師の
職責

ミネルヴァ書房

　多様化する社会のなかで，「心」をめぐるさまざまな問題が注目されている今日において，心の健康は誰にとっても重要なテーマです。心理職の国家資格である公認心理師は，まさにこの国民の心の健康の保持増進に寄与するための専門職です。公認心理師になるためには，心理学に関する専門知識および技術をもっていることが前提となります。

　本シリーズは，公認心理師に関心をもち，これから心理学を学び，心理学の視点をもって実践の場で活躍することを目指すみなさんのために企画されたものです。「見やすく・わかりやすく・使いやすく」「現場に出てからも役立つ」をコンセプトに全23巻からなる新シリーズです。いずれの巻も広範な心理学のエッセンスを押さえ，またその面白さが味わえるテキストとなっています。具体的には，次のような特徴があります。

① 心理学初学者を対象にした，学ぶ意欲を高め，しっかり学べるように豊富な図表と側注（「語句説明」など）で，要点をつかみやすく，見やすいレイアウトになっている。
② 授業後の個別学習に役立つように，書き込めて自分のノートとしても活用でき，自分で考えることができるための工夫がされている。
③ 「公認心理師」を目指す人を読者対象とするため，基礎理論の修得とともに「臨床的視点」を大切にした目次構成となっている。
④ 公認心理師試験の準備に役立つだけでなく，資格をとって実践の場で活躍するまで活用できる専門的内容も盛り込まれている。

　このように本シリーズは，心理学の基盤となる知識と臨床的視点をわかりやすく，学びやすく盛り込んだ総合的テキストとなっています。心の健康に関心をもち，心理学を学びたいと思っているみなさん，そして公認心理師を目指すみなさんに広くご利用いただけることを祈っております。

下山晴彦・佐藤隆夫・本郷一夫

編著者まえがき

　本書のタイトルは，「公認心理師の職責」です。

　「ところで，職責って何？」と疑問をもつ方は，意外と多いのではないでしょうか。職責とは，文字通り，その"職"業の"責"任ということであり，英語では，responsibilityです。どのような職業であっても，それが社会活動である限り社会的な責任を負うことは当然といえます。

　しかし，2015年に公認心理師法が成立するまでは，日本の臨床心理学や心理学の領域で「職責」という言葉を聞くことはほとんどありませんでした。公認心理師法に基づく公認心理師養成カリキュラムの授業科目として「公認心理師の職責」が設定されてはじめて，心理職において「職責」が注目されるようになったといっても過言ではありません。

　心理療法は，歴史的にみると個人開業（プライベイト・プラクティス：個人契約の私的活動）として実施されることが多く，社会活動として位置づけられることが少なかったのです。カウンセリングは，人間性やボランティア精神を重視する傾向があり，社会的責任を強く意識することは少ないものでした。かつての日本の心理職の活動では，このような心理療法やカウンセリングの影響が強かったのです。そのことが，「職責」を意識することが少なかった要因の一つであるといえます。

　公認心理師は，公認心理師法に基づく国家資格であり，第1条で「国民の心の健康の保持増進に寄与することを目的とする」と規定されています。ここで，プライベイト・プラクティスではなく，国民から付託された公的な社会活動であることが明確に示されています。したがって，公認心理師は，公（おおやけ）の資格として，国民の心の健康に関して貢献する責任があります。そのため，倫理が重視され，規則に違反した場合の罰則が規定されているのです。

　本書では，このような公認心理師の職責の具体的内容を解説します。多くの方が，本書を学ぶことで公認心理師の公的責任を自覚し，幅広く国民の心の健康に寄与できる心理職になることを祈念しています。

　2020年5月

編著者を代表して　下 山 晴 彦

目　次

> ❨　**本書の使い方**　❩

❶　まず，**各章の冒頭にある導入文（この章で学ぶこと）**を読み，章の概要を理解しましょう。

❷　本文横には書き込みやすいよう罫線が引いてあります。気になったことなどを自分なりに書き込んでみましょう。また，下記の項目についてもチェックしてみましょう。

・**語句説明**……重要語句に関する説明が記載されています。

・**プラスα**……本文で解説している内容に加えて，発展的な学習に必要な項目が解説されています。

・**参照**……本文の内容と関連するほかの章が示されています。

❸　本文を読み終わったら章末の「考えてみよう」を確認しましょう。

・**考えてみよう**……この章に関連して調べたり，考えたりするためのテーマが提示されています。

❹　最後に「**本章のキーワードのまとめ**」を確認しましょう。ここで紹介されているキーワードはいずれも本文で取りあげられているものです。本文を振り返りながら復習してみましょう。

第Ⅰ部

公認心理師になるために
——職業を知り，自分を知る

臨床の視点 ···

　公認心理師は，「心理学の専門的知識と技術」をもって，「国民の心の健康の保持増進」のために働く仕事であるとされていますが，実際にはどんなことをしているのか，どんな人だったら公認心理師になれるのか，イメージは湧くでしょうか。第Ⅰ部では，公認心理師がどのような職業であり，それを目指す皆さんが今どんな場所に立っているのか，これからどのような学びの道筋をたどっていくことになるのかをみていきます。具体的には，公認心理師の職務と責任，必要とされる技能（コンピテンシー），自分の動機や価値観の理解，専門職としての教育のあり方について学びます。

第1章

公認心理師とは どのような資格か

この章では、「公認心理師」の仕事の内容を解説します。公認心理師は、国家資格をもつ実践心理職です。そのため公認心理師法という法律によって、仕事の内容とともにその責任や義務が規定されています。そこで、公認心理師法の条文を参照しつつ、公認心理師のすべきこと、守らなければならないこと、そして公認心理師になるために必要なことを概説します。

●関連する章 ▶▶▶ 第2章、第5章、第8章

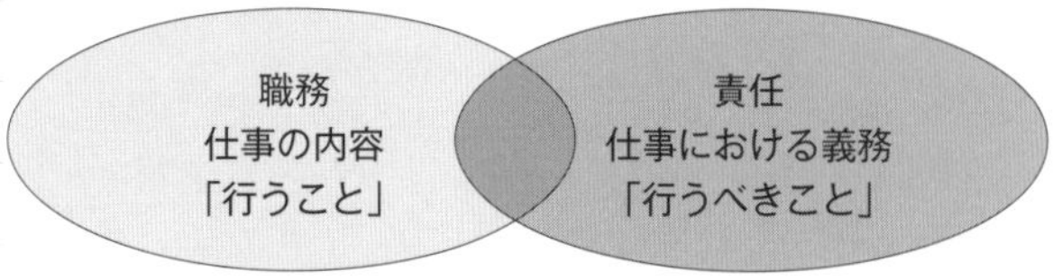

プラスα

臨床心理学
心理学の主要な分野である。心理的問題の解決や改善の支援を目的とする実践心理学である。実践心理学のなかでも、研究に基づく"実証性"と"専門性"を重視することが特徴。介入の効果研究を行い、有効な介入法を採用する。専門性が行政や他の専門職から評価され、大学での地位を確保し、社会的資格を有している。

実践心理職
心理学は、研究活動を主とする「学術心理学」と実践活動を主とする「実践心理学」に大別される。心理学の研究者は心理学者、実践者は心理職と呼ぶ。心理学の知識と技能を備えた専門職を強調する場合には、実践心理

1 職責ということ

　本書のタイトルは、「公認心理師の職責」となっています。皆さんは、この「職責」という言葉の意味をご存知でしょうか。これは、職務の「職」と責任の「責」を合わせた言葉で、「職務上の責任」ということを意味します。たとえば、「職責を果たす」や「職責をまっとうする」といった使い方がされます。したがって、「公認心理師の職責」といった場合、それは、図 1-1 に示したように公認心理師の仕事において「行うこと」（職務、つまり仕事の内容）や「行うべきこと」（責任、つまり仕事における義務）を意味することになります。

　そこで公認心理師の職責を知るためには、公認心理師の仕事として求められている「職務」と「責任」は何かを知る必要があります。公認心理師の業務は、2015 年に成立し、公布された**公認心理師法**によって規定されています。ですので、公認心理師の職責を知るためには、公認心理師法の条文を確認することが必要となります。

　ただし、公認心理師は、2015 年の日本に突如として出現した職業というわけではありません。心理的問題の改善や解決をする心理療法が生まれ、それらの心理療法を科学的に発展させるために**臨床心理学**が発展し、さらに現在ではその成果に基づいてさまざまな**実践心理職**（practitioner psychologist）が活動するようになっています。公認心理師は、そのような実践心理職の一つとして誕生したわけです。

　したがって、本章では公認心理師の仕事を深く知るために、公認心理師という職業がどのよ

図 1-1　職責の構造

| 職務 仕事の内容 「行うこと」 | 責任 仕事における義務 「行うべきこと」 |

うに成立したかという，歴史的背景をみていくことから始めます。

2 ｜ 公認心理師法の成立

　心の健康に関連する問題の解決や改善を目的とした活動は，すでに19世紀後半の西欧社会において始まっています。精神分析療法や行動療法といった活動がそれにあたります。しかし，そのような活動は，専門家が個人的に実践をする私的活動（private practice）でした。

　その私的活動が，第2次世界大戦後の米国において社会的活動に発展することが生じました。戦争で心の傷（PTSD）を負った人々の治療をするために，心理学の専門家を国家で育成，雇用することを決定し，そのための法律が定められたのでした。これが，心の健康に関わる心理職（professional psychologist）の始まりとなりました。

　私的活動であった心理学の実践活動が，国民の健康に関わる公的な社会的活動となったわけです。そこでは，心理学の専門性を重視し，実践活動だけでなく，心理学の研究活動ができることが心理職に求められました。そのために心理職には，心理学の実践だけでなく，研究もするという科学者-実践者モデルが採用され，大学院の臨床心理学の博士課程を修了していることが条件となりました。

　このような米国の心理職のあり方は，その後にヨーロッパをはじめとして世界に広がりました（Marzillier & Hall, 1999）。当初の心理職の活動は，精神医療の領域がほとんどでした。しかし，近年では精神医療だけでなく，医療全般，さらには障害福祉や高齢者福祉，発達支援，教育，産業，司法といった幅広い領域で心理職が活躍するようになっています（Lewelyn & Aafjes-Van Doom, 2017）。それに伴って幅広く実践に関わる心理職を総称する意味で実践心理職という名称が広まってきています。

　日本においても1960年代から心理職の国家資格化を目指した動きが始まりました。しかし，残念ながら，さまざまな事情から国家資格化は失敗の繰り返しでした（下山，2010）。そして，2015年にようやく成立したのが公認心理師法です。約55年間における紆余曲折を経て心理職の国家資格化が成就したわけです。公認心理師法は，表1-1に示したように5章構成となっており，それに附則がついています。法律成立の2年後の2017年に公認心理師法が施行となり，2018年に第1回の公認心理師試験が実施されました。それによって日本においても実践心理職の国家資格化が実現したということになります。

職と呼ぶ。公認心理師は，実践心理職の，一つの職名である。

プラスα

PTSD

Post-Traumatic Stress Disorder の略語。日本語訳は，心的外傷後ストレス障害である。トラウマ体験後によくみられる正常な不安症状が，長期にわたって回復しない状態である。フラッシュバックや悪夢などの侵入症状，恐怖を連想する場面の回避，認知や気分の否定的変化，過覚醒症状がある。

科学者-実践者モデル

人間行動がどのように維持発展されるかについての科学的探究を進めるとともに，苦悩を生み出す状況を改善し，問題を解決する臨床実践に関わる専門職を目指して，1949年に採用された米国の臨床心理学大学院における教育訓練モデル。その後，実践心理職の教育訓練の基本モデルとなっている。

参照

科学者-実践者モデル

→2章

表1-1 公認心理師法の構成

| 第一章 総則（第一条～第三条）|
| 第二章 試験（第四条～第二十七条）|
| 第三章 登録（第二十八条～第三十九条）|
| 第四章 義務等（第四十条～第四十五条）|
| 第五章 罰則（第四十六条～第五十条）|
| 附則 |

3 ｜ 公認心理師は何をするのか

　それでは公認心理師法に従って，まず公認心理師の「職責」における「職務」についてみていくことにします。上述したように職務とは，「公認心理師の行うこと」，つまり仕事の内容を意味します。公認心理師法において職務を規定する条項は，第1章［総則］の第1条と第2条となります。

1　公認心理師の職務：国民の心の健康の保持増進

　第1条には，「国民の心の健康の保持増進に寄与すること」という公認心理師の職務（条文では業務と記載）の目的が示されています。ここにおいて，公認心理師の職務は，国民の心の健康の保持増進への寄与を目的とした公的な社会活動であることが明確に定義されています。つまり，国家資格を有する公認心理師の仕事は，心理職の初期の実践形態であった個人的に実践をする私的活動ではなく，心の健康の保持増進を国民から付託された専門職としての職務であることが明確に示されています。

　次に第2条において，公認心理師の職務の具体的な内容，つまり業務が定義されています（表1-2）。

表1-2　公認心理師法第2条「公認心理師が業として行う行為」

1．心理に関する支援を要する者の心理状態を観察し，その結果を分析すること 2．心理に関する支援を要する者に対し，その心理に関する相談に応じ，助言，指導その他の援助を行うこと 3．心理に関する支援を要する者の関係者に対し，その相談に応じ，助言，指導その他の援助を行うこと 4．心の健康に関する知識の普及を図るための教育及び情報の提供を行うこと

　それは，「保健医療，福祉，教育その他の分野において，心理学に関する専門的知識及び技術をもって，次に掲げる行為を行うこと」とされており，その行為とは以下の4種の活動となります。これが，公認心理師の定義となります。

①要支援者の心理状態の観察と分析：心理的アセスメント

　第1は，「心理に関する支援を要する者の心理状態を観察し，その結果を分析すること」です。これは，**心理的アセスメント**（査定）に相当する活動です。要支援者の心理状態に関するデータを収集し，分析することが具体的な業務となります。そこで留意することは，心理状態は独立したものではなく，その人の身体状態や対人環境の影響を受けるものだという点です。したがって，心理状態を把握するためには，身体状態と密接に関わる生物的データ，対人環境に

関わる社会的データも併せて収集することが必要となります。その点で生物-心理-社会モデル［biopsychosocial model〈BPS〉］に基づくアセスメントが重視されることになります。そのために，問題となっている状態との関連で，面接法だけでなく，検査法や観察法といった技法を用いて生物面，心理面，社会面に関連する多様なデータの収集を行います。

②要支援者の心理に関する相談と援助：心理学的支援

第2は，「心理に関する支援を要する者に対し，その心理に関する相談に応じ，助言，指導その他の援助を行うこと」です。ここで重要なのは，「援助を行う」と記載されていることです。ここにおいて，公認心理師の実践活動の基本的あり方は，医学的治療とは異なる**心理学的支援**であることが明確に示されています。医学的治療では，医師をはじめとする医療職が患者に治療を施し，病気を管理するといった傾向が比較的強いといえます。それに対して心理学的支援では，要支援者の自己理解や自己決定を支援し，促すエンパワーメントが基本的あり方となるわけです。

なお，支援の方法ですが，要支援者が公認心理師のところに来談し，支援を受ける心理療法だけでなく，問題が起きている現場に公認心理師が出向いて関係者の支援をするアウトリーチや危機介入といったさまざまな方法があります。また，個人心理療法だけでなく，他の専門職と連携や協働しての支援が重要となります。

③要支援者の関係者への支援：地域連携・多職種連携

第3は，「心理に関する支援を要する者の関係者に対し，その相談に応じ，助言，指導その他に援助を行うこと」です。これは，要支援者本人だけでなく，要支援者の**関係者への支援**を媒介として間接的に本人の支援を行うことを意味します。要支援者が何らかの理由で相談に来ることができない場合などには，公認心理師は，その関係者の支援を通して問題解決を図ることがあります。関係者には，要支援者が生活場面で関わる家族，友人，教師，職場の同僚や上司等があります。このような関係者と連携しての支援は，地域連携の活動といえます。それに加えて，要支援者を支援するさまざまな専門職（医療職，看護職，福祉職，教育職，行政職など）とも連携した支援もあります。このような関係者と連携しての支援は，多職種連携の活動といえます。

このように関係者と連携して支援する方法は，リエゾン・コンサルテーションと呼ばれることがあります。このほかに，関係者だけでなく，要支援者本人と関係者を含んで支援する家族療法や集団療法，さらには要支援者が生活する社会環境に働きかけるコミュティ心理学の方法もあります。

④心の健康に関する教育と情報提供：コミュニティ活動

第4は，「心の健康に関する知識の普及を図るための教育及び情報の提供を行うこと」となっています。これは，ある特定の要支援者の問題を解決する支

プラスα

生物-心理-社会モデル
個人の発達や障害等を，生物的要因，心理的要因，社会的要因が相互に作用し，影響しあうことで生じているとするモデル。生物的要因を優先的に重視する医学モデルとは異なる多元的理解を提唱した。それぞれの要因に関わる専門職が協働して問題解決を進める多職種協働やチーム支援の基礎となるモデルである。

参照

アウトリーチ
→8章

危機介入
→6章

参照

コンサルテーション
→8章

援活動とは異なるものです。多くの人々を対象とし，積極的に心の健康を高めるための啓発活動や，問題が起きないようにするための予防活動となります。また，広報活動によって問題に関する情報を幅広く提供したり，問題が発生しやすい集団を対象として問題予防のための心理教育をしたりします。ここでは，個人を対象として支援するのではなく，地域を対象とする**コミュニティ活動**として，心の健康の水準を高める心の健康教育をすることが目的となっています。

2　公認心理師の仕事の構造：心理学的支援の過程と対象

このように公認心理師の仕事には，国民の心の健康の保持増進を目的とするさまざまな活動が含まれています。これらの活動は，図1-2に示したように2つの軸から構成されているものとして理解できます。一つの軸は，問題に対処する方法の軸です。これは，問題に関するデータを収集し，分析する（アセスメント）ことを通して問題の成り立ちを推測し，それに基づいて心理学的支援を実施する過程の次元（図1-2の横軸）です。もう一つの軸は，支援の対象の軸です。要支援者，要支援者の関係者，そして地域（コミュニティ）となります。これは，心理学的支援の対象の次元（図1-2の縦軸）となります。

図1-2　公認心理師の職務の構造

4 ｜ 公認心理師は，何をしなければならないか

次に，公認心理師の「職責」における「責任」についてみていくことにします。責任は，それを果たすための義務を伴います。公認心理師法において，このような責任と義務，つまり責務を規定しているのは，第4章［義務等］の条項です。ここで重要となるのは，第40条の「信用失墜行為の禁止」，第41条の「秘密保持義務」，第42条の「連携等」，第43条の「資質向上の責務」，第44条の「名称の使用制限」です。

公認心理師の仕事は，「国民の心の健康の保持増進に寄与すること」を目的としたものです。したがって，職務を適切に遂行するためには，国民の信頼を得ることが何よりも重要となります。公認心理師の義務等を規定した公認心理師法第 4 章［義務等］の最初に「信用失墜行為の禁止」が示されているのはそのためです。そこで公認心理師の責務は，図 1-3 のように「専門職としての信用」が中核にあり，その信用を維持発展させるために「秘密保持」「連携」「資質向上」「名称独占」があるという構造となっています。

図1-3　公認心理師の責務の構造

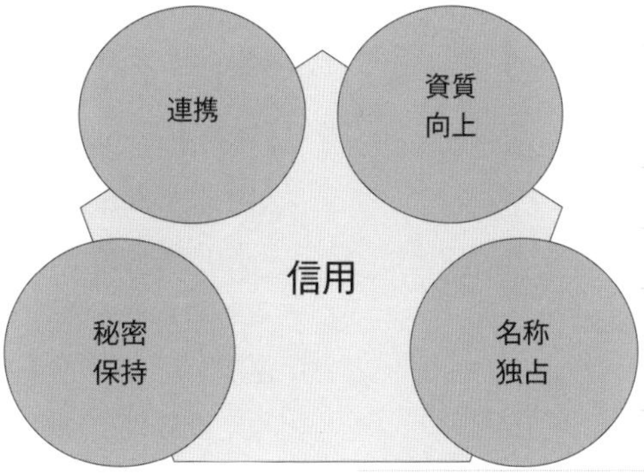

1　公認心理師の信用を守らなければならない

第 40 条の「信用失墜行為の禁止」では，「公認心理師の信用を傷つけるような行為をしてはならない」と記載されています。これは，単に違法行為をしてはならないというだけではありません。明確に違法でなくても，犯罪的行為，わいせつ行為，暴力行為，不正行為，ハラスメント行為などの不法行為も公認心理師の信用を傷つける行為となります。さらに，職業倫理に抵触する行為も，信用を傷つける行為に相当することになります。

2　秘密を守らなければならない

第 41 条の「秘密保持義務」は，職業倫理の観点からも重要なテーマです。公認心理師は，心理的アセスメントにおいて相当な個人情報を収集します。また，心理学的支援のプロセスでは，クライアントが人に知られたくない秘密を語ることも多くあります。したがって，公認心理師は，法律的意味でも倫理的意味でもクライアントの多くの個人的な秘密情報を知ることになります。そこで，公認心理師は，単に個人情報保護に関する法律を遵守するだけでなく，倫理的観点からも秘密保持を心掛けなければなりません。ただし，秘密保持義務に関しては，単純に秘密を保持するだけでよいというわけではありません。第41 条には，「正当な理由がなく，その業務に関して知り得た人の秘密を漏らしてはならない」と記載されています。ここでの「正当な理由」とは，自傷他害や虐待などの危険が生じている場合です。そのような場合には，秘密保持の例外状況となり，逆に秘密保持を超えて危険な事態にある人を保護するために，その状況を報告する義務が生じます。また，第 41 条において，秘密保持については「公認心理師でなくなった後においても，同様とする」と記載されているので，秘密保持の期間にも留意する必要があります。

参照
信用失墜行為の禁止
→ 5 章

語句説明
違法行為
法律に違反し，刑罰を受ける行為。

不法行為
法律には違反しているが，必ずしも刑罰を受けることにならない行為。

参照
秘密保持義務
→ 7 章

語句説明
職業倫理
特定の職業や職業人に求められる，あるべき規範のこと。特に専門職（プロフェッショナル）と呼ばれている人々において，習得した専門的な知識や技能をどのように使うべきかを規定する。

参照
秘密保持の例外
→ 7 章

3　連携を重視しなければならない

　第42条は、「連携等」に関する責任と義務を規定しています。具体的には、「業務を行うに当たっては、その担当する者に対し、保健医療、福祉、教育等が密接な連携の下で総合的かつ適切に提供されるよう、これらを提供する者その他の関係者等との連携を保たなければならない」と記載されています。このことからわかるように、分野間の連携、職種間（多種職）の連携、関係者との連携、そして地域との連携といった多様な連携が求められています。すでに述べたように公認心理師が扱う問題は、単に心理的要因だけでなく、生物的要因や社会的要因が関連して成立し、維持されています。そのため、さまざまな分野と関連しており、多職種で連携して対応するとともに、専門職だけでなく、関係者や地域とも密接な連携の下に問題の解決を図ることが必要となります。公認心理師は、保健医療、福祉、教育、司法・犯罪、産業・労働の5分野にわたる汎用資格となっているので、各分野間の境界を超えて多職種での連携に関連することが多くなるということもあります。

　このように公認心理師は、さまざまな連携をする必要があるのですが、ここで、第41条の「秘密保持義務」との関連で注意しなければいけないことが出てきます。連携のためには、支援対象となるクライアントについての情報を連携相手と共有することが重要となります。一方でクライアントの「秘密を保持」し、他方で連携相手とその「秘密を共有」するという矛盾が生じやすくなるのです。そのような問題が生じないために支援開始時点で、支援に関わる専門職間で情報共有する許可を、クライアントから得ておくことが必要です。

参照
主治の医師
→8章

　なお、第42条第2項で「当該支援に係る主治の医師があるときは、その指示を受けなければならない」と規定されています。ここでは、公認心理師は主治医の指示に従うという上下関係が規定されています。専門職間の連携では、それぞれの専門性を尊重し、平等の関係が望ましいといえます。しかし、公認心理師法では、そのようになっていません。

4　専門職としての資質を向上させなければならない

　第43条は、「資質向上の責務」です。公認心理師の資格取得は、実践心理職としてのスタートにすぎません。継続的な教育や訓練によって実践心理職としての資質を向上させ、専門的な行動の範囲を拡げることができてこそ、クライアントの健康と福祉に寄与することができるのです。したがって、スーパービジョンやケースカンファレンス、研修会などの訓練を通して実践心理職のコンピテンシーを高めていくことが求められています。生涯続く継続学習によって職業的成長を続けることが実践心理職の責務なのです。

参照
資質向上の責務
→5章

スーパービジョン
→4章

コンピテンシー
→2章

5　勝手に公認心理師の名称を使ってはならない

　第 44 条は，「名称の使用制限」の規定です。「公認心理師でない者は，公認心理師という名称を使用してはならない」とされ，さらに「心理師という文字を用いてはならない」とも記されています。公認心理師の資格を有しない者は，公認心理師あるいは心理師という名称を用いての活動をしてはならないということです。公認心理師法第五章［罰則］において，公認心理師の名称使用制限に違反した場合には「30 万円以下の罰金」に処せられると規定されています。これは，公認心理師が「名称独占資格」であることを意味しています。

　なお，資格には，業務独占*資格と名称独占*資格があります。たとえば，医療行為は医師しかできないことになっています。このように医師という資格には，名称だけでなく業務を含めた独占の権限が与えられます。これが業務独占です。それに対して**名称独占**は，業務は他の職種も実施してよいが，名称についてのみ独占使用の権限が与えられるものです。実際のところ，心理的アセスメントや心理学的支援の活動は，公認心理師以外にも臨床心理士や学校心理士，臨床発達心理士等々も実施できます。したがって，公認心理師は，名称独占の国家資格を有している実践心理職という位置づけになります。むしろ，公認心理師は，資格試験に合格したという段階であり，実践心理職としてはスタート台に立ったというレベルでしかないのです。その点で実践心理職としての技能を磨くために「資質向上の責務」があるのです。

5 ｜ 公認心理師になるために知っておくこと

　ここまで本書を読まれた皆さんは，公認心理師が仕事として「行うこと」や「行うべきこと」がどのようなものかを理解していただけたと思います。では，どのようにしたら，このような公認心理師になることができるでしょうか。

1　公認心理師になるプロセス

　第 2 章［試験］において，資格を得る手続きが規定されています。第 4 条には「公認心理師試験に合格した者は，公認心理師となる資格を有する」と規定されています。では，どのような人が試験を受けることができるのでしょうか。それについては，第 7 条第 1 号において，大学（短期大学を除く）で心理学その他の公認心理師となるために必要な科目を修めて卒業し，かつ大学院において心理学その他の公認心理師となるために必要な科目を修めてその課程を修了した者が試験を受けることができると述べられています。ですので，大学

語句説明

業務独占
ある業務に対して，ある資格を有する者のみが行うことが許されていると法令で定められている場合を指す。安全や衛生の確保，取引の適正化に関わる資格の場合が多い。

名称独占
法令において，資格取得者のみがその資格名称を名乗ることができると規定されている場合を指す。ただし，その資格がなくても，その業務に従事することはできる。

表1-3 **公認心理師になるために大学で修めなければならない科目**

制度・行政系	◆公認心理師の職責　◆関係行政論
学術心理学系	◆心理学概論　◆心理学研究法　◆心理学統計法　◆心理学実験　◆心理演習　◆知覚・認知心理学　◆学習・言語心理学　◆感情・人格心理学　◆神経・生理心理学　◆社会・集団・家族心理学　◆発達心理学　◆障害者・障害児心理学
実践心理学系	◆臨床心理学概論　◆心理的アセスメント　◆心理学的支援法　◆健康・医療心理学　◆福祉心理学　◆教育・学校心理学　◆司法・犯罪心理学　◆産業・組織心理学　◆心理実習（実習の時間が80時間以上のものに限る）
医学系	◆人体の構造と機能及び疾病　◆精神疾患とその治療

表1-4 **公認心理師になるために大学院修士課程で修めなければならない科目**

各分野の理論と支援	◆保健医療分野に関する理論と支援の展開　◆福祉分野に関する理論と支援の展開　◆教育分野に関する理論と支援の展開　◆司法・犯罪分野に関する理論と支援の展開　◆産業・労働分野に関する理論と支援の展開
実践技能	◆心理的アセスメントに関する理論と実践　◆心理支援に関する理論と実践　◆家族関係・集団・地域社会における心理支援に関する理論と実践　◆心の健康教育に関する理論と実践　◆心理実践実習（実習の時間が450時間以上のものに限る）

と大学院で公認心理師となるための科目を修め，大学院修士課程を修了することが正式な受験条件となります。

　学部で修める科目は，おおまかに分類するならば，制度・行政系，学術心理学系，実践心理学系，医学系に分けることができます。大学において公認心理師になるために必要な科目を表1-3に記載しました。大学院の科目は，表1-4にまとめて記載しました。なお，第7条第2号において，大学で心理学その他の公認心理師となるために必要な科目を修めて卒業したうえで，文部科学省令・厚生労働省令で定める施設において公認心理師の業務である「要支援者の心理の観察分析」「要支援者の心理的支援」「要支援者の関係者の心理的支援」に一定期間従事したものも受験できると記載されています。

　さて，試験に合格すれば，それで自動的に公認心理師になるのでしょうか。実はそうではありません。第3章［登録］第28条に規定されているように「公認心理師登録簿に，氏名，生年月日その他文部科学省令・厚生労働省令で定める事項の登録を受けなければならない」のです。それが終わって，晴れて公認心理師登録証の公布を受けることができることになります。

2 公認心理師になることができない場合

　第1章［総則］第3条には，公認心理師になれない欠格事由[*]が記載されて

語句説明

欠格事由

欠格とは，法令で規定された資格を得るために要求されている条件を満たしていない（条件が欠けている）場合を意味する。欠格事由とは，その欠けている事柄。

います。表 1-5 にその内容をまとめましたので確認してください。成年被後見人，あるいは被保佐人とは，民法において，精神上の障害により事理を弁識する能力が著しく不十分である者で，家庭裁判所において後見開始の，あるいは保佐開始の審判を受けた者を意味します。「事理を弁識する能力」とは，法律行為の結果が自己にとって有利か不利かを判断できない程度の判断能力になっていることです。この判断能力が最も重いレベルの場合に成年被後見人に，それほどではない場合に被保佐人になります。このような判断能力の場合には，公認心理師の仕事において適切な判断ができないとされます。

また，刑の執行終了（表 1-5 の 2）や資格登録の取り消し（表 1-5 の 3）から 2 年経過していなければ受験資格がないとされています。これは，公認心理師の信用を維持するためにも必要な条件といえます。

表 1-5　公認心理師になれない欠格事由

1.　成年被後見人又は被保佐人
2.　禁錮以上の刑罰に処せられ，その執行を終えた日，又は執行を受けることがなくなった日から 2 年を経過しない者
3.　公認心理師法，その他の保健医療，福祉又は教育に関する法律の規定であって政令の定めるものよって罰金の刑に処せられ，その執行を終えた日，又は執行を受けることが無くなった日から 2 年を経過しない者
4.　公認心理師の登録を取り消された日から 2 年を経過しない者

6　公認心理師についての理解を深める

冒頭で述べたように，心理学の知見を活用して心理的問題の改善や解決を図る専門職は，総称して「実践心理職」と呼ばれています。公認心理師は，そのような実践心理職のなかの一つの職種として理解できます。ただし，国家資格という点で公認心理師は，特別な位置づけになっています。

実践心理職には，公認心理師以外にもさまざまな名称の職種があります。たとえば，欧米では臨床心理職（clinical psychologist）が国家資格をもつ実践心理職の代表的存在です。臨床心理職は，通常は大学院博士課程修了が前提となっています。欧米の実践心理職の教育カリキュラムでは，大学の学部で学術心理学系を中心に心理学全般の学習を修了したうえで，実践心理学系の大学院修士課程と博士課程に進み，そこで専門的な知識や技能を習得するシステムとなっています。そのため，臨床心理職に限らず国家資格の実践心理職は博士課程修了が前提となっています。

しかし，日本の公認心理師は，上述したように学部卒でも受験することが可能となっています。したがって，公認心理師を目指す学生は，諸外国に比較す

プラスα

成年後見制度
判断能力の程度に応じて，「後 見」「保 佐」「補助」という 3 つが定められている。いずれに該当するかは医師の判断を参考にするなどして，最終的には家庭裁判所が決定する。精神上の障害（認知症を含む）により，自分がした行為の結果を理解できる判断能力に "欠ける" 場合は「成年被後見人」，判断能力が "著しく不足している" 場合は「被保佐人」，判断能力が "不足している" 場合は「補助人」となる。

プラスα

臨床心理職
臨床心理学に基づく臨床実践を行う専門職。科学者-実践者モデルに基づく教育訓練を受け，博士課程を修了し，博士号（Ph. D）を得ていることが前提となる。実践心理職のなかでも最も専門性が高い。

るならば学部 4 年間という短期間において，心理学の知識に加えて実践心理
職の基礎知識を学習することが求められています。実際，公認心理師に必要な
基礎知識が学部カリキュラムに組み込まれています。その点で公認心理師は，
実践心理職の資格としては基礎レベルの位置づけになります。ですので，実践
心理職としての資質向上が努力義務となります。

　ただし，公認心理師カリキュラムの学習内容が基礎レベルの知識に限られて
いるかというと，そうではありません。欧米諸国では保健医療，福祉，教育，
司法・犯罪，産業・労働といった分野ごとに専門性が分かれており，それぞれ
別の実践心理職が担当するシステムとなっています。それに対して公認心理師
は，5 分野の汎用資格になっています。そのため，通常は心理学の初歩を全般
的に学ぶ学部カリキュラムにおいて，心理学全般の知識に加えて 5 分野にわ
たる実践心理学，法律や制度，さらには医学の知識を学ぶことが求められてい
ます。その点では，短期間にもかかわらず，広範囲の，多種多様な知識の習得
が求められています。

　このような事情から，公認心理師には日本独特のアレンジがされています。
欧米の実践心理職の中核にある臨床心理学では，博士課程修了を前提として，
実践活動（practice），研究活動（research），専門活動（profession）がバラン
スよく構成され，その専門性の高さと自立性が社会的に認められています。し
かし，公認心理師のカリキュラムでは，研究活動は比較的軽視されています。

　また，多職種の連携が重視されているにもかかわらず，医療が重視される内
容となっています。多職種協働やチーム支援では，通常は各職種の平等な立場
での参加が前提になります。ところが，公認心理師については，主治医の指示
に従わなければならないといった上下関係が規定され，自立性が認められてい
ません。

　このような特殊な事情を含めて公認心理師の責務を学ぶことが，公認心理師
を目指す人には求められています。

語句説明

汎用資格

一つの限定した分野や
領域だけでなく，複数
の分野や領域に適用で
きる資格のこと。公認
心理師は，保健医療，
福祉，教育，司法・犯
罪，産業・労働の 5
分野にわたって適用さ
れる。

考えてみよう

公認心理師は，心理学の専門職（profession）としては，基礎レベルの資
格です。では，専門職とはどのようなものでしょうか。

本章のキーワードのまとめ

公認心理師法	公認心理師の資格を定めて，その業務の適正を図り，もって国民の心の健康の保持増進に寄与することを目的として，2015 年 9 月 16 日に公布され，2017 年 9 月 15 日に施行された。
臨床心理学	心理的問題の解決や改善の支援を目的とする実践心理学であり，特に研究に基づく "実証性" と "専門性" を重視することが特徴である。介入の効果研究を行い，有効な介入法を採用する。専門性が行政や他の専門職から評価されていることが多い。
実践心理職	学術心理学および実践心理学の知識と技能を備え，心理的問題の解決や改善に取り組む心理専門職のこと。公認心理師は，実践心理職の，一つの職名である。
心理的アセスメント	心理に関する支援を要する者の心理状態を知るために面接法，観察法，検査法を用いてデータを収集し，その結果を分析し，問題解決に向けての方針を立てる活動。
心理学的支援	心理に関する支援を要する者に対し，その心理に関する相談に応じ，助言，指導その他の活動を通してその人の自己理解や自己決定を支援し，心理的問題の解決や改善を促す活動。
関係者への支援	心理に関する支援を要する者の関係者（家族，友人，教師，職場の同僚や上司等，あるいはその人を支援する専門職）に対し，その相談に応じ，助言，指導その他の援助を行うこと。
コミュニティ活動	コミュニティ（地域）を対象とし，幅広く教育および情報の提供を行う啓発活動や予防活動を実施し，心の健康に関する知識の普及を図り，心の健康の水準を高める活動。
名称独占	法令において，資格取得者のみがその資格名称を名乗ることができると規定されている場合を指す。ただし，その資格がなくても，その業務に従事することはできる。公認心理師は名称独占にあたる。一方，ある業務に対して資格を有する者のみが行うことが許されている場合は業務独占という。

第 2 章

心理支援に必要な技能（コンピテンシー）

公認心理師として有効な心理支援を行うためには，専門家として必要な技能と資質を身につけたうえで，日々の実践のなかで自己の課題を発見し，解決していくことが必要です。この章ではまず，公認心理師に求められる有能さ，すなわちコンピテンシーについて知り，反省的実践という専門職としての成長に必要な基本姿勢を理解します。そのうえで，公認心理師の基本的な活動モデルである科学者-実践者モデルについて学びます。

1 | 公認心理師のコンピテンシー・モデル

1 公認心理師とコンピテンシー

①コンピテンシーとは？

　コンピテンシーはもともと米国の心理学者であるマクレランドによって提案された概念です。一般的には知能指数（IQ）が高い人が職場で高いパフォーマンスを発揮すると考えられがちですが，マクレランドは必ずしもそうではないことに着目し，職場での高いパフォーマンスに関係する技能と資質を，**コンピテンシー**という新しい概念にまとめました（McClelland, 1973）。わが国では，①高業績と関連し，②行動として顕在化する，③職務遂行に関わる有能さの意味で用いられています（高橋，2009）。職務遂行に関わる有能さという概念の性質上，医師や看護師のような専門職の技能や資質の評価はもちろんのこと，ビジネスの人事評価の現場でも広く用いられています。

②コンピテンシーを学ぶ必要性

　公認心理師のコンピテンシーとは，公認心理師として高いパフォーマンスを発揮するための職務遂行能力を意味します。そして，コンピテンシーという観点から専門的技能や資質がどれくらい身についているかを評価することが可能です。この際注意しておくべきなのは，コンピテンシーという概念がさまざまな職務遂行能力のなかでも，職場での高いパフォーマンスに関係した能力に限定されるという点です。たとえば，公認心理師については業務を行うために必要な基本的知識および技能が公認心理師試験出題基準（ブループリント）という形で公開されています。しかし，それらは業務に必要なレベルであり，公認

心理師として高いパフォーマンスを発揮するために十分であるとは限りません。また，多くの場合，公認心理師になるための期間よりもなってからの人生のほうが長いわけですから，公認心理師として高いパフォーマンスを発揮し続けるという継続性も重要になってきます。このようなコンピテンシーの位置づけを正しく理解したうえで公認心理師のコンピテンシーについて学び，身につけていくことが重要です。

2　公認心理師に求められるコンピテンシー

①心理職の包括的コンピテンシー

　ここでは心理職のコンピテンシーについて米国心理学会と英国心理学協会が提案しているモデルをみていきます。

　心理職に求められるコンピテンシーを示した代表的な**コンピテンシー・モデル**は，図 2-1 に示したコンピテンシー発達のキューブモデル（Rodolfa et al., 2005）です。このモデルは心理職のコンピテンシーを基盤的コンピテンシー，機能的コンピテンシー[*]，専門職としての発達の 3 次元で表現するものです。基盤的コンピテンシーは主に資質に関するコンピテンシー，機能的コンピテンシーは主に専門的技能に関するコンピテンシーが分類されており，専門職として成長していくなかでそれぞれのコンピテンシーを身につけていくことが求められています。このモデルは，公認心理師の現任者向けの講習会で指定されるテキストにも取り上げられており（一般財団法人日本心理研修センター，2018），わが国で最もよく知られたコンピテンシー・モデルといえます。

　米国心理学会は，上記のコンピテンシー・モデルを含めた心理学の実践に関わるコンピテンシーに関する研究をもとに，コンピテンシー評価の基準を公開しています（American Psychological Association, 2011）。そこでは，心理職の実践を，専門性，実践性，関係性，教育性，科学性，組織性の 6 つの枠組みでとらえています。表 2-1 に各コンピテンシー評価項目を，基盤的・機能的コンピテンシーと関連づけて示します。上記のキューブモデルと比較すると，専門性，関係性は基盤的コンピテンシーと，実践性，教育性は機能的コンピテンシーと重なり，科学性，組織性は両方に重なる概念です。

　このモデルをみればわかるように，心理職に求められるコンピテンシーは実践性，つまり専門的な心理支援の技

語句説明

機能的コンピテンシー

心理支援が有効に機能するために重要な要素であるアセスメントや介入に加え，他の専門職に対する支援である「コンサルテーション」や心理支援に関する専門的な技能教育である「スーパービジョン」，クライアントのもつ力を引き出しシステムの変化を促進させる「アドボカシー」など，心理職の活動が有効に機能するために必要なコンピテンシーを示している。

図2-1　コンピテンシー発達のキューブモデル

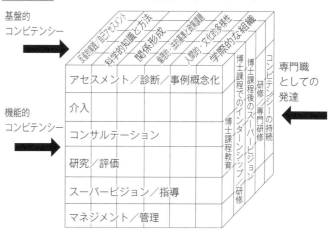

出所：Rodolfa et al., 2005 をもとに作成

表2-1 米国心理学会によるコンピテンシーの評価基準

基盤的コンピテンシー	機能的コンピテンシー
専門性 専門職としての価値観と態度 人間的・文化的多様性 倫理的・法的基準と政策課題 反省的実践／自己アセスメント／セルフケア	**実践性** エビデンス・ベイスト・プラクティス アセスメント 介入 コンサルテーション
関係性 関係形成	**教育性** スーパービジョン 指導
科学性	
科学的知識と方法	研究／評価
組織性	
学際的な組織	マネジメント／管理 アドボカシー

出所：American Psychological Association, 2011 をもとに作成

表2-2 英国心理学協会による9つのコア・コンピテンシー

メタ・コンピテンシー*	アセスメント （情報収集）	フォーミュレーション （概念化）
介入	実践の評価	研究
一人の人間として，及び専門職としての技能と価値観	コミュニケーションと指導	組織における影響力とリーダーシップ

出所：The British Psychological Society, 2019 をもとに作成

語句説明

メタ・コンピテンシー
各コンピテンシーを実際の事例に即して活用していく汎用的能力のこと。

フォーミュレーション
アセスメントで得られた情報をもとに，介入に向けて事例を理解する仮説モデルを生成すること。

能だけではありません。専門性と関係性という資質を有し，実践性と教育性という専門的技能を身につけることはもちろんのこと，科学性と組織性という自らの専門活動を対象化し，社会のなかに位置づけていく能力が求められています。

②心理支援のコンピテンシー

前述の米国心理学会に提案されたコンピテンシーは，有能な心理職に求められる職務遂行能力について，幅広い観点から評価するものといえます。一方で，心理職としてのさまざまな職務の核となる心理支援と密接に関わるコンピテンシーについては英国心理学協会が9つのコア・コンピテンシーという形で提案しています（The British Psychological Society, 2019；表2-2）。

このコンピテンシー・モデルにおいても，アセスメントやフォーミュレーション*，介入や評価という心理支援の技能を中心に，研究や指導，リーダーシップという組織のなかで自らの活動を位置づけていく能力にも重点がおかれています。また，多少表現は違いますが，米国心理学会の評価基準と重なる部分が多く，国が違っても心理職に求められるコンピテンシーは似通ってくることもわかります。

公認心理師についても，大学や大学院といった教育段階，実際に心理職として現場で働く実務段階のそれぞれの段階で，これらのコンピテンシーの習得を目標に学びを重ね，研鑽を積んでいくことになります。

2 反省的実践

1 反省的実践とは

①プロフェッショナルとしての公認心理師

コンピテンシーを身につけていくことは同時に，公認心理師の専門性を身に

つけ，専門職，すなわちプロフェッショナルとして働くことができるようになることを意味します。ここでいうプロフェッショナルとは，単に心理学の知識が豊富であることや心理支援の技能を有していることのみを指すわけではありません。高度な技術を有することを表現するエキスパートや，特定の専門分野に詳しいことを表現するスペシャリストとは異なります。

　プロフェッショナルとは，専門的な技能と資質を身につけたうえでその仕事の専門職として信頼され，収入を得ていることを意味します。つまり，単に仕事に必要な知識や技能を有しているというだけでは不十分であり，むしろその知識や技能を臨機応変に活用し，信頼される専門職として業務を行えるかが重要になってきます。特に，公認心理師のような対人サービス業の援助専門職は，自らの知識や技能だけでなく，対象とする人や集団の特性も考慮に入れたうえで業務を行っていく必要があり，場面や状況に即した対応が求められます。

　このような心理支援の難しさをよく表現する議論として，心理支援はサイエンスなのかアートなのかという問題があります。これは，高いレベルの心理支援というものが芸術のように属人的で創造性の高い"わざ"のようにみえることが多いことに端を発しています。そこから，高いレベルの心理支援が，努力によって習得・再現可能な科学的技術であるのか，それとも一部の限られた人のみが身につけることのできる，いわばその場その場で表現される一回限りの職人芸のようなものなのか，ということが議論されてきました。この結論については諸説あるのでここでは詳しく触れませんが，公認心理師として高いレベルの心理支援を行うためには，知識や技術を身につけるだけでなく，それを心理支援の"わざ"として活かしていく努力が必要です。

②反省的実践

　芸術的な"わざ"を実践するプロフェッショナルに共通する基本的態度として，**反省的実践**があります。ショーンは，専門職の実践における知を次の2つの枠組みでとらえました（Schön, 1983/2007；1987/2017；図2-2）。

　一つは，専門職の知の道具的な働きを重視し，専門的知識の蓄積のなかから引き出した事実やルール，手続きを型通りに適用することによって問題を解決しようとする技術的合理主義の立場です。もう一つは，専門職の知の創造的な働きを重視し，専門的知識の蓄積を超えて，自身の行為のなかの知の働きをとらえ直し，問題把握や解決戦略の枠組みそのものをつくり直すことで問題に対応しようとする構成主義の立場です。そして，後者の創造的な知の働きの背後に，反省的実践を見出したのです。この反省的実践は，自らの問題のとらえ方や対処の仕方の限界に自覚的であり，必要な場合にはそれを新たに構築し直すこと，ととらえられます。そして，反省的実践を積み重ねることは専門職らしく考え，振る舞う訓練を重ねることでもあります。

　公認心理師の業務は人や集団を対象とするものであり，定型的なルールや手

図2-2　技術的合理主義と構成主義

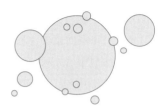

技術的合理主義

専門的知識を型通りに適用することによって問題を解決する
あらかじめ想定される事象に対応する場合，既に解決策のモデルがある場合に効果的

構成主義

専門的な知の働きをとらえ直し，問題解決の枠組みをつくり直すことで問題に対応する複雑な事象に対応する場合，既存のやり方では効果が得られにくい場合に効果的

出所：Schön, 1983/2007；1987/2017 をもとに作成

続きを型通り当てはめて結果が得られることは多くありません。むしろ，複雑な現実のなかで既存の問題や戦略をとらえ直し，新たな理解や対処の方法を創造し，検証していくことが求められます。その意味で，反省的実践，つまり心理職らしく考え，振る舞うことは有効な心理支援の核となる基本的態度といえます。また当然のことですが，反省的実践は心理支援だけでなく，日々の業務全般においても重要です。たとえば，公認心理師はチーム医療やチーム学校という形でチームの一員として働くことが多くなっていますが，個人として豊富な知識と専門的技能を有した有能な人が，チームの一員として有能とは必ずしも限りません。チームの一員としてどのような役割を果たせばよいのか，その役割を果たせているのかどうかに反省的になり，臨機応変に実践していくことが求められます。このような専門職同士の協働を含めた公認心理師の業務のそれぞれについて反省的実践を行うことが，心理支援のプロフェッショナルとしての基本的態度となります。

参照

チーム医療・チーム学校
→8章

プラスα

チーム・コンピテンシー

自身のコンピテンシーを高めるだけでなく，チームの観点から実践を振り返ることで，チーム・コンピテンシーを高める反省的実践もまた大切である。

参照

資質向上の責務
→5章

2　公認心理師が反省的実践者として機能するために

①自己課題発見と解決

日々の業務における反省的実践の積み重ねは，自らの課題の発見と解決，ひいては専門職としての成長につながり，これを広義の反省的実践と理解することができます（図2-3）。この広義の反省的実践は公認心理師の資質向上の責務と深く関係するものです。資質向上の責務では，知識および技能の向上に努める必要性が強調されており，自己の課題を発見し，解決していくことで専門職として成長していくことが求められています。その一方，国民の心の健康を取り巻く環境の変化に対応していくことが求められていることにも留意しておいてください。つまり，業務のなかでの反省的実践や公認心理師という専門職集団のなかでの知識と技能の向上を目指すのでは，資質向上の責務を十分果た

すことができない可能性があります。常に業務の対象である人々の心やそれを取り巻く環境を原点に，そこへの心理支援に資する知識と技能の向上を意識し，自らの心理支援のあり方を問い直す視点を確保しておくことが必要です。

　たとえば近年，情報通信技術（ICT）が急速に発達したことにより，人々の心を取り巻く環境にさまざまな変化が生じています。個人でスマートフォンを所有することがごく一般的になってきましたが，これは2010年以降という最近になって生じた現象です。それとともに，SNS（ソーシャル・ネットワーキング・サービス）を活用したコミュニケーションがごく一般的になり，コミュニケーションのあり方も変化しつつあります。そのような国民の心の健康を取り巻く環境の変化を踏まえ，SNSを用いたカウンセリングも行われるようになってきています（杉原・宮田，2018）。実際にSNSを心理支援で用いるかどうかは別にしても，このような社会の変化とその影響について知り，理解を深めておく必要はあるでしょう。

　また，公認心理師の国家資格化は，社会のなかで心の健康が重視され，支援を求める声が大きくなっていることの反映とみることができます。一方で，心理支援がこれまで一般的でなかった領域で心理支援を実施するにあたっては慎重さが必要であることも押さえておく必要があります。たとえば，発達障害については2005年に発達障害者支援法が施行され，その心理支援についてもここ10年ほどで活発に行われるようになってきましたが，「発達障害」という医療的概念が教育現場に新しく持ち込まれたことにより混乱が生じていることも指摘されています（木村，2015）。国家資格化に伴い，公認心理師が新たな領域に参入し，活躍の場が増えることが期待されていますが，各領域で大切にされてきた固有の文化や暗黙知もまた尊重されるべきです。一人ひとりが時代や社会，文化に即した心理支援のあり方を模索していく必要があります。

②反省的実践者を生み出す教育・組織

　前述の自己課題発見と解決は個々の公認心理師が反省的実践者であることについて述べたものです。一方で，前節で紹介したショーンは反省的実践者を育てる教育・組織の重要性について指摘し，反省的実践の実習を軸にした専門職の教育モデルを提案しています。ショーンによれば，反省的実践は専門職としての力量の中核に関わるものであり，単に知識の伝達ではなく，有能な実践者と教育システムによって学習されるものです（Schön, 1987）。これを公認心理師の場合に当てはめてみると，各々の公認心理師が反省的実践を行えるかどうかは，大学や大学院，各領域における実習拠点が適切な教育を行えるかという教育課程における組織の問題でもあると理解できます。このような反省的実践

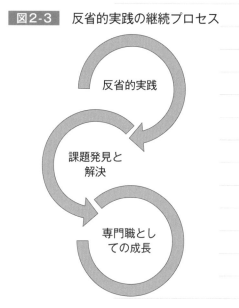

図2-3　反省的実践の継続プロセス

反省的実践

課題発見と解決

専門職としての成長

を支える教育・組織の問題は教育課程を経た後も同様に重要です。個々の公認心理師が反省的実践者として機能できるかどうかは，言い換えれば「心理職らしく考え，振る舞える」ということですから，それが許される環境かどうかによっても左右されます。たとえば，心理職の代表的な民間資格である臨床心理士については，大学院の修士課程修了という高い学歴が求められる資格でありながら収入が低く，半数弱が非常勤のみの勤務という不安定な就業形態にあることが明らかになっています（一般社団法人日本臨床心理士会，2016）。就業形態は心理支援の時間や頻度といった構造に関わる部分であり，構造面から十分な実践ができない場合もあることが想定されます。また，一人職場が多いこともよく知られており，資格取得後にどのような形で指導や教育を受けていくかという生涯学習も課題になっています。

　このような教育・組織の問題は，学会や職能集団全体で対処すべき事柄でもあり，教育カリキュラムの評価や有資格者の質保証，職業倫理の制定や卒後研修システムの構築など，多岐にわたります。公認心理師が国家資格として成立したことで，心の健康の保持増進に寄与する専門職として一定の社会的地位が認められたわけですが，今後も同じような状況が続くとは限りません。公認心理師が専門職として有効に機能し，職能集団全体として社会に対する貢献と説明責任を果たしていけるかどうかによって，公認心理師という資格そのものの位置づけもまた変わってくると考えられます。一人ひとりの公認心理師が質の高い反省的実践を行っていくのと並行し，公認心理師に関するさまざまな組織が専門職の集団として有効に機能することで，公認心理師という国家資格が国民から高い信頼を勝ち得ていくことが期待されています。

3 ｜ 科学者-実践者モデル

1　心理支援の科学性と実践性

①科学者-実践者モデル

　科学者-実践者モデルとは，科学研究と臨床実践の両方を重んじる臨床心理学の専門家モデルであり，これが公認心理師の基本的な活動モデルとなります。図 2-4 に描かれているように，心理職の活動はさまざまなレベルの科学性と実践性を統合し行われています。ここでは科学者-実践者モデルについて述べ，心理支援の二大要素であるアセスメントと介入における科学性と実践性についてみていきます。そして，心理支援を含めた公認心理師の活動の前提となる「科学」として心理学とエビデンスを，「実践」としてカウンセリングと心理療

図2-4　心理支援を支える科学と実践

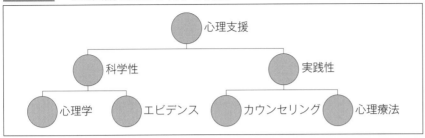

法を説明します。

　科学者-実践者モデルはもともと，1949年に米国のコロラド州ボールダーで行われたボールダー会議で採択されたもので，ボールダーモデルとも呼ばれています。現在では，科学者-実践者モデルに前述の反省的実践を取り入れ，個々の事例において科学者-実践者モデルの手法がどのように機能しているのかについて見直し，実践活動を調整する**反省的科学者-実践者モデル**[*]が一般的になっています（Llewelyn & Aafjes-van Doorn, 2017/2019）。

　一方で，科学者-実践者モデルは理念にとどまっているという批判もあります（杉浦，2014）。実際，わが国でも実際の業務として研究と臨床実践の両方に携わっている心理職は，修士課程修了が求められる臨床心理士でも3分の1程度にとどまり（一般社団法人日本臨床心理士会，2016），臨床実践を実施しながら研究に関与することが難しい場合も多いというのが現状です。ただ，実際に研究活動に関わるかどうかは別にして，科学者-実践者モデルで重視されている科学性と実践性の両立は心理職のさまざまな活動に反映される基本的な活動モデルです。たとえば，アセスメント手法や介入技法は研究によってその信頼性と妥当性を評価されて初めて真に有効かどうかが明らかになります。科学研究は臨床実践の理論的基盤を構築し，実証する役割を果たしており，それは心理支援の専門職としての説明責任を果たすことにつながります。

②アセスメントと介入

　公認心理師業務の最も核となる心理支援における科学性と実践性をみていきましょう。心理支援はアセスメントと介入という2つの段階に分類できます。公認心理師の業務のうち，心理状態の観察および結果分析は「**アセスメント**」，相談，助言，指導，その他の援助，教育と情報の提供は「**介入**」に分類できます。対象者（集団）についての情報を集め，問題を把握し，介入方針についての仮説をたてることを「アセスメント」，アセスメントの結果に基づいて心理学的な支援を行うことを「介入」と理解してください。このアセスメントと介入は1回だけのものではなく循環的に実施されるものです。つまり，「対象者（集団）の状態を把握（アセスメント）し，支援（介入）を行う」，再度「対象者（集団）の状態を把握（アセスメント），すなわち評価し，必要な場合には新た

語句説明

反省的科学者ー実践者モデル
reflective scientist-practitioner の訳語。内省的科学者-実践者モデルと訳されることもある。

参照

公認心理師が業務とする行為
→ 1章

な支援（介入）を行う」，ということが臨床実践の基本的な流れになります。

このアセスメントの過程は，対象者（集団）についての情報を集め，状態についての仮説をたてるわけですから，そこには心理学の科学性，すなわち人の心についての情報収集と分析の科学的な手続きが反映されているとみることができます。一方で，介入の過程は対象者（集団）に対する支援ですから，そこに心理学の実践性，すなわち人の心に対する働きかけの実行が反映されているとみることができます。このように，心理支援においても，科学性と実践性の両立がアセスメントと介入という形で担保されている必要があります。たとえば，どのような対象者（集団）に対しても画一的な同じような働きかけを行うというのはアセスメント軽視の科学性の欠如であり，逆に対象者（集団）の情報収集と分析を行うだけというのは介入軽視の実践性の欠如であり，どちらも有効な心理支援とはいえません。

２　公認心理師を支える科学と実践

①基礎心理学と応用心理学

公認心理師は心理学に基づいた心理支援の専門職です。そのため，公認心理師の活動を支える科学として心理学があげられます。心理学にはさまざまな分野がありますが，大きく基礎心理学と応用心理学*に分かれています。

このうち，公認心理師の学問的基盤の中核は臨床心理学であり，これは応用心理学の１分野です。臨床心理学は，「床」に「臨」むと書き，この場合の「床」とは実際に心理支援を必要としている人々のいる場所を指します。臨床医学では医師が患者さんの寝ている「床」に「臨」んで診察をするわけですが，臨床心理学はこれと同じように実際に困ったり悩んだりしている人と直接会って心理支援を行うための学問です。他方，臨床心理学は他の心理学から独立して存在しているわけではなく，人間の心に対する基本的理解は他の心理学に依拠しています。たとえば，さまざまな年代の人に対し有効な心理支援を行うためには，各年代の発達課題を含めた人間の発達に関する十分な知識が必要ですが，これは発達心理学の領域です。また，心理支援の技法のうち，認知行動理論に基づいた方法として暴露反応妨害法がありますが，これは条件づけの原理に依拠した方法であり，学習心理学の領域です。このように，公認心理師が人間の心を理解し，そこに介入していく際の科学的な学問基盤は心理学になっています。

②エビデンス・ベイスト・プラクティス

公認心理師の中核業務となる心理支援の科学性を担保するものとしては，エビデンスがあります。エビデンスとは科学的な根拠という意味で，たとえば介入であれば科学研究によってその効果が実証されていることを意味します。エビデンスという発想はもともと医学の分野で始まったもので，科学的根拠に基

づく医療，すなわちエビデンス・ベイスト・メディスン（EBM）と呼ばれています。このエビデンスという発想は心理支援においても重要です。たとえば，効果があるとわかっている支援方法を用いるというのは専門家として当然のことですし，複数の選択肢のなかで最も効果が高いことが見込まれる方法を用いることは，心理支援の効果を最大化することにもつながります。このエビデンスに基づいた実践，すなわち**エビデンス・ベイスト・プラクティス**（EBP）は，科学的なエビデンス，心理職の臨床技能，対象者の特性の 3 つを踏まえた心理支援として理解されています（原田，2015）。一方で，心理支援にはさまざまな種類のものがありますが，その効果が実証されているものはごく一部にすぎません。よく知られたエビデンスとして，米国心理学会による実証的に支持された心理支援のリストがあり（Charnbless & Ollendick, 2001/2005），本邦では原田（2015）が疾患別のエビデンスについてまとめています。一方でどのようなエビデンスであっても暫定的なものであり，研究が進んで対象が細分化されたり，別の効果の高い支援方法が開発されるなどして常に更新し続けられるものです。そのため，最新のエビデンスを把握し，心理支援に活かすことが重要です。エビデンスに基づいた実践を意識し，対象者の利益を最大化していくことが求められます。

③カウンセリングと心理療法

　公認心理師の実践性を考えるうえで欠かせないのがカウンセリングと心理療法[*]です。この 2 つはいずれも対人援助活動ですが，**カウンセリング**は主に人間の心の健康な側面に焦点を当て，自己実現と成長を目的として行われます。一方で**心理療法**は，人間の心の問題に関する特定の理論を前提とし，その理論に基づく問題の改善や解決を目的に行われます。臨床心理学にはさまざまな理論がありますが，心をどう理解し，どう支援するかという実践的な側面について統一的な見解はないのが現状です。むしろ，そうした立場の違いを超えて，心理的な悩みや精神的な問題を抱えた人々に対してより良い心理支援を行うという目的のもとに，実践的な学問として発展してきました。特にその実践的な心理支援技能に関わるのがカウンセリングであり，さまざまな心理療法であると理解できます。一方，カウンセリングと心理療法は実践活動としての側面が強く，特に心理療法についてはさまざまな理論が提唱されており，学問としての心理学に基づいて行われる活動ではない場合もあります。わが国では臨床心理学，カウンセリング，心理療法が混同されることも多いですが，諸外国では区別されて用いられており，それぞれの位置づけを理解しておくことが必要です（図 2-5）。

　公認心理師は対人援助の実践的な専門職であり，カウンセリングや心理療法の技能を身につけることが重要であるのは当然のことです。一方で，心理支援を行うにあたって，アセスメントやエビデンス，心理学といった形で科学性が

語句説明

心理療法
「psychotherapy」の訳。精神医学領域では「精神療法」と訳されるが意味は同一である。

プラス α

臨床心理学，カウンセリング，心理療法の位置づけ
下山（2010）は，心理学の実証的研究に基づくアセスメントと介入を行う臨床心理学，ロジャーズが提唱した人間性を重視する人間援助活動であるカウンセリング，特定の心理療法理論を前提としてその理論に基づく実践を行う心理療法と区別している。

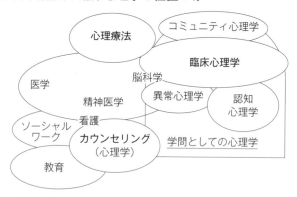

図2-5　英米圏諸国の臨床心理学の位置づけ

出所：下山，2009 を筆者訳

大事であることはこれまでに述べたとおりです。また，そのような科学性の重視は効果研究をはじめとする研究活動につながり，ひいては社会に対する説明責任を果たすことにつながります。以上でみてきたように，公認心理師はさまざまなレベルでの科学性と実践性を兼ね備えた心理学の反省的科学者−実践者として位置づけられます。

考えてみよう

心理職の包括的コンピテンシーおよび心理支援のコンピテンシーの表（表2-1，表2-2）を見て，自分にとって関心のある，あるいは不足しているコンピテンシーは何かを考え，そのコンピテンシーを学ぶ計画を立ててみよう。

🖋 本章のキーワードのまとめ

コンピテンシー	職場での高パフォーマンスに関係する技能と資質であり，有能さのこと。わが国では高業績と関連し，行動として顕在化する，職務遂行能力として専門職の技能評価やビジネスの人事評価の現場で広く用いられている。
コンピテンシー・モデル	公認心理師として身につけるべきコンピテンシーについて記述したモデル。心理職という専門職としての力量を測定する評価基準でもあり，さまざまなモデルが提唱されている。
反省的実践	専門職としての成長に必要な実践に対する基本的姿勢。自らの専門的な知の限界を自覚し，必要な場合にはそれを構築し直すことで問題に対応する。資質向上の責務と関係が深い。
科学者-実践者モデル	科学研究と臨床実践の両方を重んじる臨床心理学の伝統的な専門家モデルの一つ。公認心理師の理想とする活動モデルであり，心理支援における科学性と実践性の両立も含まれる。ボールダーモデルとも呼ばれる。
反省的科学者-実践者モデル	科学者-実践者モデルに反省的実践を取り入れた臨床心理学の新しい専門家モデル。個々の事例において科学者-実践者モデルがどのように機能しているのかについて見直し，適切に実践活動を調整していく。
アセスメント	介入と対をなす心理支援の二大要素の一つ。面接，観察，検査といった手法を用いて対象者（集団）の問題を把握し，介入方針についての仮説をたてること。見立てや査定とも呼ばれる。
介入	アセスメントと対をなす心理支援の二大要素の一つ。アセスメントに基づき，傾聴，助言，指導，教育や情報提供といった手法を用いて心理学的な支援を行うこと。
エビデンス・ベイスト・プラクティス	有効な心理支援を行うための前提条件の一つ。介入効果についての科学的根拠（エビデンス）に基づいた心理支援のこと。これにより支援方法についての説明責任を果たし，対象者の利益を最大化していく。
カウンセリング	心理支援の実践活動の一つ。人間の心の健康な側面に焦点を当て，自己実現と成長を目的とする。有効な心理支援の前提条件である非指示的な傾聴を特徴とする。
心理療法	心理支援の実践活動の一つ。人間の心の問題に関する特定の理論を前提としてその理論に基づく問題の改善や解決を目的に行われる。学問としての心理学に基づいて行われる活動ではない場合もある。

第3章　心理支援の専門職になるために

この章では，公認心理師として働く際の「自分」について考えていきます。公認心理師の行う心理支援は，心理学を基盤とした専門的な行為ですが，それぞれの公認心理師がもつ価値観や経験，欲求といった個人的な要因も，支援の内容に影響することがあります。したがって，自分自身の物事のとらえ方や，それがクライアントにどのような影響を及ぼし得るかについて，振り返る視点をもつ必要があります。

1 ┃ 心理支援と自己理解

1 自分の課題を明確にする

　あなたが公認心理師になりたいのは，いったいなぜでしょうか。ほかにもたくさんある対人援助職ではなく，心理支援に関心をもつのはどうしてでしょうか。

　あなたが将来，公認心理師になったとしたら，どんな心理師でありたいと考えますか。もしあなたが心理支援を利用する側だったら，どんな人に担当になってほしいですか。高いスキルがあればよいでしょうか，それとも人間的にも「こんな人であってほしい」という特性はありますか。

　心理支援と自己理解は，一見関係のないことのように思われるかもしれません。公認心理師は，心理学の知識と技能をもって支援を行う仕事です。共通の学問的基盤がありますので，「どのような支援を行うのが適当か」を，専門家同士である程度共有することができます。一方で，個別のクライアントを相手にした心理支援は，専門家であれば誰が行っても同じ結果になる，とはいかない部分があります。それは，「その」クライアントと「その」公認心理師の信頼関係のなかで，相互のやり取りを通じて支援が行われるからです。クライアントがどのような人であるのかと同様に，一人ひとりの公認心理師が，どんな価値観や物の見方をもち，どのような姿勢でクライアントに相対するかは，支援において無視できない要因です。そういった個人としての部分を含め，自分自身の特性や価値観について理解しておくことも，支援者にとって重要なことといえます。

　本章の目的は，これからの長い訓練と実践のプロセスを通じて，心理支援に必要な自己理解を深めていくための最初の取っ掛かりをつくることです。現時点で，個人的な葛藤をすべて解決し，人間的に十分に成熟していなくてはならないということではありません。この章に書かれていることは，正解が一義的に決まらないことも多いため，すっきりとした答えを見出せない問題もあるでしょう。まずは，どういうところに自分の課題がありそうかを明確にすることを目標にしてもらえればと思います。

2　事例：二人のセラピスト

　ゆきさんという女子大学生のクライアントの相談に，中島さん，原さんという二人の公認心理師が対応しています。中島さんと原さんは，いずれも同じくらいの知識，技能と経験をもっていると考えてください。二人の対応は，クライアントへのどのような影響が考えられるでしょうか。どちらのほうがゆきさんにとってよい対応ができると思いますか。あなたがゆきさんの担当者だったら，どのような気持ちが起こるでしょう。そして，どのように対応するでしょうか。

事例　**母親との関係に悩むクライアント**

　19歳の女子大学生ゆきさんは，過干渉で支配的な母親との関係に悩んでいます。門限や友人関係を厳しく制約されることに窮屈さを感じており，他の友人のようにサークルやアルバイトをしてみたいと思っています。一方で，母のサポートのおかげで志望大学に入れたことには感謝しているし，子どものために自分を犠牲にしてきた母のことを考えると，好きなようにしたいとはなかなかいえません。家庭を顧みない夫や厳格な義両親とのしがらみのなか，娘が優等生であるのが母の支えだったと知っているので，期待に背くことにも罪悪感があります。

中島さんの対応：

　中島さんは，「しかるべき時期がきたら，親は子どもを大人として扱わなければならない」と強く信じています。ゆきさんに対し，「あなたの母親はあなたの成長を妨げている」と度々伝え，「いろいろなことに挑戦してみたいというあなたの思いは認められて当然であり，時には親と衝突してでも自由を獲得していったほうがよい」と励ましています。ゆきさんの罪悪感や戸惑いは，自立に伴う不安からくるものとして受け止めていましたが，なかなか母親に対して自己主張できず，時には母親の弁護をするようなゆきさんの話しぶりが依存的で未熟に思え，最近は苛立ちを感じるようになってきています。

> 原さんの対応：
>
> 　原さんは，ゆきさんの面接をしていると，「ゆきさんに母親から自立したいという気持ちを語ってほしい」，「何らかの行動を起こすように助言したい」という思いが生じると感じています。また，ゆきさんが思い通りにならないと「もう学費を出さない」と脅すようなことを言う母親に対して，腹立たしさを感じます。原さん自身，きょうだいの第一子として家族に尽くすよう期待されるのに反発しながら成長してきました。自立という大事な課題に取り組もうとしているゆきさんに，個人的な経験をもとに不適切な働きかけをしてしまうことを懸念して，積極的な助言は控え，聞き役に徹しています。

　これは，親からの自立というテーマに関する公認心理師の価値観や経験が，支援の方針やゆきさんとの関係性に影響を与える可能性がある場面ということができます。中島さんの場合，「親は子どもを大人として扱うべき」という価値観へのこだわりの強さが，もしかするとあまり客観的に意識されていないかもしれません。このこだわりと，中島さんが感じるゆきさんへの苛立ち（**逆転移感情**）との関連に無自覚のまま対応を続けると，ゆきさんの非主張的な態度を否定的にとらえたり，ゆきさんに自分の思う通りの行動をとらせようとして，過度に支配的になってしまう恐れがあるでしょう。一方，原さんのほうは，専門家としての見立てと個人的経験とを区別しようという意識がみられます。個人的な欲求からゆきさんを思い通りに動かすのは避けやすいでしょうが，逆に支援に対して尻込みし，消極的になりすぎてしまうかもしれません。

　支援者自身の個人的な欲求からくる感情や価値観が支援に影響すると，客観的で妥当なアセスメントができなかったり，独りよがりな支援になったりしてしまうことがあります。本来のクライアントのニーズや状況とそぐわない対応をしてしまうと，支援の効果を減じるだけでなく，時には職業倫理上の問題にも発展していってしまう可能性も考えられます。かといって，個人的な感情をすべて抑えて心理支援をするというのも難しい話ですし，杓子定規になりすぎてもよい支援とはいえないでしょう。

3　専門家としての資質と自己理解

　「自分を知る」ということは，専門家としての資質や成長とも関わってきます。支援者の実践や成長において重要なことの一つに，省察（reflection）というものがあります。省察とは，自分自身を振り返って考えることです。心理支援は一つとして同じものがないといってよいほど個別性が高く，理論通りにいかないことも多くあります。そのため，常に状況に注意を払い，クライアントだけでなく公認心理師自身のなかや，両者の関係のなかで何が起きているか

プラスα

逆転移

支援者がクライアントに対して抱く非合理的な反応。精神分析の理論から生まれた概念で，元来はクライアントからの投影によって支援者に引き起こされるものを指すが，支援者の個人的葛藤によるものも含めて広くとらえられる場合もある。治療関係や支援の効果にも影響するため，適切に把握し対処する必要がある。

参照

職業倫理
→5章

を振り返り，次の対応を考えていきます。この振り返りのなかで得られる教訓が積み重なって，専門家として熟達していくのです。

第 2 章で，心理職の教育を論じる際にしばしば用いられるコンピテンシー発達のキューブモデル（Rodolfa et al., 2005）を学びましたが，核となるコンピテンシー*として定義されているなかには，「反省的実践（reflective practice：省察的実践とも訳される）」があげられています。また，岩壁は，一般財団法人日本心理研修センター（2018）の公認心理師の現任者講習会テキストのなかでこうしたキューブモデルをまとめ，反省的実践について「他者に対する自己の影響を認識する，自身の価値観，姿勢，などを明確化する，自身のパフォーマンスを他の専門家と見直す。自身の行った臨床活動を振り返り，様々なコンピテンシーを評価する。心理職として効果的に機能できるように自らの心身の健康について管理して，セルフケアを講じることができる」と説明しています。ここから，トレーニングや実践を積んで専門的な知識，スキルを伸ばしていくのと同様に，自己の価値観や姿勢，心身の健康に意識を向けておくことも，専門家として必要なことであるといえます。

また，初学者においては，省察する際に多様な情報に視点を分散させ，多くの気づきを得られるほど，順調に学びを発展させることができるという研究もあります（割澤，2017）。自己理解を深め，自身について俯瞰的にみる習慣をつけておくことは，省察の視点を増やし，多面的に物事を分析する役に立ちますし，自分のなかに起きる感覚や違和感に気づきやすくなれば，省察の機会も増え，専門家としての成長にもつながっていくことでしょう。

2 ｜ 支援者の動機

1　あなたの志望動機は？

本章の冒頭のいくつかの質問について，改めて考えてみましょう。数多くある職業のなかから，公認心理師という仕事に関心をもつのはなぜでしょうか。それを考えるのは，あなたがどのような公認心理師になるかをイメージする役に立つと思います。これまでに誰かを助けたり，助けられたという経験はあるでしょうか。家族や友人との関係のなかで，自分が役に立てると感じたことがある人も，逆に苦しい思いやうまくできなかったという経験がある人もいるかもしれません。

業務の面から考えてみることもできるでしょう。公認心理師法に記載されている業務は，①心理状態の観察と結果の分析，②心理に関する相談と，助言，

語句説明

コンピテンシー

望ましい結果につながる行動特性。
→2章参照

参照

反省的実践
→2章

参照

公認心理師の業務
→1章

表3-1　公認心理師を志望する動機

以下の文章を読んで，空欄に書き込んでみましょう。

公認心理師を志望する理由は何でしょうか。きっかけとなるような出来事や理由はありますか。
心理支援の業務のどのようなところに魅力を感じますか。逆に，あまり関心をもてなかったり，苦手に感じる部分はありますか。
あなたのもつ特性で，公認心理師の仕事に向いていそうなところはどこですか。逆に，向いていないかもしれないと思うところはありますか。

指導その他の援助，③関係者への相談と，助言，指導その他の援助，④心の健康に関する教育及び情報の提供です。このなかの，どういう部分に魅力を感じますか。それは，普段の自分の物の見方や人との関わり方と，関係が見出せるでしょうか。

　表 3-1 の質問に対する自分の考えを書き込むことで，あなたの志望動機を明確にしてみてください。

2　支援者によくみられる動機

　支援者の動機としてよくみられるものには，どのようなものがあるでしょうか。表 3-2 は，コウリーとコウリーがあげた，援助職を志す典型的な 8 つの欲求や動機をまとめたものです（Corey & Corey, 2016）。

　たとえば，①他者に影響を与えたいという欲求は，多くの人がもっているものでしょう。自分の働きかけの結果，他者がよい方向に変化したとすれば，満

表3-2　援助職を志す典型的な欲求や動機

---

①他者に影響を与えたいという欲求
自分が関わる相手の生活や人生に，意味のある影響を与えたいと望むこと。相手を変化させることに自らの人としての価値を置きすぎていると，クライアントが変わろうとしなかったり援助に拒否的な場合，欲求不満を感じたり失望する可能性がある。

②恩返しをしたいという欲求
自分の人生に特に影響を与えた人物のようになりたいという願望。

③他者のケアをしたいという欲求
幼いころから，家族や友人たちの間で援助者の役割を果たしてきており，その発展として援助職を志すパターン。自分がこれまで振る舞ってきた役割の自覚と，他者をケアすることと自らをケアすることのバランスに注意を払うことが重要である。

④セルフヘルプの欲求
自らの悩みに取り組むなかで，他者を援助することに関心をもつ場合。自らの個人的課題に取り組んだ経験は，似た悩みをもつクライアントを理解し，共感するのに役立つ。個人的課題や自分を癒すことに自覚的であることが，感情疲労を起こしたり，クライアントに指示的になりすぎるのを避けるために重要である。

⑤必要とされたいという欲求
ほとんどの援助職がこの欲求をもっており，それを否定する必要はないが，クライアントのニーズよりも前面に出してしまうと，クライアントを不必要に依存的にさせる恐れがある。他者からの評価のみに頼らず，自分で自分を評価し力づけることが，セルフケアのために必須である。

⑥承認や社会的地位を得たいという欲求
周囲からの承認や社会的地位，一定の収入を得たいという欲求。それらが十分に満たされない場合もあるかもしれないが，安定した自尊心は，他者から肯定されることではなく，自分のなかに見出すものである。

⑦答えを与えたいという欲求
この欲求が強いと，相手に正しい答えを提供できないときに不全感を抱くかもしれない。

⑧他者をコントロールしたいという欲求
人は誰でも，ある程度他者をコントロールしたいという欲求をもっている。ただ，もしクライアントのすべての問題に解答を与えたいと感じるならば，自らのこの欲求から動いているのかもしれない。

出所：Corey & Corey, 2016 を参考にして作成

足感ややりがいを感じるのは当然です。しかし，なかにはなかなか変わるための行動を起こさないクライアントもいますし，家族や第三者に連れてこられた人など，支援に拒否的な場合もあります。相手を変化させることに自分の価値を見いだす傾向のある人は，このようなときに欲求不満や失望を感じやすいかもしれません。また，家族や友人の世話役になることが多かった人は，③他者のケアをしたいという欲求から援助職を志すかもしれません。その場合，自分のこれまでの振る舞い方について自覚しておくこと（たとえば，家庭内の緩衝役だった人は，クライアントが不快に感じそうなことを伝えるのを避ける傾向があるかもしれない），他者をケアすることと自分をケアすることのバランスに注意を

払うことが必要だとコウリーらは述べています。

　もちろん，ここであげられているような動機から公認心理師を目指すことがよくないというわけではありません。強い動機は業務への熱心さの原動力になりますし，困難を乗り越える助けにもなります。問題となるのは，自らの欲求を満たすことが本来すべき支援を上回ってしまうことです。それは自分の利益のためにクライアントを利用するということになってしまい，倫理的にも問題といえます。特に気をつける必要があるのは，自らの欲求に無自覚だったり否認したりしたまま，クライアントのためと信じて適切でない働きかけをしてしまうことです。折に触れて，自分の動機や欲求に理解を深めることが重要といえるでしょう。

3 ｜ 価値観の多様性を理解する

1　心理支援における価値観

　心理支援において，**支援者の価値観**の問題は避けて通ることができません。価値観とは，さまざまな物事の，何にどのような価値を見出すかという判断の基準です。

　たとえば，クライアントが「よくなる」とは，どのようなことだと考えるでしょうか。法律には公認心理師の業務の目的は「心の健康の保持増進に寄与すること（公認心理師法　第1条)」と定められており，この状態に近づくことは，よくなることだといってもよいでしょう。また，これまで心理支援の専門家の多くは，健康に生きるための最善の道を示し，教えるよりも，クライアントの価値観や自己決定を尊重し，心理的問題に自ら対処していけるようになるのを促すことを重視してきました。こうしたことから，「うつ症状がなくなる」「他者と安定した関係を築けるようになる」「自分の心の葛藤を受け入れる」「気分の波に対処するスキルを身につける」「自分の問題を自分で決断できるようになる」といった変化があれば，「よくなった」と考える支援者が多いでしょう。では，あなたはこれらのなかで最も大事なことは何だと考えますか？　そう問われると，人によって答えが違ってもおかしくありません。「よくなる」という事柄をどうとらえるかも，一通りではないのです。

　また近年，ダイバーシティという言葉を見聞きすることが増えました。**ダイバーシティ**とは，価値観の多様性のことです。社会のなかでマイノリティにあたる人々の権利や待遇の向上という文脈で使われることの多い言葉でしたが，今では広く多様な価値観，多様な生き方という意味でも使われます。さまざ

プラスα

心理支援と専門家の価値観

心理支援をすることと，専門家自身が正しいと考える価値観をクライアントに押しつけることは，区別しなければならない。たとえば，アメリカカウンセリング協会（ACA）の倫理綱領（American Counseling Association, 2014）には，「カウンセラーは，自らの価値観，態度，信念，行動を自覚し，（中略）自らの価値観を押しつけることのないよう訓練を受ける」と書かれている。

プラスα

マイノリティ

社会のなかで少数派となる属性をもつ人。

表3-3　自分の価値観を確認するためのチェックリスト

a：当てはまるときは「1」，当てはまらないときは「2」，どちらともいえないときは「3」
b：正反対の価値観をもつ人を説得したくなったり，苦手に感じる項目に「✔」

	a	b
人は誰でも，本質的によりよく生きようとする力をもっている		
人は誰でも，何らかの形で社会活動に参加するべきだ		
夫婦は対等であるべきで，どちらかがどちらかに従うという関係は不健全だ		
子どもが求めているなら，親は可能な限りの援助をするべきだ		
家族は互いに愛情と感謝の気持ちをもち，助け合うべきだ		
他国からやってきた人が，日本で社会生活を送るうえで個人的な事情を我慢しなければならないときがあるのは致し方ない		
相手を好きだという気持ちがあれば，自分や相手の年齢，性別にかかわらず性関係をもつことに問題はない		
公認心理師は，クライアントの人生にとって最善の道を提供しなければならない		

な背景と価値観をもつクライアントと信頼関係を築き，効果的な支援を行うためには，さまざまな事柄における多様さに対して，鋭敏で開かれた感覚をもっておく必要があるといえます。

　こうしたことを考えるために，まずは自分がどのような価値観をもっているかを確認してみましょう。表3-3を読んで，自分の考えに当てはまるかどうかを3つの選択肢から選び，左側の空欄（a）に数字を書き込んでください。次に，それぞれの項目について，自分と正反対の（できれば極端な）価値観をもつ人をクライアントとして担当するという状況を考えてみましょう。相手を説得したくなる感じがしたり，そのような人は苦手だと感じる項目があれば，右側の空欄（b）に「✔」を書き込んでください。

2　価値観の問題への対処

　価値観が問題になるケースには，どのようなものが考えられるでしょうか。たとえば，公認心理師に正しい生き方を指示してもらい，それに忠実に従いたいと考えるクライアントがいるかもしれません。また，性別役割についてどうしても賛成できない価値観をもつクライアントがいた場合，誠実に向き合いながら自己決定を尊重することができるでしょうか。このようなときに，クライアントと対立したり，支援者が自分の価値観にクライアントを従わせようと働きかけると，支援がうまくいかなくなってしまいます。表3-3の（b）にチェックのついた項目は，あなたにとって注意が必要なテーマといえるでしょう。こうした事態に陥らないための第一歩は，志望動機の問題と同様，自分自

語句説明

性別役割
その性別に対し，社会的に望ましいと考えられている行動規範。

身の価値観を明確にし，俯瞰的に見る視点をもつことです。支援者が自身の価値観を明確にできていないと，クライエントの思いがけない反応や支援が思うように進まないことを，「クライエントの側の問題だ」ととらえてしまいやすくなると考えられます。双方の価値観の相違という視点をもつことで，客観性を保って対応しやすくなるでしょう。

　価値観の問題が生じやすいテーマについて，考えを深めたり知っておくのも大事なことです。たとえば，次のようなものが考えられます。

①家族のあり方

　家族との関係は，私たちにとって大きな支えにも悩みの種にもなる重要なものであり，支援の場でもしばしば話題となります。たとえば，障害のあるきょうだいの介護をすることと，自分の夢を叶えるために家を出ることの間で葛藤する人がいるとき，どちらかをすすめたい気持ちは出てきますか。ひきこもり状態の子どもを抱える親は，子どもが何歳になるまで支え続ける責任があるでしょうか。こうしたことに対する価値観は，しばしば支援者の生まれ育った原家族*における体験が影響しています。したがって，家族に関する価値観を振り返ることは，自分自身の来し方や個人的課題に向き合うことにつながるかもしれません。

②性別役割

　性別役割とは，その性別に対して社会的に望ましいと考えられているイメージや行動規範のことです。「男性らしい」という言葉には，強い，リーダーシップがある，論理的であるといった印象が含まれやすく，「女性らしい」という言葉には，優しい，控えめである，よく気がつくといったイメージを見いだす人が多いのではないでしょうか。また，男性が外で働き，女性は家事育児という性別役割分業が普通とされていた時期もありました。近年では社会構造の変化も受けて，ステレオタイプの性別役割に否定的な風潮が強くなったように感じられますが，それではいわゆる「伝統的な」性別役割意識をもっている人は，それを改めるべきでしょうか。少し前の研究ですが，性別役割に対する「意識」と「行動」にずれがあることを示した調査もあります（赤澤，2000）。誰にとっても身近なだけに，観念的な理解だけでは齟齬が生じ得るテーマといえます。

③さまざまなマイノリティ

　マイノリティとは，ある社会集団のなかで少数派となる属性をもつ人を指す言葉です。こうした人々は，しばしば偏見や差別の対象となったり，社会制度上不利な状況に置かれていることがあります。

　クライエントの属性と，生活様式，宗教，結婚や生き方に関する価値観は，その人の生きづらさやニーズと密接に関連するものであり，適切に理解し尊重することが重要です。差別的な対応，発言をしないのは当然ですが，自分が多

語句説明

原家族
その人が生まれ育った家族のこと。

プラスα

性別役割の意識と行動のギャップ
赤澤（2000）は大学生に調査を行い，「女性は男性に料理をつくる」「男性は女性に食事をおごる」などの性別役割行動を，「そうするのが当然だ」と考えるのは男女とも半数以下なのに対し，好意をもつ相手との場面では，80%以上が「（自分がその状況であったら）そうしようと思う」と答えることを明らかにした。

マイノリティの例
日本以外の国にルーツをもつ外国人・民族的マイノリティや，レズビアン・ゲイ・バイセクシュアル・トランスジェンダー（LGBTと略される）等のセクシュアル・マイノリティ，男性（女性）が多い職場や学校における女性（男性），障がいや疾患をもつ人，婚外子やひとり親家庭なども似た状況にあると考えられる。

数派に属しているときは特に，マイノリティの人々の苦しさや自分自身の先入観に気づきにくい場合もあります。たとえば，男性クライエントが恋人の話題を出したときに，無意識のうちに相手が女性と考えてしまうことはないでしょうか。クライエントが同性愛者だったとき，そのような先入観が伝わると，「自分は普通ではない」「自分の性的指向は理解してもらえない」などと感じてしまうかもしれません。このように意図せずクライエントを傷つけることのないよう，十分な知識と認識をもつ必要があります。

④性行動や中絶の問題

　性に関する話題も，価値観や倫理観が影響しやすいテーマの一つといえます。結婚前の性交渉，同性同士の性関係，複数の相手と関係をもったり避妊せずに性交渉することなど，さまざまなケースにおいて，許容する人とそうでない人がいます。クライエントがあなたの受け入れがたい性行動をとっていた場合，個人的感情を抑えて理解を示すことと，あなたの価値観を伝えて話しあうことのどちらを選びますか。また，性に関する話題を口にすることに強い抵抗感をもつ公認心理師のところへ，パートナーとの性的関係について相談したいクライエントが来た場合，どう対応するのがよさそうでしょうか。

　望まない妊娠や中絶の問題も，善悪を一義的に決めがたいテーマでしょう。もしあなたが人工妊娠中絶に否定的な考えをもっている場合，この問題を抱えたクライエントの自己決定を支援することはできそうでしょうか。もしかすると，不用意な妊娠をしたカップルを責める気持ちが起きるかもしれません。

　率直に話すこと自体に躊躇いをもつ人もいるかもしれませんが，だからこそ，あらかじめ自分の考えを整理しておくことが重要なテーマといえます。

4 ｜ 支援者のメンタルヘルス

1　支援者のストレスとバーンアウト

　支援に影響を及ぼす個人的要因に，支援者自身のメンタルヘルス*もあげることができます。どんなに有能な支援者であっても，疲労やストレスが過度に蓄積されれば心身の機能が低下し，本来の力を発揮できなくなってしまうでしょう。

　対人援助の専門職にみられる疲弊状態として，「バーンアウト」があげられます。理想や熱意をもって働いていた人が，燃え尽きたかのように疲弊して仕事やクライエントへの関心を失ってしまうことです。マスラックとジャクソンは，バーンアウトを「情緒的消耗感」「脱人格化」「個人的達成感の減退」の3

語句説明
メンタルヘルス
精神的な健康のこと。

プラスα
バーンアウトの3つの因子
「情緒的消耗感」とは情緒的に力を出し尽くして消耗してしまった状態。「脱人格化」はクライエントに思いやりをもって接することができず，人格を無視した対応になること，「個人的達成感の減退」は支援者が職務上得られる達成感，有能感が低下することである。このうち，情緒的消耗感がバーンアウトの主症状と考えられている。

つの因子をもつ概念としました（Maslach & Jackson, 1981）。つまり，バーンアウトとは，情緒的資源を出し尽くして著しく消耗したために，クライアントの人格を尊重した人間的な対応ができず，仕事の質が低下し達成感も得られなくなった状態といえます。

こうした状態を引き起こす対人支援の仕事特有の難しさを理解するのに，ホックシールドの提唱した「**感情労働**」の概念が役に立ちます（Hochschild, 1983/2000）。感情労働とは，仕事をするために自分の感情をコントロールする必要のある労働のことです。受容と共感を求められる心理支援では，内心と異なる表情や態度をつくったり，その場にあった感情を感じようとする努力によって，情緒的資源を消耗しやすいと考えられます。

また，コウリーらは援助者のストレスとなるクライアントの行動として，自殺についての発言，援助者への攻撃，動機づけの欠如，時期尚早な治療終結など，複数の研究で似た結果が得られていると指摘しています（Corey et al., 2003/2004）。こうした出来事にしばしば遭遇するのも，心理支援ならではの難しさといえるでしょう。

2　バーンアウトに陥らないために

バーンアウトはしばしば熱意をもって真面目に仕事をしていた人に起きますが，真面目な支援者のすべてがバーンアウトに陥るわけではありません。このことと関連して，小堀は親密な関係の報酬性について述べています（小堀, 2017）。対人援助職は，仕事としてクライアントとの親密な関係を構築しますが，他者との親密な関係は，必要とされたい，他者の世話をしたいといった欲求が満たされる（報酬となる）ものでもあります。親密な関係の維持そのものが目的となると，功を奏しない支援となり，やがて疲弊につながっていくと小堀は指摘しています。

支援者のストレスやバーンアウトは，先に述べた動機や欲求，価値観とも関わりがあります。他者から必要とされたい支援者は，支援の途中でクライアントが来なくなると，見捨てられた感じをもつかもしれません。人のケアをすることに自らの価値を見いだす支援者は，苦しむクライアントを差し置いて自分が生活を楽しむことに罪悪感を覚えるかもしれません。自分の特性を知り，どのようなことが自分のストレスになりやすいかを理解しておくことは，セルフケアのためにも大切なことです。

参照

セルフケア
→ 4 章

心理支援は，信頼関係，言葉や感情のやり取りという目に見えにくいものの上に成り立っています。仕事にのめり込み，消耗してバーンアウトに陥ることを防ぐためには，「境界を意識する」ことが役に立つでしょう。支援者とクライアントの境界，支援者の役割と個人との境界，組織との境界，理想と現実との境界などを線引きし，自分の責任の範囲を越えないようにすることは，一見

割り切った対応のようですが，クライアントや仕事との適切な距離を保ち，安定してよい支援を続けていくことにつながるのです。

5 自己理解を深めるための学び

本章では，心理支援に携わる者の自己理解の大切さについて考えてきました。冒頭で述べたことの繰り返しになりますが，公認心理師になる前に，個人的葛藤や課題をすべて発見し，解決していなくてはならないということではありません。これからの個人としての人生や職業人生のなかで，さまざまな人との関わりや経験を通して葛藤が解決される場合もあれば，新たな課題が浮上することもあることでしょう。今後の訓練や実務の経験のなかで，個人的課題の解決や成長のために，次のような機会や姿勢が**自己理解を深めるための学び**に役に立つと考えられます。

①スーパービジョンを受ける

特に初心者のころは，熟練した支援者のスーパービジョン[*]を受けながらケースを受けもち，クライアントと関わっていくことになります。スーパービジョンでは，心理学や心理療法の枠組みからクライアントを理解し，どのように支援を行っていくかという指導を受けますが，時に支援に影響を及ぼすような支援者の個人的欲求や価値観，心理状態などが明らかになることもあります。次にあげるカウンセリングとは扱い方が異なりますが，スーパービジョンのなかでも，こうしたケースにおいてクライアントに適切でない振る舞いをしてしまうことを避け，業務をするうえでの自分とのつきあい方を学ぶことができます。

②カウンセリングを受ける

自分の個人的課題にしっかりと向き合う必要を感じた場合や，大きなストレスにより業務に支障が出る恐れのある場合などは，支援者自身がカウンセリングを受けることも有用です。スーパービジョンはケース対応を学ぶことが目的であり，個人的課題自体の解決を目指すものではありません。カウンセリングを利用することで，守られた構造のなかで自己探索の時間をもつことができます。専門家自身が心理療法を受けることは教育分析とも呼ばれ，心理療法家になるために必須の訓練と考える流派もあります。公認心理師の養成カリキュラムには含まれてはいませんが，個人的成長やメンタルヘルスに役立つだけでなく，熟練者の技術を直接見られる，クライアントの立場を経験できるといったメリットもあります。

なお，こうしたカウンセリングは継続的な個人スーパービジョンと構造に似通ったところがありますが，自分のスーパーバイザー[*]からカウンセリングも同

語句説明

スーパービジョン
実際に行っている心理支援について熟練者から指導を受けることで，知識やスキルを統合的に学ぶ学習方法。
→ 4 章参照

語句説明

スーパーバイザー
スーパービジョンにおける，指導的立場の側。指導を受ける側のことは，スーパーバイジーと呼ぶ。

語句説明

多重関係
本来の専門的契約関係
以外に別の関係をもつ
こと。
→5章参照

時に受けるという方法は，多重関係※となり，役割の混乱が生じる可能性もあります。スーパービジョンのなかで個人的課題の解決が話題になった際は，その話題をどのように扱うかについてスーパーバイザーと十分に話し合う，スーパービジョンとは別にカウンセリングの機会を求める，といったことを検討するのがよいと思われます。

③オープンであることの大切さ

　最後に，日頃からの姿勢として，オープンであることの大切さをあげておきたいと思います。自分の特性は，何事もないときにはなかなか見えにくいものであり，思いもかけない出来事や，自分と違う価値観に触れたときが，自己理解を深めるよい機会です。クライアントと関わるなかで自分に起きる感情や，他者（スーパーバイザーだけでなく，家族や友人，クライアントも含む）からの働きかけを積極的に受けとめ，自分と異なる多様な存在を認めて真摯に向き合おうという開かれた姿勢が，新たな自分の発見と個人的成長の基盤になることでしょう。

考えてみよう

　あなたが公認心理師を志す動機と，それが支援に与える可能性のあるポジティブな影響，ネガティブな影響について，現時点での考えを述べてください。

🖋 本章のキーワードのまとめ

心理支援と 自己理解	心理支援で支援者側の動機や欲求，価値観，心理状態が支援の内容やクライアントに影響を及ぼすこともある。自己理解を深めることは，自己研鑽の重要な視点の一つである。
逆転移	クライアントに対して抱く非合理的な反応。元来はクライアントからの投影によって引き起こされるとされるが，支援者の個人的葛藤によるものを含む場合もある。治療関係や支援の効果に影響するため，適切に対処する必要がある。
支援者の動機	心理支援を志す動機や欲求には，他者に影響を与えたい，セルフヘルプ，必要とされたいなどさまざまなものがある。支援者自身の欲求を満たすことが支援を上回ることのないように留意する必要がある。
支援者の価値観	公認心理師も一人の人間としての価値観をもっており，クライアントの価値観と異なる場合，支援に影響する可能性がある。自身の価値観を自覚し，俯瞰的な視点をもつことが，クライアントの価値観を尊重することにもつながる。
ダイバーシティ	価値観の多様性のこと。多様な背景や価値観をもつ人々を理解し，その人らしい生き方を支援するために，自分と異なる価値観に対しても鋭敏で開かれた感覚をもつことが必要である。
バーンアウト	理想や熱意をもって働いていた人が，燃え尽きたかのように疲弊して仕事やクライアントへの関心を失うこと。情緒的消耗感，脱人格化，個人的達成感の減退の3因子で構成される。
感情労働	仕事をするために自分の感情をコントロールする必要のある労働。内心と異なる表情や態度をつくったり，その場にあった感情を感じようとする努力によって，情緒的資源を消耗しやすい。
自己理解を 深めるための学び	自己理解を深める取り組みは，訓練と実務のプロセスを通じて続く。スーパービジョンやカウンセリングの機会を活用することは，自分の課題を発見し，向き合うことに役に立つ。

心理支援の専門職として働くために

本章では，公認心理師として働くために必要な専門職教育のあり方について説明します。公認心理師は実践が重視されるため，実習やスーパービジョンなどの実践に即した学びが必要となります。また，心理職としての職業発達は生涯にわたるため，教育機関だけでなく，卒業後にも継続して学び続けなくてはなりません。そのためにはセルフケアも重要となります。

1 公認心理師としての専門職教育とは

1 公認心理師になるために

公認心理師は心理職の国家資格ですから，心理職としての専門性をきちんと身につけておく必要があります。ここでは，まずは公認心理師になるための道筋を説明しましょう。

受験資格は複数ありますが，主なものは，大学および大学院で，文部科学省令・厚生労働省令で定められた心理学その他の公認心理師となるために必要な科目を修めて卒業および修了していることです。ここで重要なことは，心理学の授業を開講していればどこの大学や大学院でもよいというわけではないということです。文部科学省令・厚生労働省令で公認心理師になるために必要と定められた開講科目を厚生労働省に提出して，承認を受けた大学および大学院である必要があります。したがって，大学および大学院を受験する際には，公認心理師を養成する教育機関としての承認を受けている大学および大学院かどうかを確認するとよいでしょう。

大学および大学院が整えたカリキュラムに沿って，受験資格に必要な単位を取得して，初めて受験資格を得ることができます。そのうえで，公認心理師試験を受験して合格し，資格登録をすることで晴れて公認心理師となります。試験については，資格試験の運営を行う一般財団法人日本心理研修センターから，公認心理師試験出題基準とブループリント（公認心理師試験設計表）が提示されていますので，受験の際にはこれを参考にする人も多いでしょう。

以下では，大学や大学院などの教育機関で，心理専門職となるために，どの

プラスα
受験資格
他にも大学での必要な科目の履修と一定期間の実務経験というルート等もあります。詳しくは公認心理師法第7条を確認ください。

プラスα
公認心理師試験出題基準
公認心理師試験の範囲とレベルを項目によって整理したもの。

ブループリント
公認心理師試験出題基準の各大項目の出題割合を示したもの。

ような教育を行うのかについてみていきます。

2　公認心理師の専門教育に求められるものとは

　心理職として活動するためには，何を学んでおく必要があるのでしょうか？公認心理師のカリキュラムが検討されたとき，公認心理師の資格をもつ人はどういう人であることが期待されるか，つまり教育機関を卒業するときにあるべき到達目標（Outcome-based education）が想定されました（厚生労働省，2017）。公認心理師の到達目標は，第 1 章でも紹介されているように公認心理師が行う 4 つの業が適切に実践できることです。つまり，「要支援者のアセスメント」「要支援者に対する援助」「要支援者の関係者に対する援助」，そして「心理教育」です。要支援者のアセスメントと援助ができるためには，面接室のなかで 1 対 1 による伝統的な援助モデルをきちんと取得しておくことが重要となるでしょう。しかし，関係者に対する援助では，コンサルテーションや関係者および他の専門職と連携するための知識やスキル，さらにそれにまつわる守秘義務などの倫理的な判断ができることも求められます。また，心理教育では，問題が発生した事後の対応だけでなく問題が発生する前の予防的な介入や，研修など集団を対象としたアプローチも必要となります。これらの援助を行うためには，個人を対象とした援助の知識やスキルに加えて，コミュニティ心理学[*]の知識やスキルが役に立つでしょう。

　心理職といってもその活動分野は多岐にわたります。心理職は，実際には保健医療，福祉，教育，司法・犯罪，産業・労働といった 5 つの分野で活動しています。したがって，各々の分野に必要な役割，知識，技能も学ばなくてはなりません。ですが，このような特定の分野にかかわらず，公認心理師としてどんな分野でも共通して求められる役割，知識，技能もあります。それが，表4-1 に示した 9 項目となります。

　なお，カリキュラムを考える際にいくつか留意された点がありましたが（厚生労働省，2017），その一つが，どの分野で活動する場合にも，精神医学を含む医学知識を身につけておく必要があるということです。公認心理師は心理の専門職ですが，保健機関や医療機関との連携はどの分野においても必要となるため，医学知識もある程度知っておく必要があるのです。

　もう一つ重要な点は，公認心理師が活躍することが想定されるすべての分野に関する関係法規や制度等を頭に入れておく必要があるということです。公認心理師が活動する各々の現場には，その分野の活動の根拠や枠組みになっている関係法規や制度があります。そのため，自分が活動している分野はもちろんのこと，他の分野との連携の可能性に備えて，他の分野の関係法規や制度も理解しておく必要もあるのです。上記 2 つの留意点に共通しているのは，他の専門職や自分が活動する分野以外の心理職や専門職との連携が想定されている

参照

コンサルテーション
→8章

語句説明

コミュニティ心理学
個人と環境の視点から，個人だけでなくコミュニティや社会も支援対象として，連携や協働による間接的介入や予防的介入を志向する。

表4-1　公認心理師に求められる役割，知識及び技術
（分野を問わず求められるもの）

- 国民の心の健康の保持増進に寄与する公認心理師としての職責を自覚すること
- 守秘義務等の義務及び倫理を遵守すること。また，心理に関する支援が必要な者に対し支援を行う関係者の間で，当該支援に必要な情報共有を行うこと
- 心理に関する支援が必要な者等との良好な人間関係を築くためのコミュニケーションを行うこと。また，対象者の心理に関する課題を理解し，本人や周囲に対して，有益なフィードバックを行うこと。そのために，さまざまな心理療法の理論と技術についてバランスよく学び，実施のための基本的な態度を身につけていること
- 心理学，医学等の知識及び心理に関する技術を身につけ，さまざまな職種と協働しながら支援等を主体的に実践すること
- 公認心理師の資格取得後も自ら研鑽を継続して積むことができること
- 心理状態の観察・分析等の内容について，適切に記録ができること及び必要に応じて関係者に説明ができること
- 地域社会の動向を踏まえ，公認心理師が社会から求められる役割を自覚して，業務を行うこと
- 災害や事件・事故等緊急時にも公認心理師としての役割を果たすことができること
- 身体疾患や精神疾患，又はその双方が疑われる者について，必要に応じて医師への紹介等の対応ができること

出所：厚生労働省，2017

ということです。そのため，心理学だけでなく，幅広い知識をもつことが求められているのです。

さらに，公認心理師のカリキュラムでは実践力を身につけるための教育として，実習や演習が重視された点も特徴といえるでしょう。実習についてはのちほど詳しく述べますが，公認心理師は実践者なので，知識を学ぶだけでなく，心理援助を行う実践力を身につけておく必要があります。その際，公認心理師の実践に含まれるのは，疾病や障害などの病気や障害がある人に対する心理援助だけではありません。広く一般の人に心の健康を知ってもらうための心理教育や，情報を提供する役割も期待されています。このように，さまざまな形で心理援助実践の能力を高める必要があるのです。

3　公認心理師になるための大学・大学院教育とは

　公認心理師になるために必要な科目については，公認心理師法施行規則（2017年）に定められています。カリキュラム検討委員会では公認心理師の受験資格を得るために，24の到達目標が掲げられました。これを達成するために，心理学教育に関わる学部等で所定の25科目を習得したうえで，大学院修士課程でさらに所定の10科目を習得するか，あるいは指定された期間で2年以上（標準的には3年）実務経験を積むことが求められています。なお，各々の科目には，それに含まれるべき事項が定められています。

　大学の学部で必要な科目は，講義科目としては「A．心理学基礎科目」と「B．心理学発展科目」に大別されており，心理学発展科目はさらに「基礎心理学」，「実践心理学」および「心理学関連科目」に分けられています。さらに，「C．実習演習科目」が含まれていますが，これについてはのちほど詳しく説明します。

　大学院教育は，「A．心理実践科目」と「B．実習科目」に分かれています。これらを重ねて提示したものが，表4-2です。ここからもわかるように，学部教育において基本的な知識と技法を網羅的に身につけるためのカリキュラム

プラスα

大学における必要科目の分類

「A．心理学基礎科目」「B．心理学発展科目」「基礎心理学」「実践心理学」「心理学関連科目」の分類方法は，上記と異なる分類の仕方もあり得るとされている。

表4-2　学部教育の到達目標と必要な科目

到達目標	学部と大学院で必要な科目	学部の講義／実習科目 （大学院科目は※参照）	
1.　公認心理師としての職責の自覚	①公認心理師の職責	A.　心理学基礎科目	
2.　問題解決能力と生涯学習			
3.　多職種連携・地域連携			
4.　心理学・臨床心理学の全体像	②心理学概論 ③臨床心理学概論		
5.　心理学における研究	④心理学研究		
	⑤心理学統計法		
6.　心理学に関する実験	⑥心理学実験		
7.　知覚及び認知	⑦知覚・認知心理学	B.　心理学 　　発展科目	基礎 心理学
8.　学習及び言語	⑧学習・言語心理学		
9.　感情及び人格	⑨感情・人格心理学		
10.　脳・神経の働き	⑩神経・生理心理学		
11.　社会及び集団に関する心理学	⑪社会・集団・家族心理学 ❽家族関係・集団・地域社会における 　心理支援に関する理論と実践		
12.　発達	⑫発達心理学		
13.　障害者（児）の心理学	⑬障害者（児）心理学		
14.　心理状態の観察及び結果の分析	⑭心理的アセスメント ❻心理的アセスメントに関する理論と 　支援		
15.　心理に関する支援（相談，助言，指導その他の援助）	⑮心理学的支援法 ❼心理支援に関する理論と実践		
16.　健康・医療に関する心理学	⑯健康・医療心理学 ❶保健医療分野に関する理論と支援の 　展開		実践 心理学
17.　福祉に関する心理学	⑰福祉心理学 ❷福祉分野に関する理論と支援の展開		
18.　教育に関する心理学	⑱教育・学校心理学 ❸教育分野に関する理論と支援の展開		
19.　司法・犯罪に関する心理学	⑲司法・犯罪心理学 ❹司法・犯罪分野に関する理論と支援 　の展開		
20.　産業・組織に関する心理学	⑳産業・組織心理学 ❺産業・労働分野に関する理論と支援 　の展開		
21.　人体の構造と機能及び疾病	㉑人体の構造と機能及び疾病		心理学関 連科目
22.　精神疾患とその治療	㉒精神疾患とその治療		
23.　各分野の関係法規	㉓関係行政論		
24.　その他	㉔心理演習 ㉕心理実習（80時間以上） ❾心の健康教育に関する理論と実践 ❿心理実践実習（450時間以上）	C.　実習演習科目	

注：ただし，大学院の科目に関しては，淡灰色❶～❾は「A.　心理実践科目」，灰色❿は「B.　実習科目」として分類されている
出所：厚生労働省，2017をもとに作成

が組まれており，大学院教育ではさまざまな事例について議論を行う演習に重点がおかれるなど，実践力の強化が求められています。

4　公認心理師の教育で重視されている実習とは

第2項で述べたように，公認心理師のカリキュラムでは実践が重視されているため，実習をして現場の経験を積むことが求められています。保健医療，福祉，教育，司法・犯罪，産業・労働の5つの分野の施設において，見学等による実習を行いながら，施設の実習指導者または教員による指導を受ける必要があります。大学院では質・量ともにさらに充実した実習が求められており，大学もしくは大学院に設置されている心理相談室または学外の施設で，指導を受けながら，実際にケースを担当する必要があります。

学外の実習先では，現場教育を受けることが前提とされています。学外の施設で5年以上の臨床経験をもつ心理職が実習指導者として教育を担うため，臨床実践現場ならではの生きた学びが得られます。なかには心理職以外の他の専門職やスタッフとチームで仕事をする職場もあるかもしれません。公認心理師には多職種連携やチームで働く能力も求められていますが，実習先のチームに身をおくことで，心理職としての専門性や存在意義を考えることになるでしょう。

また，現場で活動するためには，専門職としてだけでなく，組織の一人，あるいは一社会人としての自覚も必要となります。当然社会人としての一般常識が求められます。教育機関で学んだ専門的な知識やスキルを現場で活かすためには，現場で一社会人として，一組織人として，そして心理職として何が求められているのか，どのような立ち居振る舞いが求められるかを肌で感じて，学び取ることが重要となります。

また，カリキュラムでは複数の現場で実習を行うことが想定されているため，幅広い分野に触れることができます。同じ分野であっても，施設や職場によって公認心理師の役割や立場はさまざまです。いろいろな分野や職場に身をおくなかで，自分自身の関心や特性を改めて認識するかもしれません。実習は現場で活動するための実践力を身につけるだけでなく，今後のキャリアを考える良い機会にもなるでしょう。

2 ｜ 公認心理師の実践的な学び

1　事例に基づく学びの重要性

専門職に必要な実践力を身につけるために重要となるのが，実践に基づいた

プラスα

実習

実習は，学部では80時間以上，大学院では450時間以上。

学びです。自分でケースを担当することはもちろん，特定の事例についてその理解や対応を複数人で検討するケースカンファレンスに参加したり，個人や集団で臨床実践教育を目的としたスーパービジョンを受けることによって実践的な学びを得ることができます。

　このような事例に基づく学びは，臨床心理学における伝統的な学習形式といえるでしょう。実際にケースを担当するようになると，頭で理解した理論と，実際に目の前に現れる特定の個人の問題の間に大きなずれや戸惑いを感じる人は少なくありません。鑪（2004）はこのようなずれを「一般性と個別性の間の溝」と呼び，事例検討やスーパービジョンはこれを埋める仕事と位置づけています（図4-1）。

　ここで大事なことは，机上の学びと実践の体験の間に生じるずれや戸惑いを自覚し，そこから有効な援助を行うことです。そのためには，特定の事例を取り上げて具体的かつ体験的に学ぶことが役に立ちます。そのような特定の事例に関する学びは，特定の事例の理解や対処だけでなく，臨床実践の知識や技法に関する普遍的な学びにつながります。また，ケースカンファレンスやグループスーパービジョン*など複数人で学ぶ場合には，事例提供者個人だけでなく，集団力動のなかで参加者一人ひとりの内省や成長が促されます。

　このように，ケースカンファレンスやスーパービジョンにおける指導や教育は，具体的で体験的な学びを得る貴重な機会です。しかし，批判やマイナスの評価が大きいと，傷つき体験となることもあります。特に初学者や完璧主義傾向が強い人の場合には，失敗に対する脅威から自己防衛的になることも少なくありません。指導者は無自覚なパワーバランスがあることを意識するとともに，指導される人も，より建設的な学びを得るための努力を怠ってはならないでしょう。

　このような従来のケースカンファレンスやグループスーパービジョンの課題を超える一つの方法として，近年，村山・中田（2012）はパーソンセンタードアプローチ*に基づく PCAGIP 法を提案しています。これは「比較的経験の浅い人が経験豊富な指導者から助言を受けて学ぶのではなく，自分自身でその事例を扱っていくための力（資源）が発現するように，グループやファシリテーター*全体が関わる」ものであり，グループというコミュニティにおけるエンパワメント*が特徴といえます。

図4-1　一般性と個別性の間の溝

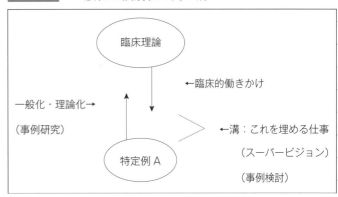

出所：鑪，2004 より作成

2　スーパービジョン

①スーパービジョンとは

　ここでは，**スーパービジョン**について少し詳しく説明します。先に述べたように，実際にケースを担当すると，思ったようにうまくいかないことがあります。あるいは，自分ではうまくいっているように感じても，特に初学者の場合は，何がうまくいっていて何がうまくいっていないか自体がわからないことがあります。そのため，自分が担当した具体的なケースについて経験豊富な指導者に報告し，臨床的な指導や教育を受ける必要があります。これがスーパービジョンといわれるもので，「臨床行為に必要な知識やスキルを統合的に身につけ，それらを倫理的枠組みのなかで実践できるよう学習する機会」と定義されています（Bernard & Goodyear, 2009）。スーパービジョンの枠組みでは，指導する人を**スーパーバイザー**，指導を受ける人を**スーパーバイジー**と呼びます。スーパービジョンはその目的によってさまざまな形で行われるため，表 4-3 にスーパービジョンの設定をまとめます。

　スーパービジョンを受けるなかで，スーパーバイジー自身の個人的な心理的問題や課題に向き合わざるを得なくなることもあります。スーパービジョンは心理療法ではないので，基本的にはスーパーバイジー個人の内面や心理的問題に対する介入はしません。しかし，セラピストの個人的葛藤がセラピーの妨げとならないように，教育分析という形で心理職が個人として心理療法を受けることもあります。

②スーパービジョンのモデルとは

表4-3　スーパービジョンの設定

形式	1 対 1 の個人スーパービジョン，グループスーパービジョンがあり，いずれにも一長一短がある。実施の方法は，口頭報告，面接記録，録音，録画など多様である。
スーパーバイザー	長期にわたって同じスーパーバイザーに師事することもあれば，さまざまなスーパーバイザーによるスーパービジョン経験を積むこともある。
タイミング	困ったときに危機介入的に単発で行われることもあり得るが，一般的には，一定期間継続的な関係性を前提とする。特に初学者の場合は，自分の癖や特徴を理解し，それを臨床実践に活かすために，同じスーパーバイザーから定期的・継続的に指導を受けることが有効である。
内容	面接や心理検査に関するスーパービジョンがある。面接の場合，事例の内容やスーパービジョンの目的によって，コミュニケーションレベル，ケースマネジメントレベル，システムオーガニゼーションレベルの諸相のどれかに焦点を当てることもあれば，それらが複雑に絡み合った検討が行われることもある。また，専門的な助言を求める，いわゆるコンサルテーション的な関わりがメインとなることもある。

　スーパービジョンについてはさまざまなモデルが提唱されています。ここでは平木（2017）を参考に，ホロウェイ（1995）の SAS（The Systems Approach to Supervision）モデルを取り上げて，スーパービジョンの概要を説明しましょう。スーパービジョンの中核はスーパーバイザーとスーパーバイジーの両者からなるスーパービジョン関係（①）となります。そこで扱われるスーパービ

図4-2　SAS モデル：課題，機能，関係，文脈的要素

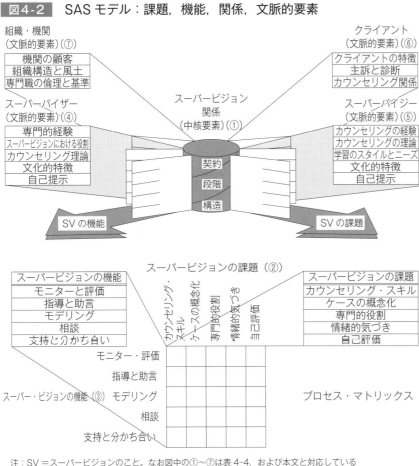

注：SV ＝スーパービジョンのこと。なお図中の①～⑦は表 4-4，および本文と対応している
出所：Holloway, 1995/2017 をもとに一部改変

ジョンの課題（②）はスーパーバイザーの専門的経験や役割などスーパーバイザー側の要素（④）と，スーパーバイジーのカウンセリング経験や理論的背景などスーパーバイジーの要素（⑤）によって変わってきます。また，そこで果たされる機能（③）は，クライアントの特徴（⑥）や実践をしている組織・機関の特徴（⑦）によって決まってきます（図 4-2，表 4-4）。

　心理的援助はセラピストとクライアントの 2 者関係のなかで行われるため，特定の心理療法やアプローチの知識やスキルに則った正しさや適切さに関心をもつかもしれません。しかし，心理的援助で重要となるのは，援助関係の背後にある文化的背景や社会的な倫理観，所属している組織の特徴などより広い文脈を視野に入れて，今ここのセラピスト－クライアント関係を理解し，その関係性のなかで役に立つ援助ができるよう適切な指導を受けることなのです。

③スーパービジョンの留意点

　スーパービジョンはセラピストが自分自身の担当ケースをもとに臨床実践を振り返るため，特定の事例に対する理解や介入について示唆を得ることができ

表4-4　SASモデルの概要

① スーパービジョン関係	ヒエラルキーがあるが，同時に愛着関係にもなりえる。関係性は時間とともに発達し，時間とともに葛藤が減り自己開示が行われるようになる（初期段階，成熟した関係，終結関係）。両者は契約関係にあるため，その機能と役割を明確にする。	
② スーパービジョンの課題	カウンセリング・スキル，ケースの概念化，専門的役割，情緒的気づき，自己評価	
	④ スーパーバイザー 専門的経験（スーパーバイザーの臨床やスーパービジョンなどの経験），スーパービジョンにおける役割（教師，カウンセラー，コンサルタントの他に，強化する人，講義する人，プロの実践モデルとしての態度・行動），カウンセリング理論，文化的特徴（ジェンダー，民族，人種，性別，宗教，価値観），自己提示（相手に好ましい印象を与えるために取る情緒的，言語的，非言語的言動）	⑤ スーパーバイジー カウンセリングの経験，カウンセリングの理論的背景，学習のスタイルとニーズ，文化的特徴，自己提示としてのスーパーバイジーの文化的要素
③ スーパービジョンの機能	モニターと評価，指導と助言，モデリング，相談，支持と分かち合いの5つの社会的役割	
	⑥ クライアント クライアントの特徴（社会的階級，性格特性，年齢，ジェンダー，知能，人種，民族など），主訴と診断，カウンセリング関係	⑦ 組織・機関の要素 機関が対象とする顧客，組織の構造と風土，専門職の倫理と基準

出所：Holloway, 1995/2017 をもとに一部改変

ます。その意味では，困ったときに単発で受けることも役に立ちます。難しい事例を一人で抱え込んで事態を悪化させてしまうことは専門職としてあってはならないことなので，困ったときには援助を求める必要があります。しかし，セラピストが専門職として成長・発達するためには，一定期間継続的に同じスーパーバイザーの指導を受けることが役に立つでしょう。

　その際に重要となるのが，スーパーバイザーとスーパーバイジーの関係性です。継続的に同じスーパーバイザーと会うことにより，スーパーバイザーとスーパーバイジーの間に一定の関係性ができます。スーパーバイジーが自分自身の癖や特徴，あるいは実践者としての課題に向き合うことは簡単なことではありませんが，スーパーバイザーとの安定した関係性のなかでそれに取り組むことができます。スーパーバイザーから受ける承認や支持によって程よい自信をもち，自身の成長や発達を理解し，心理職としてのアイデンティティを確立していくことが目指されます。

　また，スーパーバイジーとしてスーパーバイザーから指導を受ける体験は，

他者から援助を受ける被援助体験にもなります。心理職のなかには，一般論としては人に援助を求めることの重要性を理解し，他者にはそれを勧めながら，自分自身は人に援助を求めるのが苦手という人も少なくありません。しかし，スーパービジョンでセラピスト自身が人から援助される体験をもつことは援助される側の理解にもつながるため，自身の実践にも大いに役に立つでしょう。

3 ｜ 公認心理師の生涯教育

1 卒業後も資質を向上し続けなければならない

　公認心理師を養成する教育機関では本章の第 1 節第 2 項でみたようなカリキュラムを整えています。しかし，公認心理師の学びは教育機関に限った話ではありません。公認心理師法第 43 条には「資質向上の責務」として，「国民の心の健康を取り巻く環境の変化による業務の内容の変化に適応するため，第 2 条各号に掲げる行為に関する知識及び技能の向上に努めなければならない」と定められているように，教育機関を卒業した後も継続的に学び続けなくてはなりません。

参照
資質向上の責務
→ 5 章

　条文にあるように，心の健康を取り巻く環境は刻々と変化するでしょう。新たな心の問題や悩みが出てくるかもしれません。不登校や災害，働く人のうつなど時代のなかで注目される問題が変わってくることもあります。公認心理師が習得することを求められている医学においても，診断名や診断基準が変わることもあります。また，心理援助にも新しいアプローチが開発されるかもしれません。教育機関で学んだり，資格を取得したときに習得した知識やスキルが劣化し，専門職として十分に機能できなくなることもあるかもしれません。さらに，心理職が活動する際に枠組みとなる関連法規や制度も刻々と変わります。したがって，卒業後も最新の情報が得られるよう，常に幅広く目配りをしておく必要があります。

　地域によっては学びの機会が得にくいこともありますが，昨今ではインターネットによる情報発信や，双方向のやり取りも可能となりつつあります。仕事をしながら学び続けることは容易なことではありませんが，日々の業務とのバランスを取りながら，無理なく学ぶことが重要でしょう。そのためには，情報収集のアンテナを立てておくだけでなく，今の自分に何が必要かといった自己省察や，どのような優先順位で何を学ぶか，時間や経済的な負担の確保は可能かなどの現実的な判断も必要となります。

2　実践現場で活動するために必要なローカルな学び

　教育機関のカリキュラムは，さまざまな分野について網羅的に理解できるよう設計されていますが，逆にそれゆえに総論的で抽象的な理解にとどまらざるを得ないところがあります。もちろんそのために実習も行われますが，心理職が現場の臨床実践をリアルに理解するのは，卒業後に勤務する臨床実践の場でのローカルな学びからです。そこで，初学者がまず戸惑うのは，担当する事例における心理的援助に関する迷いや困難といった専門職ならではの知識やスキルだけでなく，自身が働く分野や職場に関する個別具体的な理解の必要性かもしれません。これは，一定期間ある職場で働いた経験のある心理職が，新しい分野や新しい職場に異動するときも同じです。

　心理職の仕事は分野によっても大きく異なりますが，同じ分野であっても職場によって随分と異なります。そのため，自分自身の職場が社会や組織のなかでどのような役割を担っているのか，そのなかで心理職には何が求められているのかを理解する必要があります。また，組織の役割だけでなく，地域やコミュニティの文化や特徴も把握しておく必要があるでしょう。地域や地方独自の文化や行政自治など社会システム特有の知識も獲得していかなくてはなりません。これは，先にスーパービジョンで述べた社会的文脈につながることです。もちろん，特に重要となる基礎知識や関係法規や制度も改めて確認しておく必要があります。

　さらに，職場には心理職以外の専門職やスタッフがいて，チームで仕事をする必要があるかもしれません。どのようなメンバーがいるのか，どのような作業フローがあるのか，他職種連携やチーム連携はどのようにしたらよいのかは現場のOJT（On the Job Training）で学ぶことになるでしょう。分野や職場ならではの特徴を重視する必要がある場合には，その分野の経験者や職場の上司などにスーパーバイザーをお願いすることもあります。総論的で抽象的な知識やスキルを現場で活かすためには，職場の理解と協力が不可欠となるため，現場教育の果たす役割は大きいのです。

3　心理専門職としての生涯学習への準備

　第4節で詳しく述べますが，心理職は経験を積むにつれて専門職として発達していく成長モデルでとらえられています。そのため，各々の発達段階で相応の困難があり，それを克服するための学びが必要となることもあれば，その困難を克服するなかで得られる学びもあります。そしてこのような学びが生涯にわたって続きます。これが心理職としての生涯発達であり，教育機関で学んだ後も生涯学習への準備をしなくてはなりません。ここでは，テイラーとニーマイヤー（2016）が提示した4つの方法をお示しします（日本心理研修セン

表4-5　継続学習の方法

学習方法	内容
フォーマルな学習	研修などのフォーマルな学習
インフォーマルな学習	専門誌や専門書を読むなど個人的な学習
偶発的学習	講師など心理職の業務が学習となる
ノンフォーマルな学習	講演会やシンポジウム，事例検討会

出所：日本心理研修センター，2018 をもとに作成

ター，2018；表 4-5）。

　これらのさまざまな学習方法をうまく活用することが生涯学習の役に立つで
しょう。ここで重要なことは学習をし続けるということです。臨床経験を積み，
学習を重ねれば，いつかどこかのタイミングで心理職として完成するというわ
けではありません。むしろ，一定の経験を積むことで，知らないうちに独善的
なやり方に固執したり，あるいは固執していること自体にも気づけなくなる危
険性もあります。したがって，常に意識的に心理職としての自己の営みを省察
あるいは内省する必要があります。しかし，自分一人で省察するのは限界があ
るため，第 2 節で述べたスーパービジョンを定期的に受けることも役に立ち
ます。スーパービジョンは初学者だけが受ければよいというものではなく，経
験者がキャリアや特性に合わせて継続的に学び続ける生涯学習の機会になりま
す。

4 ┃ 職業・キャリアとしての 心理職の発達

1　心理職の職業的発達

　心理職は経験とともに成長・発達すると考えられており，このような心理職
としての職業発達を**心理職の成長モデル**といいます。心理職の職業発達にはさ
まざまな段階説がありますが，先に述べたシュトーレンバーグとデルワース
(Stoltenberg & Delworth, 1987) やスコウフォルトとロネンスタット
(Skovholt & Rønnestad, 1992) はその代表例です。特に，職業人としての心
理職の発達変化を 8 段階に分けて提示したスコウフォルトとロネスタット
(1992) の研究は有名ですが，このモデルはその後 6 段階 (Rønnestad &
Skovholt, 2003)，3 段階 (Skovholt & Rønnestad, 2012) に発展しています。
3 段階の特徴を表 4-6 に簡潔に紹介します（近藤，2017）。

　教育機関における訓練課程だけでなく，卒業後であっても，臨床は必ずしも

表4-6	心理職の職業発達段階
初心者の段階	学んだことと臨床現場での体験とのギャップに戸惑う一方で，新しい技術や価値観を学ぼうと探究することで，新しいアイデンティティへと変化する
経験者の段階	職業生活での体験が個人生活に，個人生活の体験が職業生活に影響を与えるようになり，自身のアイデンティティや性格に臨床スタイルを形成する
熟練者の段階	多くの経験に基づく人生観をもち，これまでの技術や考えを維持しながら，残された時間の範囲内で新しい変化を受け入れようとする

出所：近藤，2017より作成

いつもうまくいくわけではありません。時として，自信を失って混乱したり，それによって心理職としてのアイデンティティが混乱することもあります。これは心理職にとっては危機的な状態と感じられますが，そもそも成長や発達は一直線に進むようなものではないのです。では，どのようにしたらこのような苦悩や葛藤を超えて，熟練者になれるのでしょうか。スコウフォルトとジェニングは熟練者になるための要素として，①時間，②経験の蓄積と成長の意志，職業に拓かれている，③大きな目標に向かってスモールステップで進む，④人生設計に専門職としての生き方を含める，という4つをあげています（Skovholt & Jennings, 2005）。つまり，心理職としての成長や発達は簡単なことではなく，自分の人生という長期的なプロセスを，専門職としての志をもって地道に生き続けることが必要といえるでしょう。

　また，自助努力だけでなく，同僚や同期，スーパーバイザーなど他者からの情緒的な支えや現状評価，そしてクライアントの存在といった他者との関係性が大きな成長につながることも指摘されています（眞鍋・岡本，2016）。必要なタイミングで他者からの適切な支援を受けながら，職業人としての自身の生き方を自身の人生に主体的に取り込んでいく姿勢が必要といえるでしょう。

2　心理職のライフキャリア

　現代の日本社会では，心理職として生涯一つの分野あるいは一つの職場で仕事をし続けるとは限りません。一般社団法人日本臨床心理士会の臨床心理士の動向調査によれば，複数領域に勤務している人は38.6％，複数機関に勤務している人は44.1％であり，複数の分野や職場でキャリアを積んでいく心理職は少なくありません（一般社団法人日本臨床心理士会，2016）。

　心理職はさまざまな形で職業経験を積んで心理職としての**専門職アイデンティティ**を獲得していきます。専門職アイデンティティと個人のアイデンティティの関連性については多くの研究で指摘されており（Skovholt & Rønnestad, 2012など），専門職アイデンティティをどのように獲得するかは個人の人生におけるアイデンティティの獲得とも関係しています。また，自身の人生や個人のアイデンティティの発達と心理職としての職業アイデンティティの発達について，個人的な実践*の重要性を指摘する研究もあります。ベネットレヴィは心理職自身の個人的な実践と職業発達について，図4-3のようなモデルを提示しています（Bennett-Levy & Finlay-Jones, 2018）。

語句説明

個人的な実践
自身がセラピーを受けたり，瞑想するなど心理療法の技法を用いて内省や省察すること。

心理職自身も一生活人と
してライフサイクルの途上
にありながら，専門職とし
てクライアントの相談を受
けます。そのため，たとえ
ば出産や育児という心理職
の個人的なライフイベント
が，クライアントの理解を
深めることもあるでしょう。
一方で個人の体験によって
クライアントの体験がわか
りにくくなることもあるか
もしれません。いずれにせ
よ心理職の個人的な経験は
良くも悪くも臨床実践に影
響する可能性があります。
これは表 4-6 の経験者の
段階に，より顕著となりま

図4-3　個人的な実践モデル

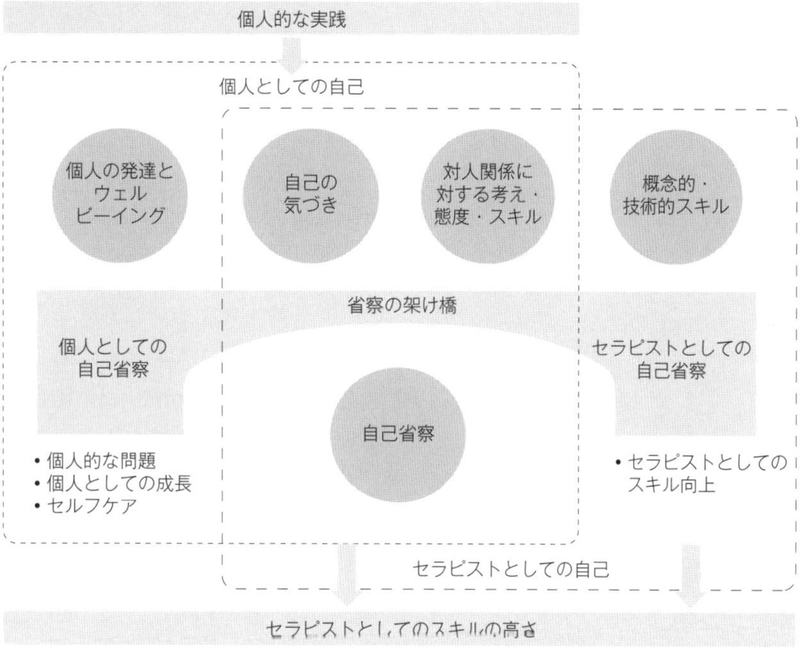

個人的な実践

個人としての自己

個人の発達と
ウェル
ビーイング

自己の
気づき

対人関係に
対する考え・
態度・スキル

概念的・
技術的スキル

省察の架け橋

個人としての
自己省察

自己省察

セラピストとしての
自己省察

・個人的な問題
・個人としての成長
・セルフケア

・セラピストとしての
　スキル向上

セラピストとしての自己

セラピストとしてのスキルの高さ

出所：Bennett-Levy & Finlay-Jones, 2018 より作成

す。もちろんマイナスの影響はコントロールすべきですが，このような心理職
の個人的経験はクライアントの理解に彩りを与えるでしょう。したがって，ま
ずは個人の人生や生活としてのライフを丁寧に生きながら，心理職としての経
験との相互作用のなかでライフキャリアを融合的に発展できるとよいでしょう。

3　心理職のセルフケア

　対人援助職のストレスが高いことはよく知られていますが，心理職も例外で
はありません。熱心なあまり，ついつい援助にのめりこみすぎてバーンアウト
してしまったり，クライアントの苦しみや困難の影響を受けてしまうこともあ
り得ます。心理職も人なので，全くストレスを受けないということはあり得ま
せんし，一個人として経験する苦しみや悲しみも当然あります。しかし，援助
をする側の心理職自身が心身の不調をきたし，援助ができない状態になってし
まうようでは困ります。専門職である以上，適切な援助を提供できなくなってし
まったら，倫理的にも問題があります。そうならないためには，自分自身を守る
術をもたなくてはなりません。人を援助する仕事をするのであれば，まずは**心理
職のメンタルヘルス**の維持管理，すなわちセルフケアができる必要があるのです。
　セルフケアのためにはストレスにうまく対処する必要があります。まずは，
自分にとってストレスとなるものは何かを振り返ってみるとよいでしょう。そ
のなかで，避けられるものは避けるのも一つの方法です。なかには，心理職の

参照

バーンアウト
→3章

仕事がどうしても合わないという人もいるかもしれません。その場合は，思い切って転職することも考えるべきかもしれません。また，ストレスがたまったときの対処方略の一つとして自分に栄養を与える活動は何かを考えておくとよいでしょう。リラクセーションや運動，睡眠，食事，旅行など手軽な方法をできるだけたくさんもっておくとよいでしょう。

　このようにあらかじめストレスに備えても，ストレスを完全に避けることはできません。ここで重要となるのが，ストレスがかかっていることにまずは気づくこと，すなわちセルフモニタリングです。ストレスがかかっていることに気づいたら，あらかじめ考えておいた対処方略を試すことも必要でしょう。場合によって，積極的な問題解決が必要となることもあるかもしれません。心理援助で使っている認知療法や行動療法などの技法が役に立つこともあるでしょう。しかし，最も大事なことは自分を労ったり，労わること，そして自分の状況を誰かに話して受容してもらうことかもしれません。

　海外では，心理職のセルフケアとして認知行動療法をベースとした対処が行われてきましたが，時代の変化とともに，現代ではマインドフルネス*など第3世代の認知行動療法が多く用いられるようになっています（Pakenham & Stafford-Brown, 2012）。マインドフルネスによって気づきが高まり，自己受容が高まるためクライアントへの援助として用いられますが，もしそれが効果的であるならば，誰よりも援助者自身のケアにも役立つでしょう。援助者として特定の理論に基づいた技法を行う際には，まずは援助者自身が自身の生活や人生のなかでそれを体感し，実践する（walk the talk）ことが重要なのです。

語句説明

マインドフルネス
仏教をベースとした瞑想法が臨床的介入の手法として体系化されたもの。

考えてみよう

1. あなた自身はどのようなライフキャリアを歩みたいと考えているでしょうか。
2. どのような形で生涯学習を続けられそうでしょうか。

🪶 本章のキーワードのまとめ

スーパービジョン	臨床行為に必要な知識やスキルを統合的に身につけ，それらを理論的枠組みのなかで実践できるようにする学習の機会。多くの場合は，事例をもとに臨床指導や教育を受ける。
スーパーバイザー	スーパービジョンにおいてスーパーバイジーに対して，臨床指導や教育をする側。通常は臨床経験が豊かな熟練者が担う。
スーパーバイジー	スーパービジョンにおいてスーパーバイザーから臨床指導や教育を受ける側。心理職は発達段階のどの段階であっても，スーパーバイザーの指導を受けて自己省察や振り返りを行う必要がある。
生涯学習への準備	心理職の学びは生涯にわたるため，教育機関にいるときだけでなく，その後も継続的に学び続ける必要がある。
心理職の成長モデル	初心者，経験者，熟練者という発達段階のなかで，心理職が失敗や混乱を繰り返しながら成長する成長モデル。
専門職アイデンティティ	専門職としての自分自身について，アイデンティティ（自我同一性）をもつこと。
心理職のメンタルヘルス	心理職自身の精神的健康を指す。心理職は他者のメンタルヘルスの保持増進を行うが，まずは自分自身のメンタルヘルスの維持管理が必要である。
セルフケア	自分自身のメンタルヘルスを維持管理するために，ストレスマネジメントなどを行うことによって，自分自身を労い，労わること。

第Ⅱ部

公認心理師に求められること

——専門職としての義務と役割

臨床の視点

　公認心理師は専門職であり，それにふさわしい行いをする責任があります。その際の視点として，「心理学の理論や知見から見て適切な支援か」「専門職として適切な振る舞いか」の二つが考えられます。第Ⅱ部で学ぶのは，後者のほうです。公認心理師の法的義務や職業倫理として定められている事柄は，いずれも支援の対象者を守り，質のよい支援を提供し，我々自身が安心して働き続けるためにとても重要なことです。対象者の視点に立ち，安全を守ること，センシティブな情報をどのように扱うか，対象者を取り巻く他の援助職や関係者とどう連携し，支援をよりよいものにしていくかといったことについて，考えていきましょう。

第 5 章

公認心理師の法的義務と倫理

この章では，公認心理師が心理支援の現場で働く際に求められる法的義務と倫理について学びます。公認心理師法に書かれている法的義務と，専門家自身が自分たちの業務の質を維持するために掲げている倫理とは，成り立ちは異なりますが，内容は重なる部分が多くあります。また，心理支援のさまざまな場面に関わってくるため，適切に判断することができるよう，深く理解する必要があります。

1 | 専門家の「責任」とは

　人を支援しようとするとき，誰でも「どうするのが相手のためになるかな？」と考えると思います。しかし，心理的な問題を抱えている人に対して，友達や家族として支える場合と，公認心理師が業務として心理支援を行う場合とでは，「こうすべき」「すべきでない」の範囲がずいぶん異なります。

　本章では，法律と倫理という観点から，専門家としての「こうすべき」について学んでいきます。

1 事例で考えてみよう

> **事例** **この対応に問題はある？**
>
> 　水田さんは，ある高校のスクールカウンセラーとして働く 20 代男性の公認心理師です。あるとき，1 年生の女子生徒さおりさんが，「自分に自信がもてない」ことを主訴に相談に来ました。初回の面接で，さおりさんは泣きながら「授業が難しくてついていく自信がない」「友達も家族も優秀で，落ちこぼれの自分の気持ちは誰もわかってくれない」と語ります。趣味の話題になったときに，さおりさんがよく絵を描いて SNS に投稿していることを水田さんが「いい趣味だね」と褒めると，さおりさんは喜んで，「先生もフォローしてください。そうしたらもっと頑張るから」と頼んできました。水田さんは，さおりさんとの関係づくりや自信の向上にも役立つだろうと考えて，フォローを約束しました。
>
> 　またあるとき，水田さんは大学時代の同期と食事に行きました。相手は

現在病院で働いている公認心理師で，お互いの仕事の話に花が咲きました。お酒が入っていたこともあり，「さおりさんという生徒がいて……」「学校にはまだまだ頭のかたい先生もいて……」などと，自分の担当している相談の内容や，学校現場で働く苦労話について，つい熱心に語ってしまいました。

　水田さんの対応は，公認心理師として適切だったでしょうか。そうでない点があるとすれば，法的，倫理的な観点からみてどのようなところが問題といえるでしょうか。

2　専門家としての支援と責任

　一人の人としての支援と，専門家としての支援との違いを考えるとき，まず重要なのが「**責任**」ということです。公認心理師に限らず，専門家とは，ある領域において専門的な訓練を受けたり，試験に合格して資格や免許を得た人々ですから，高い水準の知識や技能をもって仕事をすることが求められます。時には，優れた社会性や人格といったことまでも期待されます。「公認心理師だったら，よい心理支援をしてくれるだろう」という信頼感があるからこそ，人々は会ったこともない公認心理師にお金を払って支援を求めるわけです。公認心理師も，こうした人々の信頼に基づいて仕事が成り立っている以上，期待に応える責任があるといえます。

　専門家として責任を果たしているかどうかを判断する際，まず考えるべきは，心理学の観点からみて適切に業務を行っているかどうかです。心理に関するさまざまな理論や知見に基づいて，アセスメントや支援を行えているかどうかが，重要な判断基準の一つになります。もう一つの基準が，法的義務や倫理の観点から適切な対応をしているか，ということです。両者は定めている主体や性質に違いはありますが，どちらも専門家として望ましい行動やしてはならない行動を規定するもので，内容も重なるところが多くあります。

　法的義務は，国が定めた法律の条文のなかに，明確な文章で記されています。義務に違反した場合の罰則の有無についても書かれており，違反者はその条文に基づいて罰則や行政処分を受けることになります。一方，倫理とは，専門家が「このような行動基準に沿って業務を行うことが望ましい」として自分たち自身に課すものです。**倫理綱領**やガイドラインという形で明文化されていることが多く，それらに反する行いをした者は，倫理違反として専門家集団自身が定めたペナルティを受けることになります。また，倫理の場合，違反をしてはならないのはもちろんですが，それだけでは十分に倫理的とはいえません。倫理的なあり方とは，「どう行動するのが倫理的か，もっとよいやり方があるのではないか」と，専門家としての理想を常に自分に問い続ける姿勢にあるのです。

2 ｜ 公認心理師の法的義務

1 公認心理師に課される法的義務とは

　では，公認心理師として業務をする際，どのような法的義務が課されることになるでしょうか。本書第1章でも説明されていますが，重要な内容なので，おさらいを兼ねてここでもみていきましょう。まず，公認心理師の業務や資格について定めている公認心理師法のなかに，公認心理師の義務を定めている箇所があります。表5-1に，該当箇所を抜粋しました。

表5-1　公認心理師法における法的義務

第四章　義務等
（信用失墜行為の禁止）
第四十条　公認心理師は，公認心理師の信用を傷つけるような行為をしてはならない。
（秘密保持義務）
第四十一条　公認心理師は，正当な理由がなく，その業務に関して知り得た人の秘密を漏らしてはならない。公認心理師でなくなった後においても，同様とする。
（連携等）
第四十二条　公認心理師は，その業務を行うに当たっては，その担当する者に対し，保健医療，福祉，教育等が密接な連携の下で総合的かつ適切に提供されるよう，これらを提供する者その他の関係者等との連携を保たなければならない。
2　公認心理師は，その業務を行うに当たって心理に関する支援を要する者に当該支援に係る主治の医師があるときは，その指示を受けなければならない。
（資質向上の責務）
第四十三条　公認心理師は，国民の心の健康を取り巻く環境の変化による業務の内容の変化に適応するため，第二条各号に掲げる行為に関する知識及び技能の向上に努めなければならない。

①信用失墜行為の禁止

　信用失墜行為の禁止とは，公認心理師の信用を傷つけ，公認心理師全体の不名誉となるような行為を禁じるものです。公務員をはじめとして，多くの職を規定する法律のなかにも同様の条文があります。「公認心理師ならば，ちゃんとした人だと信じてよいだろう」という社会からの信頼は，職を支える重要な基盤であり，これを損なう行いをすることは，自分ひとりが信頼をなくすだけでなく，勤務先や公認心理師全体が要支援者や社会全体からの信頼を失うことにつながります。具体的に何が信用失墜行為に当たるかは，法律のなかには書かれていませんが，犯罪行為や法令違反，職業倫理に反する行為はもちろんのこと，暴言やハラスメントなどの勤務中の振る舞いや，勤務時間外の飲酒運転等，広い範囲の行為が該当する可能性があります。たとえプライベートの時間であっても，社会人として自覚をもち，常識のある行動をしなければならない，

プラスα

信用失墜行為の例
人事院は，国家公務員の信用失墜行為の禁止（国家公務員法第99条）について，次のような例を「公私にわたって行うことを禁止」しています。（人事院『その他の服務規定』より引用。カッコ内は筆者による補足）。
職務に直接関係するもの
・業務上横領（業務で預かった金銭や物を横取りすること），職権の濫用（職に備わった権限を過度に使うこと），運転業務中の交通事故
職務に関連するもの
・職務遂行中の暴言，飲食物等の供応の受領（食事等を提供されること）
職務と関連しないもの
・休日における飲酒運転，常習賭博，勤務時間外の傷害事件

といえます。

②秘密保持義務

　他の多くの資格・免許や公務員と同様，公認心理師にも**秘密保持義務**が定められています。心理支援のために知ることになる情報には，要支援者の症状や病気，障害，生い立ち，家族や恋人，友人に関するものなど，きわめてプライベートな内容が含まれます。社会生活上人には知られたくない，しかしその人の心理的な健康に関わる重要な秘密を，公認心理師は日常的に扱うことになりますので，その秘密が第三者に漏れてしまうことのないよう，情報の管理や取り扱いに万全を期さなければなりません。なお，法律において保護の対象となる「秘密」は，「本人が隠しておきたいと考えるだけでなく，隠すことに実質的利益のある事柄」とされますが，倫理的な意味での「秘密」とは，「信頼を基にして打ち明けた事柄を，相手を裏切ることのないよう，誰にも漏らさないこと」であり，より厳しいものといえます（一般財団法人日本心理研修センター，2018）。

　後でも述べるように，秘密保持義務に違反した場合は，「一年以下の懲役又は 30 万円以下の罰金」（第 46 条）という重い罰則があります。秘密を守るということは，それほど重要な義務であるといえるでしょう。

　また，第 41 条には，「正当な理由がなく」秘密を漏らしてはならない，とあります。ある一定の条件下であれば秘密を第三者に伝えても違反とはならないという，条件つきの秘密保持義務です。「公認心理師でなくなった後においても，同様とする」とされていることにも注意が必要です。

③連携等

　第 42 条で定められているのは，要支援者を取り巻く他職種の専門家や**関係者との連携等**です。一人の要支援者に関わる専門家が複数いる場合，それぞれの支援の目的が食い違っていたり，役割分担がうまくいっていないと，要支援者が混乱したり，余計な負担がかかるなどして，結果的によい支援を行えなくなってしまう場合があります。病院や学校などで公認心理師と他職種である医療従事者や教師とが一緒に働く場合もありますし，スクールカウンセラーとして学校で関わっている子どもが，外部の医療機関や福祉の支援を受けている場合もあります。そのため，具体的にどのような方法・頻度で連携するかはケースバイケースですが，「密接な連携の下で総合的かつ適切に提供されるよう，これらを提供する者その他の関係者等との連携を保」つことが，公認心理師の義務として課せられています。

　また，「他職種」のなかでも，心理支援に係る主治医がいる場合，公認心理師は「その指示を受けなければならない」（第 42 条第 2 項）とされています。これも，同じ医療機関に主治医と公認心理師がいる場合，主治医から紹介を受けて要支援者が相談に来た場合，要支援者が何らかの理由で主治医と公認心理師の連携を望まない場合など，さまざまなケースが考えられます。公認心理師

参照
秘密保持と情報の取り扱い
→7章

参照
多職種連携・地域連携
→8章

プラスα
公認心理師法第42条第2項に係る主治の医師の指示に関する運用基準について（2018年1月31日通知）
要支援者の状況から主治医がいることが合理的に推測される場合，要支援者に不利益のないように配慮しつつ，主治医の有無を確認しなければならない。主治医の存在が確認できたときは，要支援者（未成年の場合はその家族等）の同意を得たうえで，要支援者の病態や治療方針，支援行為に当たっての留意点等について指示を受けること，などとされている。

の対応の指針として，文部科学省および厚生労働省の出した「公認心理師法第42条第2項に係る主治の医師の指示に関する運用基準について」（2018年1月31日通知）のなかで，主治医の有無の確認や指示への対応について書かれていますが，今後見直しが行われる可能性もあり，最新の情報をチェックしておく必要があります。

④資質向上の責務

公認心理師は，その資格を得るまでに一定の期間と内容の課程を修了し，資格試験の勉強をして合格し，ようやくなれるものです。しかし，それで十分ということではなく，自らの資質を向上させる努力を続けなければならないことが，第43条に定められています。この**資質向上の責務**は，公認心理師として仕事を続ける限り，生涯にわたって続くものです。資格取得は業務として心理支援を提供するための最低限の資質を担保しているにすぎず，熟達した専門家となるには実践と研鑽を積んでいく必要があります。また，そのように理想的な支援を提供するために努力を続ける姿勢は，倫理的な観点からも必要なものといえます。

条文に書かれているとおり，公認心理師は「国民の心の健康を取り巻く環境の変化による業務の内容の変化に適応」しなければなりません。公認心理師の専門性の基盤となる心理学は，多くの研究者たちの積み重ねによって，日々新しい知見が生まれており，「公認心理師であれば，このくらいのことは知っているべき」という知識や技能の水準もどんどん進んでいきます。さらに，これまでにも不登校や過労自殺といった社会問題や自然災害が起きる都度，新たな心理支援のニーズが生み出されてきましたし，同様のことはこの先も起こり得ます。こうした学術的，社会的な変化に追いつくには，日常業務の経験を重ねるだけでなく，自己研鑽の機会を積極的に求めていく必要があります。

具体的な方法としては，最新の書籍や論文を読む，仲間内での勉強会といった自主的な努力，スーパービジョンを受けること，学術団体（学会）に所属して大会に参加すること，各種団体が開催する研修会に参加すること，などがあげられるでしょう。

参照
生涯学習への準備
→4章

2　罰則と処分

上の4つの法的義務のなかには，違反をしたときに罰則や処分が科されるものがあります。まず，第41条秘密保持義務に違反した場合は，「一年以下の懲役又は30万円以下の罰金」（第46条）となります。ただし，これは「告訴がなければ公訴を提起することができない」（第46条第2項）と書かれており，秘密の漏洩によって被害を被った人が，公認心理師に罰が科されることを願って訴えた場合，刑事裁判の手続きを経て判決が下されます。

他の義務に関しては，刑事罰は設けられていません。ただし，公認心理師の

プラスα
親告罪
刑事裁判を起こすために被害者からの告訴を必要とする犯罪。事実が明るみになることにより，被害者が傷つくなど不利益となる可能性があるもの等に適用されている。

資格登録に関する行政処分[*]が下されることがあります。信用失墜行為の禁止（第 40 条），秘密保持義務（第 41 条），連携等のうち主治医の指示に関するもの（第 42 条第 2 項）は，違反した場合は，文部科学大臣及び厚生労働大臣により，「その登録を取り消し，又は期間を定めて公認心理師の名称及びその名称中における心理師という文字の使用の停止を命ずることができる」（第 32 条第 2 項），つまり公認心理師の資格を失ったり，一定期間は公認心理師として働けなくなる可能性があることが定められています。この処分を受けた人や，もともと資格をもたない人が公認心理師または心理師の名称を用いて活動をした場合は，名称の使用制限（第 44 条）に違反したことになり，「30 万円以下の罰金」に処せられることになります。

語句説明

行政処分

行政機関が法に基づいて国民に権利を与えたり，義務を負わせたりすること。飲食店の営業許可や交通違反による運転免許の加算点数制度なども，行政処分に当たる。

3 ｜ 公認心理師の倫理

1　職業倫理とは

　倫理という言葉を聞くと，高校時代の教科を思い出す人もいるかもしれません。高校で勉強した倫理は，さまざまな哲学や思想を学びながら「道徳とは何か」「人はどう生きるべきか」といったことを考える教科でした。ここでいう倫理とは，「専門家としてどう行動すべきか」という職業倫理，専門職倫理と呼ばれるものです。**職業倫理**とは，「ある職業集団において，その成員が社会に対して行う行為の善悪を判断する基準としてその職業集団内で承認された規範」（金沢，2006）のことです。個々の専門家は，自分の所属する職業集団の倫理規範に沿って行動しなければなりません。

　実際の心理支援のなかでは，倫理はどのような形で関わってくるのでしょうか。図 5-1 は，倫理の関わるさまざまな場面を，具体的で実践に近いか，抽象的で理論的な性質が強いかの観点から整理したものです。図の下のほうから説明すると，倫理原則とは，その職業において，倫理的な

図5-1　倫理の関わるさまざまな場面

具体的・実践的

個別事例	倫理的ジレンマなど，個々の事例にどう対応するか
職場内のルールやコンセンサス	機関の特性を踏まえた具体的なルールや，明文化されていないがコンセンサスとして共有されていること
倫理綱領・ガイドライン	学術団体や職能団体が，団体の倫理的な行動基準を明文化して内外に示したもの
倫理原則	その職種の倫理的な行動や態度として広く共有されている原則

参照しつつ判断する

抽象的・理論的

出所：著者作成

行動・態度として広く共有されている原則のことです。倫理綱領・ガイドラインは，学術団体や職能団体ごとに，倫理原則を具体的な基準として明文化し，団体の構成員（個々の専門家）や社会に対して示したものです。もう少し具体的で実践に近い水準では，職場内の規則やコンセンサスのなかに，倫理を反映したものが含まれています。記録管理のルールなどがそれに当たるでしょう。さらに具体的な水準として，個々の事例にどう対応すればよいか，という問題がやってきます。個々の事例に対応する際は，職場の規則はもちろんのこと，抽象的・理論的な水準である倫理綱領や倫理原則も参照枠となります。規則の単純な当てはめでの解決が難しい**倫理的ジレンマ***場面では，より抽象的な原則の観点から考えることで，判断しやすくなることがあります。倫理原則を理解したうえで倫理綱領や職場の規則を読み込むことで，倫理的な問題に対する感受性を高めたり，判断スキルを向上させることができます。

2　心理支援における倫理原則

　では，心理支援における倫理原則には，どういったことがあげられるのでしょうか。表5-2は，金沢（1998）が先行研究を概観して整理した，心理支援における七つの原則を示したものです。

表5-2　職業倫理の七原則

第一原則　相手を傷つけない，傷つけるような恐れのあることをしない
第二原則　十分な教育・訓練によって身につけた専門的な行動の範囲内で，相手の健康と福祉に寄与する
第三原則　相手を利己的に利用しない
第四原則　一人ひとりを人間として尊重する
第五原則　秘密を守る
第六原則　インフォームド・コンセントを得，相手の自己決定権を尊重する
第七原則　すべての人びとを公平に扱い，社会的な正義と公正・平等の精神を具現する

出所：金沢，1998より作成

　七原則のうち，第二原則「十分な教育・訓練によって身につけた専門的な行動の範囲内で，相手の健康と福祉に寄与する」と第六原則「インフォームド・コンセントを得，相手の自己決定権を尊重する」は本書第6章，第五原則「秘密を守る」は本書第7章で説明する内容と重なります。ここでは，次の2つのことについて確認をしておきましょう。

①「相手を傷つけない」ことの大切さ

　金沢（1998）は，七つの原則のうち，第一原則「相手を傷つけない，傷つけるような恐れのあることをしない」が最も基本的なものであり，他の原則も最終的にここに帰結する，と述べています。この原則の例としてあげられることには，要支援者を他機関にリファー*したり，公認心理師が病気等何らかの理由で突然休んでしまう場合などに，「見捨てられた」という感覚を抱かれない

語句説明
倫理的ジレンマ
複数の倫理原則が対立し，どちらかを立てようとするとどちらかが損なわれる可能性のある状況。一義的に正解を導くのが難しく，さまざまな条件を勘案しつつ意思決定する必要がある。

語句説明
リファー
要支援者の問題状況が公認心理師の専門的資質や能力を超える場合，より適切な支援が行えそうな他の機関を紹介すること。現行の支援は終了する場合もあれば，医療や福祉など他領域の支援と並行して心理支援を継続する場合もある。
→6章，8章参照

ような配慮をすることや，同僚が非倫理的に行動している場合はそれを改めさせ，同僚のクライアントや社会に悪影響が及ばないようにすることなどがあります。また，第一原則に限らず，倫理原則にあげられているようなことは，反した場合に要支援者の心身や心理支援の質に悪い影響が生じる（傷つける）可能性が高い，と広く認識されていることですので，どれも十分に内容を理解しておくようにしましょう。

　心理支援をする人は，みんな相手を助けようと努力しているのですから，相手を傷つけようとするはずがない，と思われるかもしれません。ただ，自分にそのようなつもりがなくても，結果的に相手が「傷ついた」と感じてしまうことは，仕事上でもプライベートでもしばしば起こります。業務として心理支援を行う際は，そうした意図的でないケースにも注意を払う責任が生じます。「よかれと思ってやったことだから」では通用しないのです。

　特に，心理支援の場合，医療行為のように注射をする，体にメスを入れるなどの目に見える形の処置をするわけではありませんし，言葉のやり取りは人によって受け取り方の差が大きいので，支援行為が相手にとってどの程度侵襲的であるかがわかりにくいところがあります。だからこそ，自分の対応が相手にどういう影響を与えているかには常に意識を払っておき，相手を傷つけないためにできる対策をあらかじめとる必要があるといえます。

②多重関係

　多重関係とは，要支援者との間に，専門的契約関係以外の別の関係をもつことです。表5-3に例をあげたように，多岐にわたります。

　多重関係のなかで，最も問題とされるのは，クライアントと性的関係をもつことです。クライアントとの性的接触は，クライアントの側にしばしば精神医学的問題を引き起こすことが知られており（小此木，1992），避けなければなりません。合意のうえでの関係や，クライアントから望んだ関係だとしても同じです。また，性的関係でなくても，個人的に食事に出かけるなどの交流をもったり，関係の発展を期待させるような言動（公認心理師が過度に個人的な事柄を自己開示する，贈り物の授受をするなど）も，適切ではありません。

　多重関係は，第三原則「相手を利己的に利用しない」と関わる問題です。公認心理師と要支援者は，本来は人として互いに対等な関係ですが，心理支援の契約を結ぶと，役割として「支援をする人」「支援を受ける人」の立場をとることになります。公認心理師は要支援者のさまざまな悩み事や秘密を聞き，時には心理学の専門家として助言をします。すると，自然と「公認心理師

表5-3　多重関係の例

非職業的関係
・担当クライアントと友人や恋人として個人的に交流する
・税理士をしているクライアントに，雑談として税理相談をする
心理支援とは別の職業的関係
・大学の心理学科の教員が，学生相談のカウンセラーも兼ねる
・臨床研究で，治療者でありながら研究者としてデータも利用する
意図しない多重関係
・買い物に出かけたデパートで，偶然クライアントに遭遇する
・担当クライアントが，実は知人の家族だということが判明した

＝たくさんのことを知っている人＝主導権をもつ」「要支援者＝助けてもらう人＝相手に従う」などというような，一定の力関係ができやすくなります。その力関係が他方の関係にも影響すると，要支援者の不利益につながる恐れがあります。また，公認心理師がもつべき中立性や客観性が，個人的な交流から生じた感情のために損なわれたり，要支援者の依存性を高め，心理支援が適切に行われなくなってしまうこともあります。

　このように，多重関係はリスクのある関係です。一方で，「リスクがあるから多重関係は避ける」という基準に固執することで，逆に支援の効果が損なわれる場合がある，という主張もあります（Lazarus, 2001）。表5-3に書いたように，多重関係は広範囲のケースを含んでいます。たとえば，大学の学生相談室のカウンセラーが一般学生向けに心理教育セミナーを開催するとき，「カウンセリング利用者はセミナーには参加できない」とするべきでしょうか。心理支援の機関が一つしかない地域で，もともとの知人が相談を申し込んできた場合，断るべきでしょうか，引き受けるべきでしょうか。贈り物の問題にしても，断り方によってはクライアントに冷たい感じや「迷惑をかけた」という罪悪感を与えてしまう可能性がありますし，一般的な社会的儀礼なのか関係発展への期待があるのか等，状況や文化的背景も踏まえ，意味合いを考えつつ対応したほうがよいでしょう。

　「ここまでは大丈夫，ここからは問題」という線引きが難しいことなので，多重関係を避けがたいと思われるときは，本当に避けることができないのか，その関係からどんな問題が起きそうかをよく考えて，相手にリスクや利益を十分説明し，話し合ったうえで支援を行うかどうかをクライアントの自己決定を尊重しつつ選択する，支援を行う際は多重関係の悪影響を可能な限り避ける配慮をする，といった細やかな対応が求められます。

4 ｜ よりよい支援のために

1 法的義務と倫理の視点から事例を考える

　最後に，本章で学んできたことを踏まえて，冒頭の事例を振り返ってみましょう。注目したいポイントは，次の2つです。

①公認心理師と要支援者との関係の問題

　さおりさんとの初回面接のなかで，次のようなやりとりがありました。

　「趣味の話題になったときに，さおりさんがよく絵を描いてSNSに投稿していることを水田さんが「いい趣味だね」と褒めると，さおりさんは喜ん

で，「先生もフォローしてください。そうしたらもっと頑張るから」と頼んできました。水田さんは，さおりさんとの関係づくりや自信の向上にも役立つだろうと考えて，フォローを約束しました」。

先ほど説明した，多重関係の問題が生じています。SNS でのつながりも，特にプライベートのアカウントに関しては，リスクのある多重関係と考えられています（Zur & Zur, 2011）。ここで約束した「フォローすること」は，オンライン上とはいえ，心理支援の場ではないプライベートな時間・空間において関係をもつことを意味します。また，いったんフォローを始めれば，「投稿を見てくれたか」「反応やコメントがほしい」とさおりさんの期待が膨らみ，いつか水田さんがそれに応えられなくなったときにさおりさんが傷ついてしまうかもしれません。お互いの交友関係や日常生活の出来事等，面接では通常話さないこともみえてしまいますし，とろうと思えば個人的に直接連絡もとれる状況となります。もしも真夜中に「今すぐ相談に乗ってほしい」とメッセージがきたら，対応することは可能でしょうか？　過度な自己開示はすべきではないことや，支援関係の枠が保てなくなるという観点からも，フォローは控えておいたほうがよさそうです。

②秘密保持義務と勤務時間外の振る舞いの問題

事例の後半では，次のようなことが起きていました。

「またあるとき，水田さんは大学時代の同期と食事に行きました。相手は現在病院で働いている公認心理師で，お互いの仕事の話に花が咲きました。お酒が入っていたこともあり，「さおりさんという生徒がいて……」「学校にはまだまだ頭のかたい先生もいて……」などと，自分の担当している相談の内容や，学校現場で働く苦労話について，つい熱心に語ってしまいました」。

この場面での水田さんの行為は，業務に関して知り得た人の秘密（相談内容）を第三者に話すというものであり，秘密保持の観点から問題といえます。話した相手である大学時代の同期は，水田さんの勤務先とは無関係の仕事をしているようですが，実は何らかの事情でさおりさんのことをたまたま知っていたという可能性や，食事場面の周囲にさおりさんや勤務先の学校の関係者がいて，会話の内容が聞こえてしまうというケースも，ないとはいえません。

秘密保持義務違反の場合は，一年以下の懲役又は 30 万円以下の罰金という罰則と，資格登録の取り消しや一定期間の停止という処分が公認心理師法に定められています。水田さんが刑事的な罰則を受ける可能性があるのは，このときの会話によって実際にさおりさんが何らかの不利益を受け，被害の訴えがあった場合です。加えて，民事裁判によって損害賠償が請求されるということも考えられます。

一方，そのような事態に至らなかったとしても，倫理的な意味での秘密保持の観点からは，クライアントが「信頼を基にして打ち明けた事柄」である相談

内容を軽々しく口外してしまうことは，問題があるといわざるを得ないでしょう。また，さおりさんの関係者でなくとも，この会話を耳にした周囲の人が，「公認心理師はこんなふうに相談内容を外で話すこともあるのだ」という印象をもったとすれば，公認心理師全体の信用を損なってしまう恐れもあります。勤務時間外であっても，公認心理師としての自覚を忘れないことが，クライアントを守り，自分自身が安心して仕事を続けていくことにもつながるのです。

2　まとめ

　法的義務も倫理も，公認心理師が業務をするうえで欠くことのできないものです。この2つは，第一には業務の適正さを保ち，要支援者を守るために存在するものです。「これをしてはいけない」「こうしなければいけない」と度々言われると，不自由さやプレッシャーを感じることもあるかもしれませんが，一方で，こうした基準は公認心理師の立場や社会的信用を守ってくれるものでもありますし，倫理的ジレンマのような判断の難しい状況では，対応を考えるための指針にもなってくれます。

　とはいえ，現場で起きることのなかには，迷わず「こうしよう」と決めることができないグレーゾーンの事例も多々あります。倫理的ジレンマ場面での判断においては，周囲へのコンサルテーションも重要なステップだといわれています。「あれ？」と感じたときに仲間や同僚に気軽に相談できる環境をもっておくことが，倫理的な判断の枠組みや感覚を育てていくうえでも，安心して業務を行ううえでも，大切なことといえるのではないかと思います。

考えてみよう

多重関係について，身近で起きそうな具体例をいくつかあげてみて，どのような問題が起こり得るか，どんな対処ができるかを考えてみましょう。

本章のキーワードのまとめ

責任	公認心理師の業務として心理支援を行う際は，専門家としての責任が生じる。高い水準の心理支援を行う責任と，法的・倫理的な観点から適切に行動する責任とが考えられる。
信用失墜行為の禁止	法的義務の一つ。公認心理師の信用を傷つけるような行為をすることは禁止されている。業務以外の時間における，私的な行為も含まれる。
秘密保持義務	法的義務の一つ。業務上知り得た秘密を，正当な理由がなく漏洩してはならない。違反した場合は，罰則も設けられている。
関係者との連携等	法的義務の一つ。支援においては複数の領域，職種の支援者がいることも多く，適切な連携が欠かせない。また，主治の医師がある場合，その指示を受けなければならない。
資質向上の責務	法的義務の一つ。公認心理師となった後も，継続的に知識や技能の向上に努めなければならない，とされている。
職業倫理	専門家としての行動の善悪の基準。専門家自身が自らを戒めると同時に，社会に対する説明責任を果たすという意味合いもある。
倫理綱領	専門家の集団（学術団体や職能団体など）が，職業倫理を明文化して示したもの。集団の構成員は，倫理綱領を遵守しなければならない。ウェブサイトなどを通じて公開されている。
倫理的ジレンマ	複数の倫理原則が対立し，どちらかを立てようとするとどちらかが損なわれる可能性のある状況。一義的に正解を導くのが難しく，さまざまな条件を勘案しつつ意思決定する必要がある。
多重関係	要支援者との間に，専門的契約関係以外にも別の関係をもつこと。支援の効果を減じたり支援者によくない影響が生じることがあるため，原則として避けることが望ましい。

支援を必要としている人の視点に立ち，安全を守る

公認心理師は支援を必要としている人のことを考え，その安全を守らなければなりません。ごく当たり前の前提のようですが，専門家としての公認心理師が業務として心理支援を行うということはどういうことなのか，何をすべきで何をすべきでないのか，どのような点に注意を払えばよいのかを，本章を通して深く理解していきましょう。

1 | クライアントに応える：業務としての心理支援

　クライアントは何らかの要望を胸に，公認心理師のもとを訪れます。公認心理師はその要望に応えなければなりません。では，友人や家族の悩み相談に対するように誠心誠意応えれば，それでよいのでしょうか。ここでは，業務として心理支援を行う公認心理師が押さえておかなければいけないポイントを学んでいきましょう。

1　事例で考えてみよう

> 事例 1　**クライアントを助けるにはありとあらゆる手段を使うべき？**
>
> 　公認心理師のみさ子さんは，大学院を卒業し，精神科診療所と大学の学生相談室に勤務を始めたばかりの新人です。診療所のみさ子さんの元に，ヨシさん（70 代女性）が訪れました。ヨシさんは，精神科受診が初めてということで緊張しているのか，なかなか言いたいことが要領を得ません。そこで，みさ子さんはヨシさんを外に連れ出し，散歩しながら，「もしかしたらお嫁さんとうまくいっていない悩みだったりしませんか？」と助け舟を出しました。そうすると，ヨシさんは「そういえばそうね。息子の嫁は昔から気が強くて。だから私は結婚に反対したのよ。うちに来てもう 20 年になるのだけど……」と話し出しました。20 年前の話を始めたヨシさんの話は一向に終わりそうにありません。そこでみさ子さんは，「あとは何かあったら私のケータイに電話してくださいね」とヨシさんの話を遮り，次のようにセッションをまとめました。「お嫁さんなんてそんなもの

プラスα
この事例のポイント
・悩みの聴き出し方
・空間の制限
・時間の制限
・専門家としての支援方法が提示されているか

ですよ。気にするだけ損ですよ。気晴らしに温泉にでも行ってみたら，悩みなんてなくなるんじゃないかしら」。

さて，みさ子さんの支援方法は公認心理師として適切だったのでしょうか。

2　クライアント中心の立場

　心理支援においては，クライアント自身が中心的役割を果たしていることが欠かせません。公認心理師が一方的に支援するのではなく，クライアント自身が積極的に役割を果たすことで，支援の効果が現れます。経験者でも陥りがちなことですが，私たちはつい自分の考え方に当てはめて相手の悩みを推測してしまいがちです。事例 1 のように助け舟を出しているつもりで相手の悩みを決めつけ，自分の想定する答えに誘導してしまうのは問題です。

　クライアントが抱える悩みが本当は何なのかを見極めるためには，オープンな姿勢で相手に向き合う必要があります。そのためにはまず，クライアントと良好な関係を築くことが大前提です。それがなければどんな優れた技法を用いたところで，治療はうまくいきません。どんな技法を使うかよりも，クライアントとの関係性のほうが治療効果により影響するとの研究もあります（Lambert, 1992）。

　心理療法にはさまざまな技法がありますが，効果的な治療の共通要素が判明しています。公認心理師とクライアントの間に感情の交流があり，相互に信頼する関係（**ラポール**）が成立していることが何よりも重要であり，そのために必要な要素が，傾聴*・受容*・共感*です。公認心理師がクライアントに積極的関心をもち，クライアントの悩みに共感することで，クライアントは自分が相手に理解されていると感じ，安心して心を開いて話せるようになります。

　同時に，公認心理師はクライアントの人権と尊厳に敬意を払わなければいけません。クライアントの権利を尊重することが，クライアントに対する公認心理師の信頼を高め，援助による効果をあげることにもつながります。心理支援を行う者が守るべき職業倫理の七原則（金沢，1998）も大切な視点です。

3　インフォームド・コンセントと自己決定権

　ところで，クライアントは公認心理師をどのようにとらえているのでしょうか。一般の人々のイメージする心理職が実態に即しているとは限りません。特に具体的な物品を提供するわけではない心理職，なかでも新しい資格である公認心理師の業務が正確に理解されている保証はありません。

　そこで，公認心理師は自らが行う援助の内容について丁寧に説明し，クライアントが自分の意思で援助に同意する必要があります。これを**インフォームド・コンセント**（説明と同意）と呼びます。インフォームド・コンセントは相談を受けた初回の早期に行う必要があります。

【語句説明】

傾聴
クライアントの話をよく聴くこと。ただ内容を聴くのではなく，相手の考え，感情を理解すること。

受容
クライアントに好ましくない面があったとしても，相手の話を批判せず，相手の存在をネガティブな部分も含めて尊重すること。

共感
クライアントの立場に立ち，クライアントの身になって考えること。

【参照】
職業倫理の七原則
→ 5 章

表6-1　インフォームド・コンセントの具体的内容

1. 援助の内容・方法について
　① 援助の内容，方法，形態，および目的・目標は何か
　② その援助法の効果とリスクは何か，また，それらが示される根拠は何か
　③ 他に何か可能な方法とそれぞれの効果とリスクは何か，また，それらの他の
　　方法と比較した場合の効果などの違い，およびそれらが示される根拠は何か
　④ 臨床家が何の援助も行わない場合のリスクと益は何か
2. 秘密保持について
　① 秘密の守られ方とその限界について
　② どのような場合に面接内容が他に漏らされる・開示されるのか
　③ 記録には誰がアクセスするのか
3. 費用について
　① 費用とその支払いの方法（キャンセルした場合や電話・電子メールでの相談
　　などの場合も含めて）はどのようにすればよいか
　② クライアントが費用を支払わなかった場合，相談室はどのように対応するか
4. 時間的側面について
　① 援助の時間帯・相談時間，場所，期間について
　② 予約が必要であれば，クライアントはどのように予約をすればよいか
　③ クライアントが予約をキャンセルする場合や変更する場合はどのようにすれ
　　ばよいか
　④ 予約時以外にクライアントから相談室あるいは担当の臨床家に連絡をする必
　　要が生じた場合にはどのようにすればよいか
5. 心理臨床家の訓練などについて
　① 心理臨床家の訓練，経験，資格，職種，理論的立場などについて
　② 当該の相談室（等）の規定・決まりごとなどについて
6. 質問・苦情などについて
　① クライアントから苦情がある場合や，行われている援助に効果が見られない
　　場合には，クライアントはどのようにしたらよいか
　② クライアントからの質問・疑問に対しては，相談室・臨床家はいつでもそれ
　　に答えるということ
　③ カウンセリング（など）はいつでも中止できるということ
7. その他
　① 当該相談室は，電話やインターネット，電子メールでの心理サービスを行っ
　　ているかどうか
　② （クライアントが医学的治療を受けている最中であれば）当該相談室は担当
　　医師とどのように連携を取りながら援助を行っていくか

出所：金沢，2006

秘密保持義務
「公認心理師は，正当
な理由がなく，その業
務に関して知り得た人
の秘密を漏らしてはな
らない」（公認心理師
法第41条）。

その際にクライアントに説明すべき内容として，表6-1の項目があげられています（金沢，2006）。

逆に説明を聞いたうえで，それが自分の求めるものと違った場合，それを拒否する権利も保証されなければなりません。クライアントには自分に適した援助を受ける権利があり，どの機関で援助を受けるかを決める権利，つまり**自己決定権**があります。このようなプロセスで行われるインフォームド・コンセントは，公認心理師とクライアントが信頼関係を築き，支援契約を結ぶためのルールづくりといえるでしょう。

インフォームド・コンセントにおいては，クライアントの同意能力が欠かせません。では，スクールカウンセラーを頼ってくる高校生，学生相談室を訪れる新入大学生など，未成年の場合はどうなるのでしょうか。

　かつては未成年者は同意能力はないとみなされ，親権者の同意が必要とされていました。しかし，親に連絡をされて自分の秘密が漏らされるとなると，もとより親に知られたくないことの多い思春期のクライアントは公認心理師を頼ることをやめてしまう恐れがあります。それはクライアントにとって益とならない行為といえるでしょう。

　現在では，未成年であっても，理解力・判断力を十分備えた者については，同意能力をもつと認めることが多くなっています。そもそも，治療方針について本人に説明し同意を得ることは治療上からも有用です。

　では，何歳から同意能力があるとみなせるのでしょうか。「同意能力とは，概ね平均的な義務教育修了程度の知的機能に基づく，少なくともある程度合理的な意思決定をなし得る能力であり，精神医学的には自己の病とその程度，及びそ

れより生じる問題について現実検討できる能力である」（高柳，1992）とされていることから，15歳というのが一つの目安になるでしょう。もちろん，クライアント本人に加え，親権者の同意もあわせて得るに越したことはありません。

　こうして，公認心理師とクライアントの間に支援契約が成立するわけですが，インフォームド・コンセントは共同の意思決定プロセスであることから，「自己責任」の名のもとに，クライアントに決定権を丸投げしてよいわけではありません。公認心理師は専門職としての立場を期待されているわけですから，クライアントにとっての最善の結果を考え，本人が回避している問題に直面させるなど，本人の意にそわないことを勧める場面もあります。重症で薬物療法が必要と思われる場合，自傷・自殺や他害のリスクが高い場合，摂食障害などで生命の危険がある場合などは，クライアントが希望しないからという理由で放っておくのではなく，専門家としての判断を積極的に伝えて，危機介入することが倫理的に必要となります。その際でも，そのメリットやリスクを説明して納得してもらい，最終的には同意を得なければなりません。危機介入については後ほど詳述します。

4　安全を守る

　クライアントが自己開示[*]を行うには，安全が守られているという安心感が不可欠です。そのためには話す内容が周囲に聞こえないような，落ち着いて話ができる空間が必要です。また，時間の制限も大切です。「いつでも電話してよい」などと自分の携帯電話の番号を教えてしまうと，相手の依存を促し，自立を妨げることにもなりかねません。そのうえ，相手の依存を公認心理師も負担に感じてしまい，最終的に援助できなくなってしまう恐れがあります。空間・時間の制限はお互いのために必要なセッティングなのです。このような点から，事例1の対応には問題があるといえます。

　詳しくは第7章で扱いますが，公認心理師にはクライアントの秘密を守る義務があります。クライアントが抱えている問題は往々にしてプライベートでセンシティブな内容です。心理相談に訪れたという事実そのものもプライバシーに関わります。秘密が守られる保証がないと，クライアントは安心して自分の抱えている問題を話すことができないでしょう。心理的な安全が保証されて初めて，クライアントは自分の抱えている秘密を話し，自己開示することができるのです。

　クライアント本人の秘密は，家族に対しても秘密にしなければなりません。そうでなければ，誰が虐待や不倫の悩みを公認心理師に話すでしょうか。それは未成年であっても同様です。そうでないと，親の虐待，過干渉への不満などを子どもは話してくれないでしょう。子どもは親に連れられて訪れる場合が多く，そんなとき「子どもが何も話してくれない」と悩む公認心理師は多いですが，まずは子どもに対し，「親に対しても秘密を漏らすことはない」ということをはっきり伝えることが，子どもが心を開くきっかけとなります。

自己開示
自分自身の情報を自らの意思で伝えることであり，感情の表出，思考の言語化などを伴う。

2 ｜ クライアントを助ける： リスクアセスメントと危機介入

　公認心理師にはクライアントの秘密を守る「秘密保持義務（守秘義務）」があります。この守秘義務は当たり前のようでいて，実はそれほど簡単ではありません。とにかく秘密を守ればよいというわけではなく，それには例外もあります。事例をもとに，リスクアセスメントと危機介入について学んでいきましょう。

1 事例で考えてみよう

> **事例2** 何があっても守秘義務は厳守すべき？（タラソフ事件）
>
> 　アメリカであった実際の話です。ボダーという男子学生がいました。ボダーはカリフォルニア大学病院精神科で，ムーアという治療者から治療を受けていました。治療のなかで，ボダーはタラソフという女子学生を殺したいと告白しました。それを聞いたムーアは，危険回避の努力をしましたが，守秘義務を厳守し，タラソフにはそのことを伝えませんでした。その結果，ボダーは実際にタラソフを殺害してしまったのです。その後，タラソフの両親は，「知っていながら本人や家族に危険を警告しなかったのは警告義務違反だ」といって，ムーアを訴えました。

プラスα
この事例のポイント
・守秘義務と警告義務のどちらが優先されるか
・危機介入をしているか

　さて，治療者ムーアは，ボダーの秘密を守るべき（守秘義務）だったのでしょうか，タラソフに危険を警告すべき（警告義務）だったのでしょうか。

2 他害を防ぐ

　事例2は1969年にアメリカで起こったタラソフ事件というものです。これに対し，カリフォルニア州最高裁判所は次のような判決を下しました。「第三者が危険にさらされるのであれば，治療者の守秘義務は解除され，治療者は犠牲者となり得る人に対して警告義務がある」（Tarasoff v. Regents of the University of California, 1976）。

　守秘義務と警告義務（表6-2）は相反するものですが，命に関わる場合は**他害の予防**が優先され，守秘義務が解除されて警告義務が発生します。警告には，犠牲者となり得る人やその家族などへの警告のほか，警察への通報も含まれます。虐待の可能性があるなど，「児童虐待の防止等に関する法律」をはじめとした法に抵触する行為があると判断した場合は，児童相談所などの公的機関への通報が必要となります。

　現在は，警告にとどまらず，犠牲者となり得る人を積極的に保護することが

求められており，保護義務と呼ばれます。

3　自殺を防ぐ

　第三者の命に関わる場合，警告義務が守秘義務に優先するということを前節で学びました。生命の危険という点では，他害だけではなく，自殺も同様です。クライアントに自殺の危険がある場合，家族などへの警告を通して，**自殺の予防**を図らなければなりません。

　しかし，他害や自殺の危険性を判断する**リスクアセスメント**は，実際はとても難しいものです。たとえば，担当しているクライアントから，「家族が心配するので伝えてほしくないのだけれど，本当は死にたい気持ちがある」と打ち明けられた場合，あるいは「リストカットをしたい」と告白された場合，あなたは家族に伝えるでしょうか。リスクがある限り伝えるべきと考え，あなたが家族に伝えた結果，クライアントはあなたのことを信頼しなくなり，二度と相談に来なくなる恐れが考えられます。そして，公認心理師自体を信じられなくなったクライアントは支援を失い，結果として，それがクライアントを自殺に追いやることになるかもしれません。

　このように，リスクアセスメントには困難が伴いますが，危険が明確でかつ切迫している場合には，警告義務を履行し**危機介入**をしなければなりません。たとえば，すでに自殺を図った場合，生命に関わる自傷を行った場合，あるいはそれらの明確な計画を伝えた場合などがそれにあたります。その場合は，家族，連携機関（学内であれば教員など），医療機関などと連絡を取り合う必要があります。その際，クライアントが裏切られたと感じないよう，あくまでもクライアントの安全を考えての行動であることを説明するとともに，そのような場合に備えて，あらかじめ守秘義務の解除について伝えておくのがよいでしょう。また，それらの行動を記録に残しておくことも忘れてはいけません。

表6-2　警告義務
①　犠牲者となりうる人に対してその危険について警告する
②　犠牲者となりうる人に対して危険を知らせる可能性のある人たち（家族や親しい友人など）に警告する
③　警察に通告する
④　他に，その状況下で合理的に必要と判断される方法を，どのような方法であっても実行する

出所：金沢，2019 より作成

3 ┃ クライアントを抱え込まない：リファーが必要なとき

　公認心理師であるあなたは，目の前のクライアントを助けようと全力を尽くすことでしょう。しかし，決して一人で抱え込んではいけません。クライアントにとって大切なことは，そのクライアント自身の抱えている問題を解決することであって，公認心理師であるあなたがその問題を解決できない場合には，周囲の力を借りることが真にクライアントのためになります。公認心理師にはクライアントに対する適切なアセスメントと，公認心理師である自分自身の能

力およびその限界を理解する客観性が欠かせません。どんなときにどう判断すべきかを本章で学んでいきましょう。

1　事例で考えてみよう

　さて，みさ子さんの支援方法は公認心理師として適切だったのでしょうか。

2　クライアントを知る

　初めて相談機関を訪れたクライアントに対しては，相談内容を聞く**インテーク面接**が行われるのが通例です。インテーク面接では，クライアントが抱える問題を明らかにし，クライアントの状況を理解します。このアセスメントを通して，クライアントの問題の支援を公認心理師である自分が引き受けられるかどうかを見定めます。クライアントの問題を自分が引き受けられると判断した場合，どのような方針で支援していくかを決定します。

　目の前のクライアントに必要な支援を見定めるためには，クライアントの状況をよく理解しなければなりません。このアセスメントがクライアントのその後を決定しますので，慎重な判断が要求されます。

3　自身の専門的能力内で支援する

　公認心理師にとって，自らの能力の限界を把握していることはとても重要です。公認心理師を含む支援者ができる支援には，職種や専門ごとにおのずと可能な範囲があります。自身の専門的能力の範囲外であれば，クライアントを抱え込まず，適切な支援ができる個人，機関に紹介（リファー）しなければいけ

プラスα
この事例のポイント
- 支援の前提としてのコミュニケーションが成立しているか
- 支援の方法の妥当性
- 診断や治療の必要性
- 問題解決のために心理支援のみが適切といえるか

ません。

　公認心理師はつい，クライアントの問題を心理的な問題ととらえ，心理的関わりのみで支援をしようとしがちです。しかし，それにより，薬物療法が必要な重度のうつ病や統合失調症に対して適切な支援ができなかった場合，クライアントが自殺してしまうこともあります。事例3のような，心理支援よりも診断や薬物療法をはじめとした治療が必要と考えられる場合は，医師にリファーする必要があります。なお，リファーをすることで自分の役割が終了するわけではなく，チーム医療の一員として，心理支援を継続することもあります。連携，チームについては第8章を参照してください。

　また，クライアントに必要な支援が心理支援であっても，支援に用いられる技法には種々のものがあり，一人の公認心理師がそれらすべてに習熟することは現実的ではありません。必要な支援が専門的な知識や技術を必要とするものであれば，専門家にリファーする必要があります。例をあげると，認知行動療法（CBT）*，アクセプタンス＆コミットメント・セラピー（ACT）*，弁証法的行動療法（DBT）*，家族療法*，芸術療法*などがそれに当たるでしょう。

　また，相談された問題の内容に合わせ，性別・年齢・使用言語などの面から別の公認心理師にリファーすることもあります。事例3のようにクライアントが外国人であれば当該言語や文化に習熟した者，性的被害を受けた女性の支援であれば男性でなく女性が受ける，といった対応が考えられます。

　逆に，能力が不足していても引き受けなければいけない状況というのもあります。初心者が教育目的で引き受ける場合や，ほかにふさわしい援助者が地域にいない場合などが当てはまります。そのような場合には，スーパーバイザーからスーパービジョンを受けることが有効です。

　なお，初心者でなくとも，自分がクライアントを抱え込んでいないか客観的に判断するためにも，スーパービジョンを受けること，ケースカンファレンスを開いて他者に相談することはとても有用です。特に他職種の視点からのアドバイスは，心理的視点に偏りがちな公認心理師の視野を広げてくれます。長年業務を続けていると自らの意見に自信をもつようになると思いますが，他者の意見を素直に受け入れる柔軟性をもち続けることは，公認心理師として何よりも大切なことです。

4 ｜ リファーするとき

　リファーはできるだけ早い時期に行うべきです。可能な限り初回に行うのがよいでしょう。何度も相談した後に，「あなたの問題はここでは扱えません」

参照
チーム
→8章

語句説明

認知行動療法（CBT）
情報処理プロセスに注目し，認知や行動に働きかけることで，気分を軽くする心理療法。

アクセプタンス＆コミットメント・セラピー（ACT）
不快や苦痛を回避するための行動パターンから，認知的とらわれを解消し，不快な感情を受け入れ，自らの価値を明確化して，それに沿った柔軟な行動をとれるように支援する関係フレーム理論に基づいた心理療法。

弁証法的行動療法（DBT）
感情調整が困難なクライアントが弁証法的思考を用い，受容をもとに，適応的な思考，行動を身につける療法。

家族療法
家族を1つのシステムとしてとらえ，個人の問題は家族全体の相互作用の機能不全を表しているものと考え，システム全体を支援する療法。

芸術療法
言葉だけでは表現できない感情を表現活動を通じて理解することで，問題解決につなげ，自己実現することを目指す療法。

参照
スーパービジョン
→4章

図6-1　リファー先

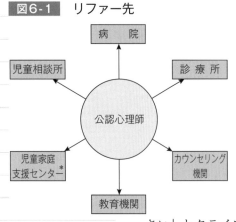

語句説明

**児童家庭支援セン
ター**
18歳までの子どもと,
子どもがいる家庭の支
援を行う, 地域の子育
てを支援するための施
設。

と告げられたのでは, クライアントは「見捨てられた」と感
じかねません。そのため, 初回に的確な心理的アセスメント
を実施することが欠かせないのです。

　リファーの際には, クライアントが何度も同じ説明をした
り, 同じ心理検査を受けたりする負担を減らすためにも, 次
の機関へ情報提供を行う必要があります。その際にはイン
フォームド・コンセントの観点から, クライアントの同意を
得なければならないことは言うまでもありません。

　また, リファーするときは, クライアントが次の機関を自
身で選べるよう, 支援することも大切です。「自分で探しな
さい」とクライアント任せにせず, 公認心理師は専門家として, 複数のリ
ファー先の情報提供を行ったり, 助言をするなどして, クライアントの自己決
定を支援することが望まれます。そういうときのために, 日頃から頼りになる
連携相手, リファー先（図6-1）を確保しておくことも公認心理師には必要な
のです。

5 ｜ 業務として心理支援を行うということ

　この章では,「支援を必要としている人の視点に立ち, 安全を守る」という
一見当たり前の前提の意味するところを学んできました。それを通して, 専門
家としての公認心理師が業務として心理支援を行うということはどういうこと
なのか, プライベートで友人や家族の悩みの相談に乗ることとの根本的な違い
を理解できたのではないでしょうか。それと同時に, 明確な判断が難しい倫理
的ジレンマが存在することも知ったはずです。その際にも, 専門家としてのこ
のスタンスが判断基準になるでしょう。

考えてみよう

守秘義務が解除される状況と, その際の介入手順について, 想定される状
況を例をあげて考えてみよう。

🪶 本章のキーワードのまとめ

ラポール	クライアントとの間に感情の交流があり，相互に信頼しあう関係。そのために傾聴（相手の話をよく聴き，相手の考えや感情を理解すること），受容（相手の話を批判せず，相手の存在をネガティブな部分も含めて尊重すること），共感（相手の立場に立ち，相手の身になって考えること）が欠かせない。
インフォームド・コンセント	心理支援の内容をクライアントが理解できるよう十分に説明し，クライアントが自由意志でもって同意するプロセスのこと。
自己決定権	クライアントには自分に適した支援を自分が選んだ機関で受ける権利があり，支援を受け入れることも拒否することも，自らの意思で決定することができる。憲法第13条に保障されている基本的人権の一部とみなせる。
他害の予防	第三者が危険にさらされる危険性が高い場合，公認心理師は守秘義務よりも他害の予防を優先しなければならない。
自殺の予防	クライアントに自殺の危険性が高い場合，公認心理師は守秘義務よりも自殺の予防を優先しなければならない。
リスクアセスメント	他害や自殺の危険性がどの程度明確か，どの程度切迫しているかを評価すること。危険が明確で，かつ切迫している場合，公認心理師は危機介入を行わなければならない。
危機介入	リスクアセスメントにより他害や自殺の危険性が高いと判断された場合，公認心理師は関係者へ警告する義務（警告義務），犠牲者となり得る人を積極的に保護する義務（保護義務）を果たさなければならない。それには警察への通報も含まれる。
インテーク面接	クライアントが抱える問題を明らかにし，クライアントの状況を理解するアセスメントのため，初回に設けられる面接のこと。

第7章

情報の適切な取り扱い

この章では，公認心理師として心理支援の現場で働く際に求められる情報の適切な取り扱いについて学びます。個人情報やプライバシー情報，秘密保持義務とその例外状況などについて概観し，収集した情報を適切に処理することができるよう，整理していきます。

1 信頼のうえで収集される情報

　公認心理師は，心理支援を要する人やその関係者に対する相談に応じるなかで，その人のさまざまな情報を収集することで仕事をしています。それは，相談時の言語情報だけではなく，アセスメントのための心理検査や観察による情報も含まれるでしょう。私たちの業務はさまざまな情報収集があってこそ成り立っているといえます。しかも，それらの情報のほとんどは，クライアントやその周囲の関係者における非常に個人的な情報であり，私たち心理師を信頼してもらったうえでもたらされたものであることを忘れてはなりません。このような情報がどのように扱われるかについては，支援を受ける人にとって非常に重要な事柄ですし，同時に，心理師としての社会的責任が問われ得る大きな問題であるといえます。この章では，公認心理師に求められる重大な責務の一つとして，情報の適切な取り扱い方について概説します。

2 公認心理師業務のなかで取り扱う情報

　公認心理師が扱う情報はさまざまなものがあります。まずは，それらがどのようなものなのかについてみてみましょう。

1 個人情報

　個人情報は，生存する個人の情報であって，氏名，生年月日，住所等を含む

もので，特定の個人を識別できる情報のことを指します（飯田，2017）。公認心理師の業務で扱われている個人情報としては，表 7-1 にあげたようなものをあげることができます。公認心理師が扱う個人情報は相談に際するものだけではなく，所属する組織において作成されているものも含まれることに注意が必要です。さらに，個人情報とは「特定の個人を識別できる情報」でありかなり広い概念であるため，たとえば，クライアントから受け取った名刺 1 枚でも「個人情報の保護に関する法律（個人情報保護法）」での個人情報に該当することを忘れてはなりません。「プライバシーを冒さなければよい」という程度に軽く考えるのは誤りです（岡村，2010）。個人情報の保護に関する日本の法律は，個人情報保護法のほかに 4 つの法律があり，国・地方の責務，個人情報を扱う業者の義務などを明記しており，それらは**個人情報保護法関連五法**[*]と呼ばれています。

これらの情報を保護し，個人の権利や利益を保護するために個人情報保護法が 2005 年に施行，2017 年に改正されています。個人情報の基本的考え方を表 7-2 に示しました。カウンセリングの申込書やアンケート用紙などに個人情報の記載を求める場合には最低限にとどめ，不必要な項目まで尋ねないように留意ができるとよいでしょう。また，クライアントが記載しなかった項目について尋ねる場合には，その情報が必要な理由を説明して質問します。もちろん，回答が得られない場合は無理強いしないことも重要であり，こうした態度が表 7-2 にあげられた「適正な取得」につながります。

表7-1　個人情報の例

要支援者やその関係者に対する支援に際するもの	・相談記録（カルテや相談記録簿，家族や生活歴・治療歴などの記録） ・相談予約情報（ID，氏名，性別，生年月日，電話番号，住所，メールアドレス等） ・心理検査結果のデータや報告書 ・連携機関からの書面 ・映像，音声
所属する組織において作成されるもの	・利用者や児童生徒の名簿や成績（氏名，性別，ID，学籍番号など） ・職員名簿（人事情報，家族情報等） ・会議録 ・履歴書（氏名，性別，生年月日，電話番号，住所，メールアドレス等）

出所：岡村・鈴木，2005 を参考に筆者作成

表7-2　個人情報保護法の基本的考え方

1. 利用法による制限
   利用目的を本人に明示する。
2. 適正な取得
   利用目的の明示と本人の了解を得て取得する。
3. 正確性の確保
   常に正確な個人情報に保つ。
4. 安全性の確保
   漏えいや流出，盗難または紛失を防止する。
5. 透明性の確保
   本人が閲覧可能なこと，本人に開示可能であること，本人の申し出により訂正を加えること，第三者に提供する場合本人の同意を得る，同意なき目的外利用はいつでも本人の申し出により利用を停止できること。

出所：飯田，2017 を参考に筆者作成

2　プライバシー情報

では，特定の個人を識別できる情報である個人情報に対し，心理面接のなかで共有されるような，プライバシーに関わる情報はどのように定義されるのでしょうか。個人情報とプライバシー情報は同じ概念ではありません（岡村・鈴

語句説明

個人情報保護法関連五法
下記の 5 法を指す。
・個人情報の保護に関する法律(個人情報保護法)
・行政機関の保有する個人情報の保護に関する法律
・独立行政法人等の保有する個人情報の保護に関する法律
・情報公開・個人情報保護審査会設置法

木，2005）。岡村（2010）は，プライバシー情報について，伝統的には①個人の私生活に関する情報，②一般に知られていない情報，③本人が公開を欲しない情報，の3要件が満たされることが必要としながらも，最近の最高裁判決では，「他人にみだりに知られたくない情報として保護されるべき期待を有するものかどうか」が基準としてあげられていることを指摘しています。したがって，公認心理師が**心理臨床活動**でクライアントから収集している情報は，すべてがプライバシー情報となります。このことを認識し，その情報を秘密として保持することが求められます。

つまり，個人情報が記載されている書類や記録の管理に留意せねばならないだけではなく，心理臨床活動のなかで私たちが見聞きするかたちのない情報もプライバシー情報として保護すべきものと認識しましょう。その保護が維持されるからこそクライアントは安心して悩みや困りを吐露することができるのです。保護のための適切な情報の取り扱いについては，次項で詳しく説明します。秘密保持に対する心理師への信頼は，心理臨床活動の根底に位置づけられるものであることを改めて理解しましょう。

3 ｜ 秘密保持義務

1　公認心理師における秘密保持義務

公認心理師法では，公認心理師の法的義務とそれが果たされなかった場合の罰則および行政処分が定められています。秘密保持義務は第1章，第5章で述べられているように，公認心理師に求められる法的義務の一つです。公認心理師法の第4章第41条に「公認心理師は，正当な理由がなく，その業務に関して知り得た人の秘密を漏らしてはならない。公認心理師でなくなった後においても，同様とする」と定められています。

心理師の秘密保持に対する

プラスα

心理臨床活動

心理臨床活動は目で見て耳で聞いて，感じて，と私たちの五感をフル稼働して行われる。その結果得られたすべての情報がプライバシー情報に含まれる。

・行政機関の保有する個人情報の保護に関する法律等の施行に伴う関連法律の整備等に関する法律

参照

公認心理師の法的義務と倫理

→5章

表7-3　秘密保持義務についての倫理基準

第6条　会員は，法律に別段の定めがない限り，対象者の秘密保持のために，他の関連機関からの照会に対して，又は対象者の記録の保存と廃棄等については，十分慎重に対処しなければならない。
2　会員は，対象者本人又は第三者の生命が危険にさらされるおそれのある緊急時以外は，対象者の個人的秘密を関係者に伝えてはならない。この場合においても，会員は，その秘密を関係者に伝えることについて，対象者の了解を得るように努力しなければならない。
3　対象者の個人的秘密を保持するために，研修，研究，教育，訓練等のために対象者の個人的資料を公開する場合には，会員は，原則として，事前に当該対象者又はその保護者に同意を得なければならない。（第7条第1項参照）
4　前項の同意を得た場合においても，会員は，公表資料の中で当人を識別することができないように，配慮しなければならない。

出所：一般社団法人日本心理臨床学会，2016

信頼が心理臨床活動の根底にあると前述したとおり，公認心理師法が定まる以前から，心理臨床家は守秘義務や秘密保持義務を職業倫理のなかで重要なこととしてとらえてきました。具体的には，わが国では心理臨床家の守るべき倫理基準として，「一般社団法人日本心理臨床学会」が制定した倫理綱領と倫理基準が参照されてきました。倫理基準のうち，秘密保持義務が取り上げられている第 6 条を表 7-3 に示します。

　上記のように，支援者のプライバシーは秘密として保持され，守られねばなりません。しかし，日本心理臨床学会の基準に記載されているように，秘密保持が例外とされる状況があります。公認心理師法においても，正当な理由なく秘密を漏らしてはならないと記載されています。では，その秘密保持が例外とされる状況，および秘密保持が覆る正当な理由，とはどのようなものなのでしょうか。

2　秘密保持義務の例外的状況

①自傷・他害のおそれがある場合

　まず，日本心理臨床学会の倫理基準に示された具体的な記述を見てみましょう。第 2 項に「対象者本人又は第三者の生命が危険にさらされるおそれのある緊急時」が秘密保持義務の例外としてあげられています。つまり，心理支援の対象者に自傷・他害のおそれがある場合は秘密保持の例外的状況となり，主治医や家族に連絡をして支援体制の調整を図る必要性が生じます。この状況判断は非常に個別的，あるいは多面的な判断を求められる状況といえるでしょう。川島（2017）は，こうした状況においては，相談者の真の利益は何かについて，短期的あるいは長期的視点から多角的に検討し，専門家としての社会への責任，常識を踏まえて総合的に判断することが求められると述べています。このような多角的な視点から検討するためには，心理師は対象者が自身を傷つける，または他人に害を及ぼす行為についてのリスクアセスメントのスキルを身につけることが重要となるでしょう。金沢（2006）は，情報をどのように扱うかということはもとより，まずはリスクアセスメントやリスクマネジメントという臨床行為によって危険の程度を減じることに努めるべきであると述べています。

　こうした状況においては，同僚や他の専門家などともよく相談して対応することが必要となります。ひとりで判断せずに一緒に働く人々とともに考えて対応することが必要です。もちろん，明らかな精神症状が認められる場合には，精神科医療につなげ，受診を勧めることも重要な手立てとなります。

②虐待が疑われる場合

　「児童虐待の防止等に関する法律」では第 6 条にて，児童虐待を受けたと思われる児童を発見した場合には，市町村，福祉事務所もしくは児童相談所に直

接および児童委員を介して通告することが義務づけられています。「高齢者虐待防止法」においても同様に、施設・事業所内で虐待を発見した場合、通報義務が課せられており、虐待問題においては守秘義務の適用が除外されているため、これは秘密保持が例外となる正当な理由といえるでしょう。すなわち、虐待の状況も上記と同様「対象者本人又は第三者の生命が危険にさらされるおそれのある緊急時」の一つの場面として認識され得ると考えられます。

③専門家の連携場面

参照
多職種連携・地域
連携
→ 8章

　ほかにあげられる「正当な理由」には、当該の機関内の専門家の連携場面、他機関との連携場面などがあげられます。公認心理師は、関係者や多職種との連携が求められており、私たちは、心理面接および心理相談室のなかだけで対象者の適応を考えるのではなく、関連職種や家族と連携・協働して対象者が学校や職場などの施設や社会全体での適応範囲を拡張していく方針をもつことが本来のあるべき姿といえるでしょう。

　長谷川（2003）は、スクールカウンセラーの学校臨床のヒントとして「チーム内守秘義務」という考え方を提起し、この専門家間の連携における守秘義務について提案しています。「チーム内守秘義務」とは、個人カウンセリングとは異なってスクールカウンセラーひとりがクライアントの情報を守秘義務下に占有するのではなく、それに関わる者が必要な情報を共同にもち、かつ厳密な守秘をすることと定義されています（長谷川，2003）。

　これは、学校臨床における特殊性があるわけではなく、医療、福祉、司法、産業領域においても同様の特性をもっていると考えられます。公認心理師の活動領域のすべてにおいて、他職種や他機関との連携場面は生じ、重要な調整機能を果たすべき事案があります。クライアントを支援するという最大の目的のために、どの情報をどこまで誰と共有するのかについてよく吟味し、「チーム内守秘義務」についての考え方もチームで確認しながら**専門家間の情報共有**に取り組むことが求められます。表 7-4 に長谷川（2003）でまとめられたスクールカウンセリングにおける守秘義務の特性に基づき、公認心理師がどのような「チーム内守秘義務」を意識するべきなのかを示しました。

プラスα
専門家の連携場面
たとえば、学校におけるスクールカウンセラーと担任教員や養護教諭、病院やクリニックにおける精神科の心理師と主治医や他科の医師や看護師、などが例として考えられる。

　表 7-4 の 5 項にも記載がありますが、表 7-2 に示した個人情報保護法の基本的考え方と照らし合わせて考えてみることが必要です。表 7-2 の 5 項の考え方に基づくと、第三者に提供する場合、本人の同意を得るという手続きが必要となります。どの情報をどの機関の誰と共有するのか、そしてその目的について説明し、当事者の了解をもらうことが原則的な手続きとなります。たとえば、プライバシーが含まれる情報について、他機関との協働において共有されることを避けたいという支援者もいるでしょう。その場合は、当事者との協議により、必要な情報共有の範囲を明確にしたうえで、当事者の同意に基づき、外部機関に情報を伝えるなどの配慮が必要です（秀島，2017）。

表7-4	「チーム内守秘義務」の特性

1. 心理師はクライアントに関する守秘義務を大切にしなければならない。
2. しかし，心理臨床活動はチームとしての相談活動であることも多く，「個人内守秘義務」というよりも「チーム内守秘義務」を負うと考えられる。
3. 「チーム内守秘義務」に関する話し合いをチームで行うことが必要である。特に，要支援者は心理師が他の職種にプライバシーを漏らすことを心配しているケースがあり，そのような場合「チーム内守秘義務」が徹底していないと倫理規定に反する重大な事態に発展するおそれがある。
4. 「チーム内守秘義務」のルールを守った上で，要支援者の抱えている問題の解決のために，他職種と情報を共有する。しかしその場合でも，他職種が必要としている情報と心理師が守るべき情報は質的に異なっていることが多い。心理面接で得た全ての情報を提供する必要は全くない。
5. クライアントの利益のために，やむを得ず他の専門家と情報を共有する必要があると判断した場合，事前にクライアントの了承を得ることが望ましい。

出所：長谷川，2003 を参考に筆者作成

そして，以上のように，秘密がどのように扱われるのか，秘密保持の例外状況にはどのようなものがあるのかについて，クライアントに対してできるだけ早い時期に説明し，合意を得ている必要があります。これは，インフォームド・コンセントという手続きであり，第6章にその詳細がまとめられています。

参照
インフォームド・コンセント
→6章

4 適切な情報管理

クライアントの**プライバシー保護**においては，倫理と同時に**情報セキュリティ**に関する視点も非常に重要となります。

1 記録

心理面接において，各回の面接記録は非常に重要なものです。毎回の心理面接の後で時間をとって記録をすることで，そのセッションの振り返りに基づくアセスメントや，今後のプランなどを得ることができます。また，秘密保持の例外状況によって情報の共有やさまざまな対応をとった場合に，心理師の行動がどのような根拠で行われたかについても明確に記録しておくことが重要となります。したがって，アセスメントや面接で行った内容についても記載をするように留意しましょう。

具体的に，記録には心理面接中の話題に加え，クライアントの様子（服装や来室時間など），面接を終えたうえでのアセスメントと次回のカウンセリングの

プランや方針をまとめて記載することが必要です。また，スーパービジョンやカンファレンスなどにおいても記録を残しておくことが求められます。

　心理面接の終結後や中断後に，クライアントについて他機関からの問い合わせなどがある場合もありますし，本人からの開示請求や裁判所などの公的機関からの問い合わせがあった場合には応じる必要があり，開示できるような記録を作成しておくという視点も必要となります。

2　業務に関する記録の適切な保管

　そして，これらの記録が漏洩することのないように，厳重な管理を行うことと**業務に関する記録の適切な保管**が必要です。記録の保管場所や保管期間，閲覧や持出しが可能な範囲の明確化，廃棄方法など，あらゆる場面を想定したルールが検討されることが大切です。また，記録が電子媒体である場合には，記録が行われる端末の置き場所やID管理，ネットワークへの接続の有無，情報セキュリティの強度などの厳正なルールの統一化がさらに重要となるでしょう。施設によってそのルールが定められていることが重要で，それにのっとった作業や管理を行うことが必要です。

3　第三者からの相談

　上述のように，専門家間の連携のなかで情報共有が必要になったり，問い合わせを受けることがありますが，専門家や要支援者以外からの問い合わせや相談があることもあります。代表的なものとしては，家族が想定されますが，それ以外にも友人や恋人，職場の上司などがあげられるでしょう。この場合，家族であっても第三者として扱い，まずは，あらかじめ誰に何を説明するかについてクライアントの同意が必要となります（飯田，2017）。問い合わせをしてきた人には，本人の同意が必要なことを伝えてその場での対応は控えましょう。

5 ｜ 事例からみる秘密保持と情報共有

1　事例で考えよう

> **事例**　**他職種との関係性が問題となった症例**
>
> 　本田さんは，ある総合病院の精神科で働く20代女性の公認心理師です。あるとき，救急病棟看護師の上田さんからコンサルテーション*を受けました。交通事故後の外傷で入院中の中学生の高橋さん（女性）が主治医の男

語句説明
コンサルテーション
異なる専門性をもつ2者が支援対象者やその家族の問題状況について検討し，よりよい援助のあり方について一緒に考え，話し合うプロセス。相談を依頼する側をコンサルティ，相談を受けた側をコンサルタントと呼ぶ。

86

性医師を避けている様子で心配している，ということでした。病棟回診の時間に不在にすることがあったり，処置の際にも顔を背けて話をしないなどの行動が見られ，主治医も高橋さんに何か悪いことをしただろうかと不安に感じているという相談でした。本田さんは上田さんに，自分が本人と話をしてみることを提案し，心理面接を開始しました。

　高橋さんは，最初は本田さんにもほとんど話をしませんでしたが，病室に通ううちに，少しずつ胸のうちを明かしてくれるようになりました。男性医師は，母親と離婚した父親と風貌が似ていてどうしても苦手で，できるだけ顔を合わせたくない，ということが話されました。高橋さんは医師が悪いわけではないことは理解しながらも，どうしても父親から厳しく叱られた経験やぎくしゃくした家庭内の雰囲気を思い出してしまうとのことでした。しかし，治療行為自体は受けており，治療を妨害する大きな問題行動はありません。

　本田さんは，現状では治療に特に大きな悪影響があるわけではないと判断し，「主治医に対する苦手感はあるようだが，現状の継続による治療への支障はない」ということを看護師の上田さんと主治医に報告しました。高橋さんとは心理面接を継続し，男性医師に対する苦手さについても相談を続けていました。しかし，主治医は高橋さんとの治療関係を懸念して，科内で相談し，他の女性医師に主治医を変更してもらうことになりました。その変更を聞いた高橋さんは，「私の父親に似ていて嫌な気持ちになるということを，先生に伝えたんですか？」と動揺して心理面接時に泣きながら怒りを表明しました。

2　秘密保持の2つの視点から事例を再検討してみよう

①要支援者に対する公認心理師のインフォームド・コンセントの問題

　公認心理師は，要支援者との間で情報共有に関するインフォームド・コンセントを行っていませんでした。理想的には，心理面接開始時にインフォームド・コンセントがなされていることが望ましくはありますが，厳密に初回に行われるべきとは限られません。少なくとも父親のことについて話されたときに，その事項をどういった目的で誰と共有させてほしいかという相談がなされていれば，主治医の男性医師の懸念を解消することにつながり，急な主治医変更には至らなかったかもしれません。

②専門家間の情報共有の問題

　今回，この事例で公認心理師は「身体疾患の治療が安全に行われること」という現在の入院の目的に沿って検討し，現在の医師と要支援者の関係がこの目的を阻害するものではないと判断しました。その結果，医師に対して要支援者

が抱いている反応や気持ちは共有せず，その判断のみを報告しました。しかし，**専門家間の情報共有**の問題が生じていたといえます。

　コンサルティである救急病棟看護師は，この医師と患者の関係に心配を抱いていました。心理師は要支援者の心理的支援のみならず，コンサルタントとしてコンサルティに対する支援も行う必要があります。すなわち，病棟看護師および医師に対しても，要支援者にとって医師が父親を思い出す刺激になっていることについて共有できればよかったかもしれません。その連携があれば，看護師や医師は，要支援者の反応に対して理解を示すことができたでしょう。さらに，主治医変更についても科内で決定する前に，公認心理師が主治医から相談を受けることも可能だったかもしれません。

　多職種が協働する現場では，要支援者の心理的状況の理解を共有することで，多職種が安心して働くことにつながる場面がたくさんあります。要支援者にとってのメリットの最大化のためにも，チーム内守秘義務を確認しながら情報共有をすることが必要な場面も多々あります。**支援に関わる専門職と組織**をより意識した連携が求められる場面です。

> **考えてみよう**
>
> 要支援者のプライバシー保護においては，倫理と同時に情報セキュリティに関する視点も非常に重要となります。個人情報およびプライバシー情報の漏洩を防ぐための十分な管理について，どのような対策を講ずることができるでしょうか。その具体例を考えてみましょう。

🪶 本章のキーワードのまとめ

個人情報	生存する個人の情報であって，氏名，生年月日，住所などを含む，特定の個人を識別できる情報。
個人情報保護法関連五法	下記の 5 法を指す。 • 個人情報の保護に関する法律（個人情報保護法） • 行政機関の保有する個人情報の保護に関する法律 • 独立行政法人等の保有する個人情報の保護に関する法律 • 情報公開・個人情報保護審査会設置法 • 行政機関の保有する個人情報の保護に関する法律等の施行に伴う関連法律の整備等に関する法律
心理臨床活動	心理学的な手法によって心理社会的側面に対する支援を行う活動。心理アセスメント，心理学的支援・援助活動（個人・集団），コンサルテーションなどのすべてを含む。
専門家間の情報共有	医師・教員その他関係者との連携は公認心理師の義務として定められている。そのためには専門家同士で秘密保持義務に留意した情報管理と共有が求められる。
プライバシー情報の保護	プライバシー情報とは，①個人の私生活に関する情報，②一般に知られていない情報，③本人が公開を欲しない情報の 3 要件が満たされるもの。および，他人にみだりに知られたくない情報として保護されるべき期待を有するものであり，プライバシー情報の保護とはこれらを保護すること。
情報セキュリティ	その情報にアクセスできる人が限られていることや情報が改ざんされたり消去されたりする状況にないこと，許可された人がアクセス可能であることなどが担保されること。
業務に関する記録の適切な保管	心理相談業務記録の適切な管理。物理的な保管方法や情報セキュリティに関するルールを定め，それに則って管理すること。
支援に関わる専門職と組織	多職種での連携では，それぞれの職種の役割と各所属組織の機能やその指示系統などについても日頃から理解を深めることが必要である。客観的にそれらをとらえながら，協働する専門職や組織に対する柔軟な対応が求められる。

第8章

チームや地域で連携して働く

この章では，公認心理師に求められる要支援者の関係者（支援に関わる他職種の専門家等）との連携について説明します。心理職が活動する職場においては，関係者と連携したり多職種チームの一員として協働して支援を提供したりすることがすでに前提となっています（Marzillier & Hall, 1999）。本章では，協働を含めた連携の意義と支援組織における公認心理師の役割，そして適切な連携のための課題について論じます。

1 公認心理師に求められる「連携」

第1章や第5章でも触れられたように，公認心理師の4つの業務のうちの一つとして，「心理に関する支援を要する者の関係者に対し，その相談に応じ，助言，指導，その他の援助を行うこと」が定められています（公認心理師法第2条）。また，公認心理師法第42条第1項では，公認心理師は，要支援者に対して，保健医療・福祉・教育等が密接な連携の下で総合的かつ適切に提供されるように，公認心理師がこれらの提供者等の関係者と連携を保つことが法的義務として課されています。これらのことにも示されているように，公認心理師の職務において，他職種の専門家や要支援者の関係者（たとえば，家族，同僚，友人，ボランティアなど日常的に要支援者をサポートする人々）と連携を行うことはきわめて重要な課題です（鶴・津川，2018）。

1 「連携」とは

それでは，「連携」(cooperation) とはどのような行為を指すのでしょうか。ここでは，とりあえず連携を「職種・組織間で情報交換をしながら要支援者へのサービスを計画し，実行する協力関係」と定義しておくことにします。ただし，注意していただきたいのは，連携には狭義の意味と広義の意味があるということです。狭義の連携は，関係者間で情報を共有しますが，それぞれ別々に活動する協力関係を意味します。その点で関係者が情報共有に加えて一緒に活動する協働や，チームを構成してチームワークで支援するといった密接な協力関係は含みません。それに対して広義の連携は，協働やチームワークも含む，関係者間で協力する行為を幅広く意味します（図8-1参照）。

プラスα

公認心理師法（連携等）第42条第1項

公認心理師は，その業務を行うに当たっては，その担当する者に対し，保健医療，福祉，教育等が密接な連携の下で総合的かつ適切に提供されるよう，これらを提供する者その他の関係者等との連携を保たなければならない。

語句説明

連携

職種・組織間で情報交換をしながら要支援者へのサービスを計画し，実行する協力関係。広義の連携は，協働やチームワークも含む，関係者間で協力する行為を幅広く意味する。

　お互いの独立性を保ったまま協力する行為である狭義の意味での連携としては，リファー（紹介）やコンサルテーションがあります（図 8-1 参照）。リファーとは，要支援者の問題が，自身の専門外，あるいは能力以上の場合，他の心理職や専門職などに紹介することで支援をする方法を指します（吉田，2019）。たとえば，要支援者を他の支援機関にリファーするために，公認心理師が情報提供書を作成し，要支援者がそれを持って他機関を利用する場合があります。このような場合には，情報提供書と返書のやりとりという 1 回の情報共有で終わるかもしれません。リファーは，自己の能力の限界を超えた支援をしないという職業倫理とも関連するので重要となります。また，たとえば学校のスクールカウンセラーとして勤務する場合，必要なときに教員に児童生徒への関わり方について助言を与えるコンサルテーションという形で協力することがあります。

　それに対して協働（コラボレーション）は，狭義の連携とは異なり，関係者が単なる情報共有を超えて同一の目標をもち，新たなサービスを構成していくことが目指されます。さらにチームワークは，協働するメンバーがひとつの組織として活動することを意味します。たとえば，病院でチーム医療の一員として業務を行う場合があります。このような場合には，心理職は，要支援者に関わる医師や看護師等の他職種のスタッフと連絡を取り合い，各専門職が平等な立場で支援方針や対応を協議しながら継続的に支援を進めていくことになります。このような活動は，新たなサービスを構成するための対等で緊密な協力関係である協働を基礎とするチームワークとなります（図 8-1 参照）。

　以上のように，協力のあり方は，公認心理師の勤務する場によって，またケースの状況によって異なってきます。公認心理師を目指す人は，協働やチー

図8-1　リファー，コンサルテーション，協働（コラボレーション）

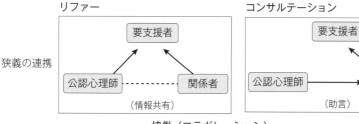

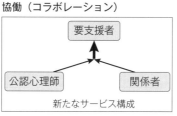

出所：藤川，2009 を改変

語句説明

保健医療，福祉，介護，教育との連携

公認心理師には，すべての分野において多職種連携や地域連携が求められるが，少子高齢化社会にあって，今後特に連携が重要視される分野として保健医療・福祉・介護・教育があげられる。

多職種連携

生物-心理-社会モデルに関連するさまざまな専門職がそれぞれの立場から連携して多様な支援を提供すること。

参照

生物-心理-社会モデル

→ 1章

語句説明

地域連携

地域における関連分野の機関や団体と連携して地域の援助資源を要支援者のために適切に提供すること。

援助要請行動

要支援者が自己の問題を解決するために，他者のサポートやメンタルヘルスサービスを利用しようとする行動。適応的なコーピング（問題対処）の行動といえる。

予防

キャプラン（Caplan, G.）の分類では，一次予防（問題発生を防ぐ），二次予防（ハイリスクの人々の早期発見と介入），三次予防（再発・悪化防止）とされた。しかし，近年

ムワークを含めて広義の連携のあり方について学び，実習や実践を通して連携の技能を習得することが必要となります。なお，狭義の連携，協働，チームワークの違いについては第4節で後述します。

2　連携の意義とは

さて，以下においては広義の連携の意義についてみていくことにします。公認心理師には，**保健医療，福祉，介護，教育との連携**[*]など，さまざまな分野での連携が求められます。そして，特に要支援者の生活の場である地域において，多職種連携や地域連携という形で包括的な支援を提供する動きが推進されています。では，なぜ連携が求められるのでしょうか。

多職種連携が必要な背景には，まず何よりも，現代人の抱える複雑化・多様化した問題を理解するためには，心理的要因だけでなく，生物的要因や社会的要因も含めた多元的な視点から問題に関わる要因をとらえる必要性があります。このため，生物-心理-社会モデルに基づく多元的な要因を想定するアセスメントに沿って問題を理解し，それに基づいてそれぞれの要因を専門とする多職種が連携して多様な支援を提供することにより，支援の効果が向上することが期待されます。また，**地域連携**[*]が必要な背景として，要支援者やその関係者に支援を総合的かつ適切に提供することが求められていることがあります。地域にある支援資源を要支援者のために適切に活用するには，公認心理師は業務を行う地域における関連分野の機関や団体と良い関係を維持する地域連携が重要となります（一般財団法人日本心理研修センター，2019）。

このような連携の意義を要支援者の立場に立って考えると，連携によって多様な支援が利用しやすくなり，要支援者の**援助要請行動**[*]を促進させることにつながります。複数の種類の支援を必要とする人にとって，支援者同士が連携し，他の必要な支援にアクセスすることを助けてくれると，新たな支援を利用する際の心理的なコスト（支援を受けることへの不安や抵抗感など）や物理的なコスト（時間や費用など）が軽減でき，援助を求めやすくなります。支援にアクセスしやすくなるということは，**予防**[*]的な効果（問題発生の予防，早期発見・早期介入，再発・悪化防止）を高めることにもなります。

さらに，このように，多職種連携・地域連携によって支援の効果が高まることや，予防的効果が高まることを踏まえると，支援の「費用対効果」という経済的な観点からも，メリットは大きいと考えられます。加えて，多職種連携に関わる専門職にとってのメリットとしては，他職種との連携のなかで多様な視点を獲得したり自身の専門性を見直したりすることによる専門性の向上，スタッフ同士が支えあうことによるバーンアウトの防止，サービスやシステムの開発促進などの意義もあります（藤川，2009）。

の IOM 分類では，メンタルヘルス問題への対応として予防・治療・維持の3レベルを設定したうえで，予防を普遍的予防（一般集団対象），選択的予防（発症のリスク集団対象），指示的予防（軽微な兆候を示す集団対象）の3カテゴリーの分類としている（一般財団法人日本心理研修センター，2019）。

3　連携の課題：事例で考えてみよう①

連携は一見すると素晴らしいことばかりのようです。しかし，具体的に適切な連携を行うためにはさまざまな悩ましい問題が生じてきます。事例を用いて考えてみましょう。

事例　要支援者が連携を望まない場合

美咲さんは，ある大学の学生相談室で働く公認心理師です。あるとき，3年生の男子学生大輝さんが「気分の落ち込み・不安を感じる。単位が取れない」ことを主訴に相談に来ました。「幼少期から人と関わることが苦手でした。2年生の前期にゼミのグループ課題をめぐって揉めてしまい，同じゼミの人と顔を合わせにくくなってしまいました。それから，気分の落ち込み，不眠や体調不良が続き，朝起きられずに授業を休むことや，勉強に集中できないことが増えました。結局，2年生後期には単位がほとんど取れず，さらに不安や落ち込みが強くなりました。どうにかしなければと思い，3か月前に心療内科を受診し，抗うつ薬を処方されました。でも，十分に話を聞いてくれないし，薬に頼ることに抵抗感があったので，3回ほどで通うのを止め，今は受診していません」と言います。最近は，「これから就職活動もしなければならないのに何もできないし，将来のことを考えると焦りでワーッと叫びたくなります。気がつくと涙が流れていたり，たまに，「死にたい」という考えが頭をよぎったりすることがあります」と打ち明けました。また，地方出身の一人暮らしであることを話したうえで，「母親に心配をかけたくないし，父親に単位のことが知られると叱られるので，相談に来たことは伝えないでください」と訴えました。美咲さんは，大輝さんの家族関係や友人関係が問題の原因と考え，大輝さんの不安を刺激しないように，「ここでは秘密が守られますので安心してください。ゼミでのトラブルがきっかけのようなので，まずは対人関係について話していきましょう」と提案しました。

参照
バーンアウト
→3章

この美咲さんの対応には，適切な連携という観点からみて，いくつかの問題があります。おわかりになったでしょうか。以下，連携についてさらに理解を深め，この事例についてはあらためて本章の最後で検討したいと思います。

2 各分野における連携の場と公認心理師の役割

1 支援に関わる専門職と組織

　次に，公認心理師が活動するさまざまな分野において，どのような連携が行われるのかを概観します。表8-1 は，各分野で公認心理師が連携する代表的な他職種の専門家等の例です。いずれの分野でも，多くの他職種の専門家等と連携していることがわかるかと思います。公認心理師として働くためには，**支援に関わる専門職と組織**[*]の専門性や役割を知っておく必要があります。

語句説明
支援に関わる専門職と組織
公認心理師が要支援者に心理的支援を提供する際に，同じ要支援者に関わる他の専門職や専門機関のこと。公認心理師はこれらの専門職や専門組織を知り，密接な連携の下で，支援が総合的かつ適切に提供されるように努める必要がある。

家族との連携
家族は，要支援者と生活を共にするため，要支援者と最も密接な関係をもち，要支援者に対してソーシャル・サポート（日常的な人間関係による支援）を提供する存在である場合が多い。このため，要支援者に対して適切な支援を提供するためのキーパーソンとなる可能性が高い関係者とみなして，連携することが重要である。

参照
保健医療分野における公認心理師の役割
→9章

表8-1　**各分野で公認心理師が連携する代表的な他職種の専門家等**

分野	支援に関わる代表的な専門職・専門機関と関係者
保健医療	医師・薬剤師・保健師・助産師・看護師・理学療法士・作業療法士・言語聴覚士・社会福祉士・精神保健福祉士・介護福祉士など医療関連職。要支援者の家族・関係者など。
福祉	社会福祉士・精神保健福祉士・介護福祉士・医師・看護師・保健師・保育士・福祉施設の職員などの福祉関連職。要支援者の家族・関係者など。
教育	学校の教職員（管理職，教員，養護教諭，事務職員，ほか）・スクールソーシャルワーカーなど教育関連職，病院・警察・児童相談所など関連機関。要支援者の家族・関係者など。
司法・犯罪	裁判官・警察官・検察官・弁護士・法務教官・刑務官・作業技官・福祉専門官・処遇カウンセラー・保護観察官・保護司・精神科医・看護師・精神保健福祉士・児童福祉司・児童自立支援専門員・児童生活支援員・被害者支援センター職員など司法関連職。学校・福祉施設など関連機関。要支援者の家族・関係者など。
産業・労働	事業場の人事・労務部門（衛生管理者）・上司・同僚・労働組合。事業場内の産業保健専門職（産業医・看護師・保健師など）。外部の専門機関（外部医療機関・外部 EAP（従業員支援プログラム）・リワークプログラム運営機関・その他の相談機関など）。要支援者の家族・関係者など。

出所：筆者作成

　また，表中に「要支援者の家族・関係者」が入っていることにも注目してください。公認心理師業務において，要支援者の「**家族との連携**[*]」は，どの分野においても必要不可欠と考えられています。

　それでは，各分野における公認心理師の役割と連携をみてみましょう。

2 保健医療分野における連携の場と役割

　近年の医療のあり方を表す重要なキーワードの一つとして，「チーム医療」

があります。チーム医療とは，「医療に従事する多種多様な医療スタッフが，各々の高い専門性を前提に，目的と情報を共有し，業務を分担しつつも互いに連携・補完しあい，患者の状況に的確に対応した医療を提供すること」（厚生労働省，2010）と定義されます。ここ 10 年ほどの間に，医療の質や安全性の向上および高度化・複雑化に伴う業務の増大に対応するための方策としてチーム医療が推進されてきました。

　保健医療分野において，精神科や総合病院等の医療機関に勤める公認心理師は，さまざまな医療関連の専門職や関係者と連携をとりながら心理的支援を提供しています（表 8-1）。また，地域医療においても公認心理師は重要な役割を果たしています。保健所，保健福祉センター，精神保健福祉センター等の保健分野の施設に勤務する公認心理師は，他職種の専門家等と連携しながら，地域での精神保健福祉業務，母子保健事業や子育て支援事業などに携わることとなります。近年では，地域援助活動であるアウトリーチ*型の精神科医療の実践も徐々に広がっています（岩谷・伊藤，2017）。

　多職種チームのなかでは，公認心理師は，心理的アセスメント（心理検査，行動観察，面接等による），心理面接，精神科リハビリテーション（集団精神療法，デイケア，心理教育，リワーク等），地域援助活動，実習生や他職種への教育活動，研究活動，医療スタッフのメンタルヘルス面の支援など，さまざまな役割を果たすことが求められます。

3　福祉分野における連携の場と役割

　福祉分野において公認心理師の働く場は多岐にわたります。児童福祉においては，市町村の子ども家庭総合支援拠点，児童家庭支援センター，児童相談所，児童福祉施設（保育所，乳児院，児童養護施設など）等が主な活動の場となります。障害者・児福祉においては，障害者支援事業所，発達障害者支援センター等，高齢者福祉においては老人福祉施設，介護保険施設，地域包括支援センター等が主な職場となります。こうしたさまざまな場で，公認心理師は他職種の専門家等と連携して働いています（表 8-1）。

　支援の主な対象は，児童，障害者・児，高齢者，生活困窮者やひきこもりの状態にある者，自立支援が必要な若者，DV 被害者などです。これらの人々には，虐待等の人権侵害を被るリスクがある一方で，要支援者本人に援助を求める判断力や意欲が乏しい場合があります。このため，支援方針の決定や支援の提供において，要支援者の関係者との連携が特に重要となります。

　また，福祉分野の特徴として，要支援者自身が主体的に生きるための心理支援を提供することと並んで，要支援者が地域あるいは入所施設内でより健康な社会生活を送るための一助として，心理的なアセスメントとそれに基づく心理支援も求められる点があります。生活を送るために介護を必要とする要支援者

語句説明
アウトリーチ
支援者が要支援者の生活の場に出向き，当事者や家族に対して支援を提供する活動。自ら支援につながることが困難な要支援者にアプローチすることを可能にする。

参照
福祉分野における公認心理師の役割
→ 10章

も多く，介護との連携も必要となります。要支援者の生活を支える家族，介護者や保育者，施設職員等との連携が求められます。さらに，自らは支援を求めない（求めることができない）要支援者とその家族に対しても，アウトリーチとして生活の場に支援者が出向き，支援につなげていく場合もあります。福祉分野における心理支援は，生活に密着した包括的な視点が必要とされるといえるでしょう。

4　教育分野における連携の場と役割

参照
教育分野における
公認心理師の役割
→ 11章

　教育分野においては，不登校，いじめ，非行といった問題が多く生じており，公認心理師は，学校のスクールカウンセラーや市町村の教育支援センター（適応指導教室）の相談員等として，子どもの関係者や関連職種と連携して活動することが多くなっています。特に学校においては，教職員，専門スタッフ，家庭や地域との連携がますます重視されるようになってきています。公認心理師が連携する相手は，教職員や児童生徒の保護者・家族はいうまでもなく，スクールソーシャルワーカーや校医といった学内の専門職に加えて児童相談所，警察，医療機関等の外部機関の関係者と連携して活動することが多くなります（表8-1）。また，公認心理師は，大学の学生相談員や特別支援教育の巡回相談員として活動もしています。

　スクールカウンセラーは，学校という組織のなかで活動しているため，学校関係者と幅広く柔軟に連携し，役割分担をしていくことが求められます。近年では，「チーム学校」として，校長のリーダーシップのもとで，教職員や学校内の多様な人材がそれぞれの専門性を生かして連携し，子どもたちに必要な能力を習得させることができる学校が目指されています（中央教育審議会，2015）。そのため，秘密保持に関しては，必要に応じて教職員と相談情報を共有する「チーム内守秘義務」が適用されます。また，児童生徒の問題に直接対応するだけでなく，教職員にコンサルテーションをすることで間接的に児童生徒の心理支援を進めるという連携もなされます。

参照
チーム内守秘義務
→ 7章

5　司法・犯罪分野における連携の場と役割

司法・犯罪分野に
おける公認心理師
の役割
→ 12章

　司法・犯罪分野の公認心理師は，司法・警察関連の行政機関における公務員としての勤務が多いことが特徴です。そのような公認心理師は，司法制度の枠組みのなかでの犯罪行動への処分だけでなく，離婚や子どもの親権等の紛争解決といった課題にも関わることになります。近年では，社会の安全だけでなく，個人の福利が重視され，再犯防止を中核とした犯罪行動の変容が目指されるようになってきており，公認心理師の役割は重要になってきています。

　司法手続きは，捜査⇒裁判⇒矯正・保護と進むことになります。捜査は，警察や検察が担当します。裁判は，刑事司法であれば裁判所，少年司法であれば

家庭裁判所で行われます。矯正・保護は，法務省関連の拘置所，刑務所，保護観察所，少年鑑別所，少年院や，厚生労働省関連の児童相談所，児童自立支援施設などで対応されています。このように司法手続きにおいては，警察，裁判所，法務省，厚生労働省の関連組織が関わっており，公認心理師はそれぞれの組織の関係者や弁護士と連携して活動しています（表 8-1）。また，司法手続きだけでなく，公認心理師は被害者支援や犯罪防止の活動においても関係者と連携して活動しています。

　警察は，捜査だけでなく，少年サポートセンターなどで犯罪予防の活動をしています。公認心理師は，少年相談専門職員として警察官や少年補導職員などと連携して活動します。裁判所関連では，公認心理師は家庭裁判所調査官として裁判官や裁判所職員と連携して活動しています。法務省関連では，公認心理師は少年鑑別所，少年院，刑務所などの心理職として保護観察官，保護司，精神保健福祉士などと連携して活動しています。厚生労働省関連では児童相談所の児童心理司や児童自立支援施設等の心理職として児童福祉司，警察官，家庭裁判所関係者などと連携して活動しています。

6　産業・労働分野における連携の場と役割

　産業・労働分野では，労働者のメンタルヘルス不調や過労死への対策として2015 年にストレスチェック制度が，2019 年には「働き方改革関連法案」の一部施行が開始され，心理支援が重要なテーマとなっています。この分野の公認心理師の特徴としては，メンタルヘルス不調を抱えた個人への心理支援だけでなく，健康な社員の予防活動やキャリア支援，さらに職場や組織を対象とした健康増進の活動といった幅広い活動を担うということがあります。

　産業・労働分野のメンタルヘルスケアは，①セルフケア，②ラインケア，③事業場内産業保健スタッフなどによるケア，④事業場外資源によるケアの 4タイプのケアがあります。これらのケアが適切に実施されるように関係者が相互に連携し，取り組むことが求められています（表 8-1）。①は，労働者自身が自らのストレスに気づき，ストレス対処をすることです。公認心理師は，事業所と連携し，労働者自身がストレスに気づけるように研修等を実施し，サポートします。②は，職場環境などの改善や労働者に対する相談対応です。公認心理師は，職場の管理監督者と連携し，環境改善や心理相談に取り組みます。③は，メンタルヘルスケアの実施に関して企画立案をし，事業場外資源とのネットワークを形成します。公認心理師は，心の健康づくり専門スタッフの一員として，産業医，保健師，看護師，衛生管理者，人事管理担当者などの産業保健スタッフと連携し，セルフケアやラインケアを有効的に実施できるように活動します。④は，地域産業保健センター，医療機関，EAP（従業員支援プログラム），心理相談機関などの事業場外資源と連携し，メンタルヘルスに関わ

参照
産業・労働分野における公認心理師の役割
→ 13章

参照
EAP
→ 13章

るサービスや職場復帰（リワーク）支援サービスを労働者に提供します。なお，公認心理師は，社内の心の健康づくり専門スタッフだけでなく，EAPや心理相談機関の心理職として外部から労働者の心理支援に関わることもあります。その際には，上述した社内の産業保健スタッフとの連携が重要となります。

3 ｜ 有効な連携のために

　ここからは，実際に有効な連携を行うためのポイントと留意点についてみていきましょう。

1 目的の明確化と共有

①要支援者の利益の最大化

　連携は手段であって，目的ではありません。有効な連携を行うには，連携に関わる他職種の専門家や要支援者の関係者（家族等）との間で，連携の目的や目標を明確化し，共有することが必要となります。

　ここで留意する必要があるのは，最終的な目標は要支援者の利益の最大化を図ることにあるという点です。多職種連携においては，職種間で目標とする状態が異なる可能性がありますが，それぞれの専門職が独自の見解を主張するだけではなく，要支援者の利益を最大化するという視点を踏まえて十分に意見交換をし，目標を共有することが必要になります。

②インフォームド・コンセント

　さらに，専門職が立てた連携の方針を要支援者に一方的に押しつけるのではなく，要支援者の意向を十分に確認しつつ，インフォームド・コンセントを経て要支援者本人や家族等の同意のもとに連携を行うことが重要です。本人が望まない場合であっても，連携が必要であると判断される場合は，より良い支援を提供するための連携であることを丁寧に説明し，同意を得る努力をする必要があります。このため，連携をスムーズに行うためには，ケースのインテーク時点から実際に連携をとる時点までの間に，連携に関するインフォームド・コンセントを段階的に丁寧に実施しておくことが必要となります。たとえば，インテークの段階では，他職種の専門家等との連携の可能性について，また，連携に伴う情報の取扱いについて，口頭と文書で丁寧に説明し同意を得ておくことが，連携の下地づくりとして重要な作業となります。また，実際に連携を行う段階では，連携の目的，連携相手（紹介先）の情報，連携による支援のメリットとデメリット，紹介の手順や共有する情報の内容，紹介後の支援の見通し等を十分に説明し，同意を得ます。他機関に紹介（リファー）する場合は，

参照
要支援者の視点
→6章

インフォームド・
コンセント
→6章

可能であれば複数の選択肢から要支援者自身が選択できるとよいでしょう。そのために，日頃からより多様な連携先とネットワークをつくる努力をすることが必要となります。

2　連携に臨む態度

①他職種との積極的なコミュニケーション

連携を成立させるためには，何よりも連携相手の立場や役割，専門性を理解し尊重する態度が必要となります。相手を理解するためには，日頃から他職種の専門家等としっかりとコミュニケーションをとることが必要となります。また，相手に信頼されるためには，まずは一社会人として社会常識や組織のなかでの適切な振る舞い方を身につけていることも大切です。分野によっては連携相手が対人援助の専門職ではない場合も多いですが，どのような相手に対しても，ともに支援を行うパートナーとして相手に接し，相手から学び，相手を尊重する謙虚な姿勢が必要です。同時に，自らも公認心理師としてできることについて積極的にオープンに伝えていき，相手からの理解が深まるように働きかける必要があります。

②自己責任と自分の限界

さらに，公認心理師としての自らの限界についても十分に把握するように努め，適切な連携をとることが求められます。**自己責任と自分の限界**＊について意識することは，専門職として非常に重要なことです。公認心理師は，自らの提供する支援行為に関する説明責任を負います。また，自分の能力では適切な心理的支援を提供することができないと判断した場合や，心理的支援以外の支援も必要であると判断した場合は，適切な支援を提供できる専門家や専門機関に紹介することが必要となります。自分の限界については，スーパービジョンを受ける，研修会等に参加する等によって自らの知識や技能を向上させる（生涯学習）とともに，そうした機会を利用して自分の能力（コンピテンシー）について他者から評価を受ける・自分自身を省みるなど，反省的実践を心がけることで認識することが必要となります。

3　情報の共有方法

連携の際には，他職種の専門家や要支援者の関係者の間で支援に関する情報共有が行われますが，そのあり方が，連携の成否に大きく関わってきます。

①情報共有の範囲や内容

まず，情報共有の範囲や内容について精査する必要があります。第 6 章，第 7 章でも触れたように，公認心理師の秘密保持義務にはいくつかの例外があり，クライアントの自殺・他害のおそれがある場合，虐待が疑われる場合，そのクライアントのケアに直接関わっている専門家同士で話し合う場合は例外

語句説明

自己責任と自分の限界

公認心理師が，専門職として，自らの提供する支援行為に関する説明責任を負うこと。また，自らの能力の限界を認識し，限界を超える場合は，適切な支援を提供できる専門家や専門機関に紹介すること。

参照

スーパービジョン
生涯学習
→4章

コンピテンシー
反省的実践
→2章

秘密保持義務
→7章

99

とみなされます（一般財団法人日本心理研修センター，2019）。チーム医療の現場，学校現場などでも，「チーム内守秘義務」の考えに則って情報共有が行われています。とはいえ，職種や現場によって，守秘の感覚や基準が異なっている可能性もあります。要支援者との信頼関係を損なうことのないよう，情報共有をする場合には，事例ごとに丁寧に情報共有の範囲や内容について検討し，要支援者の同意を得ておくことが望まれます。また，連携に関わる専門家や関係者の間で守秘についての考え方や基準を統一する努力も必要です。

②情報共有の方法に関する工夫

次に，効果的な情報共有ができるように，情報共有の方法を工夫する必要があります。忙しい臨床現場において情報共有を行うには，時間的な効率性も考慮しなければなりません。また，カルテや日誌等の記録を通じた情報共有が求められることもありますので，記録や報告書等の作成方法に習熟することも必要です。限られた情報量のなかで的確にアセスメントを伝える工夫，他職種が理解しやすい記述の仕方（専門用語を使用しない等）を学ぶ必要性があります。

4　主治医との連携について

連携に関連して特別な注意を要するものに，要支援者に心理支援に係る主治医がある場合の対応があります。第5章でもあるように，公認心理師法第42条第2項では，要支援者に心理支援に係る主治医のある場合は「指示を受けなければならない」とされています。公認心理師が行う行為は，診療の補助を含む医行為には当たらないものの，主治医がある場合に，主治医の治療方針と公認心理師の支援行為の内容との齟齬を避けるために設けられた規定です。

どのような場合にどのように対応する必要があるかについては，文部科学省と厚生労働省から「公認心理師法第42条第2項に係る主治の医師の指示に関する運用基準」（2018年1月31日通知）というガイドラインが示されています。主治医との連携については，要支援者にとって総合的かつ適切に支援を受けることが妨げられることのないよう，また，より良い支援を提供できるよう，最新のガイドラインを確認し，それを踏まえて対応することが重要です。

4 ｜ 連携・協働・チームワーク

1　狭義の連携

狭義の連携（cooperation）は，「職種・組織間で情報交換をしながら，それぞれの立場から要支援者へのサービスを計画し，実行する協力関係」と定義す

プラスα

「公認心理師法第42条第2項に係る主治の医師の指示に関する運用基準」（2018年1月31日通知）

このガイドラインでは，「主治の医師の有無の確認に関する事項」と「主治の医師からの指示への対応に関する事項」が示されており，臨床場面で判断が難しいと思われる状況についても考え方や方法が具体的に示されている。このガイドラインを含め，公認心理師に関する通知等は厚生労働省ホームページの「公認心理師」のページで確認することができる。ガイドライン等が改正されることがあるので，常に最新の情報を確認しておくことが必要である。

ることができます。重要な点は，情報交換という協力関係を形成するが，職種や組織間では，互いに独立してサービスを実行するということです。専門職間の連携の形態として次のようなものがあります（宇留田，2004）。"リファー"は，関連情報（紹介状等）とともに要支援者を他の職種・組織に紹介するものであり，情報交換にとどまる緩やかな連携です。"コーディネーション"は，各職種・組織間で提供するサービスを，要支援者に役立つように調整する協力行為であり，より積極的な連携となります。"コンサルテーション"は，要支援者への，より良いサービス提供に向けて要支援者の関係者を支援する協力行為です。"リエゾン"は，職種間だけでなく，要支援者とサービス提供者との間も含めて関係調整をし，より良いサービス提供のための協力環境を整えるための連携です。

2　協働（コラボレーション）

　それに対して**協働**[*]（コラボレーション：collaboration）は，「異なる職種・組織のメンバーが共通の目標の達成に向けて，対等な立場で対話しながら，責任とリソースを共有してともに活動を計画・実行し，互いに利益をもたらすような新たな活動を生成していく協力行為」（宇留田，2004）となります。ここで重要となるのは，協働成立のためには，①メンバーが対等な立場で目標と計画を協議する，②職種・組織によって役割を固定するのではなく，目標に即して柔軟に役割（特にリーダーシップ）を決めていく，③メンバーは共通の目標の達成に向けて協力する，④リソースはメンバーで共有され，介入の結果もメンバーで責任を負う，⑤協働が成立するためのある程度の期間と過程が必要となる，⑥職種・組織間の対話を通して新たなサービスを生成・創造する，という事柄が条件となっていることです。協働は多職種連携のなかでも，メンバー間の関係が密接なものといえます。

3　チームワーク

　さらにチーム（team）は，「課題（task）に取り組む比較的少人数の集団であり，そのメンバー自身及び外部の者から組織的機能を有する集団として認識されているもの」となります。また，チームのメンバーは，「チームに組織的なアイデンティティをもち，共有された目標達成に向けて必要な権限，自律性，リソース，役割，責任をもち，相互に助け合いながら活動をしている」と定義されます（West, 2012）。したがって，チームであるためには，その集団が単一の組織として機能しており，メンバーがそこに組織的アイデンティティを有していることが条件となります。この点において，**チームワーク**[*]は，それぞれが独立してサービスを提供する連携とは異なるといえます。

語句説明

協働
異なる職種・組織のメンバーが共通の目標の達成に向けて，対等な立場で対話しながら新たな活動を生成していく協力活動。

語句説明

チームワーク
課題（task）に取り組む比較的少人数の集団であり，そのメンバー自身及び外部の者から組織的機能を有する集団（＝チーム）として認識されている集団による協力行為。

5 | 多職種連携実践（IPW）と 多職種連携教育（IPE）

1 多職種連携のための教育・訓練

　チーム医療やチーム学校といったキーワードで，多職種連携実践（Inter-professional Work；IPW）の重要性が認識されるにつれ，そのための教育・訓練についても整備が求められています。多職種連携教育（Interprofessional Education；IPE）は，IPW の教育・訓練を目的として開発され，「2つかそれ以上の専門職が，協働とケアの質を高めるために，共に学び，お互いから学び合いながら，お互いのことについて学ぶ機会」と定義されます（川島・山田，2017）。具体的には，複数の専門職の養成課程にある学生が，一緒にアセスメントや支援計画の作成を行ったり，現場実習を行ったりするなかで，他職種の役割や専門性について理解を深めるとともに，自らの専門性について理解を深め，チームの一員としての態度について学びます。欧米では，保健医療系の一部の大学において，心理を専門とする学生も参加する IPE が導入されています。日本でも，医療系大学において IPE の導入が進みつつあるものの，心理職養成課程においてはほとんど普及していません。今後，心理職の養成においても IPE をどのように導入していくか検討する必要があります。

2 多職種連携のための卒後教育・研修

　また，多職種連携に重点をおいた卒後教育も必要となります。これについては，がん医療・緩和医療の領域において研究や実践が進んでいます（岩満，2017）。日本サイコオンコロジー学会による心理職を対象とした研修は，がん医療のチームで求められるスキルや包括的なアセスメントの能力を育成するものとなっています。今後，こうした例を参考に，諸学会や公認心理師の職能団体が，領域に密着した連携のための知識や方法を学ぶ卒後研修プログラムを開発することが求められます。また，公認心理師自身が他職種の参加する学会や研究会等に積極的に参加し，連携について学ぶことも必要となります。

6 │ 事例にみる連携の課題と対応

1 要支援者が連携を望まない場合：事例で考えてみよう②

　最後に，ここまで学んだことを踏まえて，本章の前半で示した事例について，適切な連携という観点から考えてみましょう。まず，大輝さんの問題について，妥当なアセスメントができているかという問題があります。前にも述べたように，要支援者にとって適切な支援が提供されるためには，問題を生物-心理-社会の多元的な次元からとらえる必要があります。公認心理師の美咲さんは，対人関係の問題に焦点をあてたカウンセリングをすることを提案していますが，大輝さんの語りや面接中の様子からは，うつ状態を示す症状（不眠，朝起きられない，集中できない，焦燥感，涙が出る）が明らかです。特に，「「死にたい」という考えが頭をよぎったりすることがある」と希死念慮を口にしていることから，より詳細な情報収集をしてリスクアセスメントを行い，必要があれば早急に医療機関につなげなければなりません。つまり，生物面の問題について，医療との連携を想定に入れてアセスメントをすることが必要不可欠な事例であり，場合によっては要支援者の安全確保のために危機介入をしなければならない可能性もある事例だと考えられます（なお，美咲さんは，大輝さんに対して秘密保持とその例外について十分な説明を行っていませんので，その後大輝さんの希死念慮が高まり，美咲さんが本人の同意なく緊急に関係者に連絡をとった場合などは，大輝さんとの関係に悪影響を及ぼしてしまうかもしれません）。

　また，すでに医療機関を受診していることから，主治医との関係という観点からも，そのあり方を検討する必要があります。現在は中断しているとはいえ，少し前まで当該の問題について支援を求めていたということですから，主治医が存在すると判断される場合もあります。現時点では大輝さんが望んでいないとしても，アセスメントや今後の方針について話し合いを進め，公認心理師が医療との連携が必要であると判断した場合には，本人に必要性を説明して再度の受診を勧めたり，同意のうえで主治医に指示を求めたりすることも考えられるでしょう。あるいは，本人が別の医療機関を受診することを望むなら（たとえば前に受診した医療機関に対して不信感がある場合など），別の医療機関を紹介し，新しい主治医と連携することもあり得ます。

　さらに，相談が提供されている場が「大学の学生相談室」であることや，大輝さんの問題に「単位が取れない」ことや「将来への不安」が含まれていることも見落としてはいけません。教育機関である大学の学生相談室に勤務する公認心理師は，学生に対して「教育が適切に提供されるように」支援をする立場

参照
リスクアセスメント
→6章

にあります。そのように考えると，ゼミでの人間関係に問題を抱え，単位取得ができなくて将来に不安を感じている大輝さんに対して，大学内の他の関係者，たとえばゼミの担当教員や就職支援課の職員などと連携して支援を行う可能性も考えられます。こうした関係者からのソーシャル・サポートが，大輝さんの問題の改善にとって有効である可能性は十分に考えられます。

　最後に，家族との連携の問題があります。大輝さんは成人ではありますが，学生の身分であり，大学生活を経済的にも心理的にも支える家族の役割は大きいといえます。「家族には相談に来たことは伝えないでください」と美咲さんに伝えてはいますが，大輝さんの心身の状態が不安定であることを考えると，1人暮らしでソーシャル・サポートの少ない現在の生活環境よりも，家族の協力を得られる生活環境のほうが，回復の助けになるかもしれません。また，今後もし休学や留年などが必要になる場合にも，家族の理解は重要になるでしょう。公認心理師には，何がより良い支援なのかを広い視点から，そしてより長期的な展開を意識して見立て，提案していくことが求められます。

■2　適切な連携のために

　もちろん，以上にあげたような連携の可能性は，相談が申し込まれた時点ですべてを実行に移さなければならないということではありません。最終的に連携をとるかどうかは，その必要性が認識された段階で，公認心理師と要支援者本人や関係者が十分に話し合い，合意して決定することが原則です。しかし，初期のアセスメントの時点でこうした可能性について想定しておくこと，また，本人にも連携の可能性を説明しておくことが，その後の連携の下地として重要となります。そのように考えると，大輝さんの問題の一部分のみに着目し，不安を一時的に刺激しないことを優先して連携について触れなかった美咲さんの対応には，問題があったといわざるを得ないでしょう。

　人間が社会関係のなかに生きる存在である以上，社会的文脈を含めた広い視点から事例を見立てたうえで，適切な連携を実施することができる知識・技能を習得することが，公認心理師には求められているのです。

> **考えてみよう**
>
> 表8-1にあげられている他職種の専門性と役割について調べてみよう。

🖋 本章のキーワードのまとめ

連携	職種・組織間で情報交換をしながら要支援者へのサービスを計画し，実行する協力関係。広義の連携は，協働やチームワークも含む，関係者間で協力する行為を幅広く意味する。
保健医療，福祉，介護，教育との連携	公認心理師には，すべての分野において多職種連携や地域連携が求められるが，少子高齢化社会において，今後特に連携が重要視される分野として保健医療，福祉，介護，教育があげられる。
多職種連携	生物–心理–社会モデルに関連するさまざまな専門職がそれぞれの立場から連携して多様な支援を提供すること。
地域連携	地域における関連分野の機関や団体と連携して地域の援助資源を要支援者のために適切に提供すること。
援助要請行動	要支援者が自己の問題を解決するために，他者のサポートやメンタルヘルスサービスを利用しようとする行動。適応的なコーピング（問題対処）の行動といえる。
予防	問題の発生や悪化を未然に防ぐこと。近年の IOM 分類では，メンタルヘルス問題への対応として予防・治療・維持の 3 レベルを設定したうえで，予防を普遍的予防（一般集団対象），選択的予防（発症のリスク集団対象），指示的予防（軽微な兆候を示す集団対象）の 3 カテゴリーの分類としている。
支援に関わる専門職と組織	公認心理師が要支援者に心理的支援を提供する際に，同じ要支援者に関わる他の専門職や専門機関のこと。公認心理師はこれらの専門職や専門組織を知り，密接な連携の下で，支援が総合的かつ適切に提供されるように努める必要がある。
家族との連携	家族は，要支援者と密接な関係をもち，要支援者に対してソーシャル・サポート（日常的な対人関係による支援）を提供する存在である。このため，要支援者に対して適切な支援を提供するためのキーパーソンとなる可能性が高い関係者であるとみなして連携することが必要である。
アウトリーチ	支援者が要支援者の生活の場に出向き，当事者や家族に対して支援を提供する活動。自ら支援につながることが困難な要支援者にアプローチすることを可能にする。
自己責任と自分の限界	公認心理師が，専門職として，自らの提供する支援行為に関する説明責任を負うこと。また，自らの能力の限界を認識し，限界を超える場合は，適切な支援を提供できる専門家や専門機関に紹介すること。
協働（コラボレーション）	異なる職種・組織のメンバーが共通の目標の達成に向けて，対等な立場で対話しながら新たな活動を生成していく協力活動。チームワークの一形態である。特定の課題に協働して取り組む比較的少人数の集団であるチームに基づく活動の形態。
チームワーク	課題（task）に取り組む比較的少人数の集団であり，そのメンバー自身及び外部の者から組織的機能を有する集団（＝チーム）として認識されている集団による協力行為。

第III部

現場を知る
——各分野の公認心理師の具体的な業務

臨床の視点

　現在，公認心理師は様々な場所で働いています。保健医療，福祉，教育，司法・犯罪，産業・労働などの分野によって，支援の対象者や一緒に働く他職種，公認心理師の役割，必要とされる知識やスキルは異なります。第III部では，それぞれの分野の概要と，公認心理師がどのように働いているかを紹介します。将来携わりたい分野が決まっていない人は，まずはそれぞれの場所で働いている自分をイメージしてみてください。すでに志望する職種や分野がある人にとっても，一人の対象者に複数の分野の支援者が関わることはよくありますし，広い視野をもって公認心理師の役割を理解することは，スムーズな連携や効果的な支援に役に立つことと思います。

第9章 保健医療分野で働く

この章では，①保健医療分野における公認心理師の職場としてどのような場所があるのか，②この分野において公認心理師はどのような役割を求められるのか，そして③この分野で働いていくために，どのような知識やスキルが必要なのか，ということについて学びます。第Ⅰ部，第Ⅱ部で学んできたことが，保健医療分野では具体的にどのように活かされていくのかという視点で考えていきましょう。

1 保健医療分野における公認心理師の職場

　保健医療分野と一言でいっても，公認心理師が働く場所はさまざまです。すべてをあげることは難しいですが，たとえば公認心理師法施行規則第5条では，大学卒業後に実務経験を積むことで公認心理師の受験資格を得ることができる施設として，「文部科学省令・厚生労働省令で定める施設」が列記されています。このなかで，保健医療分野に該当する施設としては，表9-1にまとめる施設が該当します。ここにあげられている施設は，資格取得後に公認心理師が働く施設にも相当します。

　以下では，保健分野と医療分野に大きく分けて，それぞれの職場がそれぞれどのような場所か，について学んでいきましょう。

表9-1　保健医療分野における主な職場

三	地域保健法（昭和二十二年法律第百一号）に規定する保健所又は市町村保健センター
五	医療法（昭和二十三年法律第二百五号）に規定する病院又は診療所
六	精神保健及び精神障害者福祉に関する法律（昭和二十五年法律第百二十三号）に規定する精神保健福祉センター
十六	健康保険法等の一部を改正する法律（平成十八年法律第八十三号）附則第百三十条の二第一項の規定によりなおその効力を有するものとされた同法第二十六条の規定による改正前の介護保険法（平成九年法律第百二十三号）に規定する介護療養型医療施設又は介護保険法に規定する介護老人保健施設，介護医療院若しくは地域包括支援センター

108

1　保健分野における公認心理師の職場

①保健所

　地域の住民の生活や健康を支える機関です。都道府県，政令指定都市，中核都市，特別区などに設置が義務づけられています。公認心理師が関わるのは，保健所の業務のなかでも主に，保健指導，保健サービスに関する領域になり，精神保健や難病[*]，感染症などに関する相談が含まれます。地域によっては，母子保健や老人保健に関わる場合もありますが，これらは次の市町村保健センターが担っている場合が多いです。

語句説明

難病
発病の機構が明らかでなく，治療方法が確立していない希少な疾患であって，長期の療養を必要とするもの。たとえばパーキンソン病，筋萎縮性側索硬化症，クローン病などがある。

②市町村保健センター

　保健所同様に，地域の住民の生活や健康を支える機関です。名前のとおり，市町村に設置されています。住民に対する健康相談や保健指導，健診などを提供し，特に母子保健や老人保健に関する役割を中心的に担っています。公認心理師が関わる領域には，母子保健における育児相談や発達相談，健診における発達検査などが含まれます。

③精神保健福祉センター

　精神疾患を有する人を支えることを目的として，都道府県または政令指定都市に設置されている機関です。公認心理師は，精神疾患を有する人のための相談やデイケア[*]，家族支援のほか，ひきこもりや依存症に関する相談など，多岐にわたる領域に関わります。

デイケア
主に精神障害者を対象とし，再発・再入院の予防や生活リズムの維持，社会復帰支援等を目的に行う通院治療。

④介護療養型医療施設

　重度の認知症患者や寝たきりの状態など，病状は安定しているものの長期の治療が必要な患者に対し，医療処置やリハビリなどを提供する施設です。公認心理師は，要支援者の認知機能を測る検査を実施するほか，必要に応じて要支援者およびその家族に対する相談支援などの領域に関わります。

⑤介護老人保健施設

　自宅で生活できる状態になることを目的に，心身機能回復を目指したリハビリや機能維持，日常生活の介護等を提供する施設です。公認心理師が関わる主な領域は，上記の介護療養型医療施設と同様です。

⑥地域包括支援センター

　地域住民の保健・福祉・医療の向上，特に虐待防止や介護予防などを総合的に行う機関です。区市町村に設置されています。公認心理師が関わる主な領域については，こちらもやはり，上記の2つと同様です。

2　医療分野における公認心理師の職場

①病院

　疾患や障害を有する人に対し，医療を提供する施設です。運営の母体は公的

機関から各種法人まであり，また規模についても，さまざまです。公認心理師が多く働いているのは，精神科病院あるいは総合病院の精神科や心療内科など，精神疾患を扱う組織になります。一方近年では，がんや遺伝性疾患，小児科，産科，救急など，身体の病気に関わる診療科にも公認心理師の働く場が広がってきています。また，緩和ケアチームや精神科リエゾンチーム[*]など，特定の病棟や診療科ではなく，診療科横断的に活動するような場面も増えてきています。いずれについても，入院病棟，外来それぞれにおいて働く場があります。

②診療所

　主に外来患者を診察する医療施設です。なおクリニック・医院も診療所[*]の通称です。公認心理師が働く診療所は，精神科や心療内科であることが多いです。病院とは異なり規模が小さいため，基本的にはすべての患者が公認心理師の業務の対象となり，そのなかで医師が必要と判断した人に対し，**心理検査**や**心理療法**などを行います。

語句説明

緩和ケアチーム
患者の身体的・心理的・社会的・スピリチュアルな苦痛を包括的に評価し，介入を行う医療チーム。

精神科リエゾンチーム
身体の病気で入院中の患者が抱える，不安，不眠，抑うつ，せん妄などの精神症状や心理的な問題に対し，主治医や看護師と連携しながら支援を行う医療チーム。

診療所
医師又は歯科医師が，公衆又は特定多数人のために医業又は歯科医業を行う場所であって，患者を入院させるための施設を有しないもの，又は19床以下の入院施設を有するものを指す。20床以上の入院施設を備える場合，「病院」と称する。

2 ｜ 保健医療分野において求められる役割

　以上のように，保健医療分野では，さまざまな公認心理師の働く場があります。詳細な業務の内容は，同じ名称の施設であっても地域やそこで働く他職種の構成によっても異なります。したがって本章では，具体的な個別の業務については取り扱いません。ここでは，保健医療分野全体に共通する，公認心理師に求められる役割について学んでいくことにしましょう。

> **事例**　**心理師が介入しているクライアントについて他職種から**
> **相談を受けたあやさん**
>
> 　あやさんは，総合病院の精神科で心理師として働き始めました。ある日，病院の社会福祉士から，自分が心理面接を担当しているたかしさんというクライアントについて相談を受けました。たかしさんは，うつによる休職中で，あやさんの勤めている精神科に通院をしています。診断はついていませんが，担当している精神科医とあやさんとの間では，たかしさんには発達障害（自閉スペクトラム症）の傾向があり，対人関係やコミュニケーションにやや課題がある，とアセスメントをしていました。社会福祉士は，休職中のたかしさんに経済面での支援で関わっているのですが，面談時間をめぐってトラブルになったり，説明したことが意図したとおりに伝わっていなかったりと，対応に難しさを感じているようです。度重なるトラブルに疲弊している様子で，「もうたかしさんの担当を外れたい」と話して

いました。
　さて，あやさんはどのように対応することができるでしょうか？

　この分野での心理師に求められる役割については，参考になる考え方がこれまでにさまざまに提唱されています。たとえば，鈴木（2008）は，**チーム医療**において臨床心理士に求められる役割として①コメディカルスタッフとしての役割，②媒介者としての役割，③コンサルタントとしての役割，という3つをあげています。また町田ら（2011）では，リエゾン領域で働く心理士の役割として，①心理スペシャリストとして，②精神科スタッフとして，③コーディネーターとして，と3つに分類し，さらに，④スタッフのメンタルヘルス・プロバイダーとしての役割についても言及しています。本章では，鈴木（2008）で用いられている3つの役割に，町田ら（2011）が指摘している「スタッフのメンタルヘルス・プロバイダー」を加えた4つの役割にそって，紹介していきたいと思います。なお，元となっている分類はいずれもチーム医療における役割として示されているものではありますが，これらは必ずしもチーム医療に特化したものではなく，保健医療分野のその他のさまざまな職場においても同様にとらえることができるものであると考えます。

1　コメディカルスタッフとしての役割

　コメディカルスタッフとは，医師や歯科医師の指示のもとに業務を行う医療従事者を指す言葉です。コメディカルの「コ」は，協働を意味する英語の接頭辞である"co-"を表します。つまり，コメディカルスタッフとしての役割は，公認心理師の専門的な技術を活用した役割とみなすことができるでしょう。具体的には，心理アセスメント，心理教育を含む心理介入が該当します。
　保健医療分野における心理アセスメントは，他の分野におけるアセスメントと同様，心理面接や心理検査等を用いて行われます。こうした心理臨床の専門家としての役割を果たすためには，十分な教育・訓練によって専門知識や技術を身につけることが必要です。
　加えて，保健医療分野において特に留意すべき点としては，生物-心理-社会の各領域，およびその相互作用に目を向け，多角的なアセスメントを行うことが求められるという点でしょう。保健医療分野で関わるクライアントは，心理面以外にも，身体面，社会面などさまざまな側面にわたる複合的な問題を抱えていることが少なくありません。したがって，それらの側面も含めてアセスメントを行うことによって初めて，効果的な介入につなげることができます。また，多角的なアセスメントを行うことは，アセスメント結果を，協働する他職種と共有する際にも重要です。このような保健医療分野に特徴的なアセスメントの視点については，次節でより詳しく解説することとします。

語句説明

チーム医療
医師や看護師をはじめ，多様な専門性を有する医療従事者が，互いの専門性を活かしながら連携し，ひとつのチームとして治療にあたることで，患者中心の医療を実現しようとする取り組み。

2　媒介者としての役割

　媒介者の役割として求められるのは，他の医療者と，クライアントとのコミュニケーションを仲介する機能です。こうした役割が求められる背景として，クライアントの訴えを聞くだけでなく，専門的な「説明」が多くなされる現場である，という保健医療分野の特徴があげられます。この媒介者としての役割は，医療における治療行為に関するインフォームド・コンセントの文脈において，特に重要な意味をもつものです。

　具体的には，たとえば医師がクライアントに対して病状説明を行った際に，クライアントの理解や疑問，不安等について確認するような役割が含まれます。このことによって，医師の説明が十分にクライアントに伝わったかどうかを把握したり，追加の説明やフォローが必要な点がないかを確認したりすることができます。このようにして把握した疑問や不安等について，心理師自身が直接対応する場合もありますが，医学的な内容についてはそれが困難である，あるいは他職種が対応するほうがより適切である，ということも多くあります。したがって，媒介者としては，クライアントが医師に伝えたいことを伝えられるようサポートをしたり，クライアントが抱いている疑問や不満を他職種に伝えて具体的な対応を依頼したり，といった関わり方が求められます。ここでは，職業倫理の七原則における第二原則（十分な教育・訓練によって身につけた専門的な行動の範囲内で，相手の健康と福祉に寄与する）を意識することが重要です。心理師が1人で問題を解決しようとすることは，クライアントの利益にはなりません。ただしこの際，クライアントから得た情報をすべて他職種に伝えることが望ましいとは限りません。媒介者として関わる場合であっても，心理師として独立でクライアントに関わる場合と同様，インフォームド・コンセントの姿勢が重要です。面接のなかで聞いた内容を他職種に伝えること／伝えないことのメリット・デメリットを十分に説明したうえで，必要な情報を他職種に伝えてよいか，よい場合は何を・誰に伝えてよいかを確認し，合意を得ることを忘れてはいけません。これは職業倫理の七原則における第五原則（秘密を守る）や，第六原則（インフォームド・コンセントを得，相手の自己決定権を尊重する）に関わる部分です（5章参照）。

3　コンサルタントとしての役割

　コンサルテーションは，他の分野同様，保健医療分野においても期待されることの多い役割です。保健医療分野に限ったことではありませんが，心理師の数は必ずしも十分ではなく，実際のクライアントへの心理面に関する介入は，看護師や社会福祉士をはじめとする他職種が行うことも多いです。

　また，単純に数の問題だけではなく，保健医療分野で働くさまざまな職種は，

参照
インフォームド・
コンセント
→6章

参照
職業倫理の七原則
→5章

参照
コンサルテーション
→8章

それぞれの立場としてクライアントに対する心理支援に何らかのかたちで関わっています。たとえば，英国で示されているがん患者に対する支持・緩和ケアマニュアルでは，患者への精神心理支援について表 9-2 のような 4 段階に分けて整理されており（National Institute for Clinical Excellence, 2004），がん治療医や看護師，ソーシャルワーカー等の他職種が心理支援的な関わりを行う場面も多岐にわたります。

表9-2　がん医療における精神心理支援の担い手

段階	対象	アセスメント	介入
1	すべての医療者	患者の心理的ニーズの把握	適切な情報提供 共感的なコミュニケーション 一般的な心理支援
2	精神保健に関する知識を有する医療者 （専門看護師，ソーシャルワーカー等）	心理的苦痛のスクリーニング	支持的精神療法，問題解決技法などの心理支援
3	精神保健の専門家 （心理師）	心理的苦痛のアセスメント 精神症状の評価	カウンセリング 不安のマネジメント，解決志向アプローチ，などの専門的な心理療法
4	精神保健の専門家（精神科医，心理師）	精神疾患の診断	薬物療法 認知行動療法などの専門的な心理療法

出所：National Institute for Clinical Excellence, 2004 をもとに改変

　上記の表のなかでたとえば，第一段階として一般の医療者が「共感的なコミュニケーション」を行うことが推奨されていますので，心理師がコンサルタントとして，医師や看護師に対して患者とのコミュニケーションの取り方について助言をすることが可能です。また，第二段階としては，心理的苦痛のスクリーニングと対応が求められていますので，より適切なアセスメントが行われるよう，支援対象となる患者の心理的苦痛に関するアセスメントを共有したり，他職種が患者に介入する際の留意点について情報提供したりすることなどが可能です。この表の分類はがん医療において提示されているものですが，他の保健医療分野の現場においても，同様に役割分担が行われています。このように他職種がクライアントの心理支援にあたる場合に，心理師がコンサルタントとして間接的に関わることで，チーム全体としてクライアントにより良い医療を提供することができるようになるのです。個別の事例についてこうしたコンサルテーション的な関わりを蓄積していくことで，長期的には他職種の知識やスキルの向上に寄与して，より良い体制を築くことにもつながる可能性があります。

4　スタッフへのメンタルヘルス・プロバイダーとしての役割

　ここまで紹介してきた３つの役割は，いずれもクライアントを中心とした支援に関する役割です。それ以外に，心理師には，他職種のスタッフを中心とした支援が期待されることもあります。他のスタッフのメンタルヘルスに留意したり，予防策を講じたり，治療にあたったりといった役割を，町田ら（2011）では，メンタルヘルス・プロバイダーと称しています。

　保健医療分野で協働する職種の多くは，感情労働といわれる職務に従事しています。感情労働とは，感情のコントロールや規範的な感情表出を求められる仕事のことを指し，適切なストレスマネジメント*が行われないとバーンアウトにつながることも少なくないとされています。したがって，保健医療分野で働く他職種に対する支援，特にストレスマネジメントに関わる支援は，重要な役割となります。

　この役割は，日常業務のなかでは予防的な研修の開催といった方法で担うことが可能です。また，対応が困難なクライアントを受けもっているスタッフがいる場合には，クライアントへの介入に対して助言等を通してサポートするのと合わせて，対応に伴って生じているスタッフ自身の苦痛についてケアを提供するといったように，コンサルタントとしての役割と，メンタルヘルス・プロバイダーの役割とを，並行して提供することもあります。さらには，クライアントの自殺といった危機場面においては，ストレス事案に直接的に関わった他職種に対して個別の心理支援等を用いて支援することへのニーズが高まります。

＊

　先ほどの事例のあやさんの場合，いくつか取り得る対応が考えられます。本節で扱った心理師の役割に沿って考えてみましょう。カッコ内の数字は，上記の４つの役割を指します。

　今回のケースでは，相談者はたかしさんではなく社会福祉士です。まず考えられるのは，現時点でのアセスメントに基づいて，たかしさんとのコミュニケーションの取り方において工夫できる点があれば，具体的な助言をするという対応です（3）。また，社会福祉士にはたかしさんとの関係性から疲弊している様子が見てとれます。コンサルタントとしての助言により問題が軽減する可能性もありますが，加えて，現状をねぎらうことで，社会福祉士の負担をケアすることができるかもしれません（4）。

　現時点ではたかしさんからの訴えはありませんが，たかしさんはあやさんが直接関わっているクライアントでもありますから，機会をみてたかしさんに，他のスタッフとのやり取りにおいて困っていることがないか，尋ねてみることもできるかもしれません（2）。また，今回社会福祉士との間で生じた出来事は，あやさんが行っているたかしさんとの心理面接においてアセスメントを行ううう

語句説明

ストレスマネジメント

ストレスとのつきあい方。具体的には，ストレッサーやストレス反応の把握・理解，ストレスコーピングの活用，などが含まれる。

参照

バーンアウト
→3章

えで，客観的な情報の一つとして参考にすることもできるでしょう (1)。

3 ｜ 保健医療分野において求められる知識とスキル

　ここまで保健医療分野において心理師に求められる役割について，概念的に整理をしてきました。本節では，それらの役割，すなわち保健医療分野における職責を果たすために必要な，具体的な知識やスキルについて，①アセスメントの基本，②他職種との情報共有，③他領域に関する知識，の3つのテーマを取り上げて紹介したいと思います。

1 ｜ 保健医療分野におけるアセスメントの基本

　前節でも少し触れましたが，保健医療分野における**アセスメント**においては，精神心理面のみならず，身体面や社会面などを含む多角的なアセスメント，すなわち**生物-心理-社会モデル**に基づいたアセスメントを行うことが，クライアントを理解するうえでも，他職種との連携のうえでも，重要になります。
　表9-3に，生物-心理-社会モデルに基づいたアセスメントの視点と，各領域に関連する主な支援者についてまとめました。

表9-3　生物-心理-社会モデルに基づいたアセスメント

領域	内容の例	関連する主な支援者
生物	疾患 身体症状／精神症状 身体機能（認知機能，日常生活動作等を含む）	医師 看護師 薬剤師 リハビリスタッフ
心理	認知，信念 感情 対人関係，対処行動	公認心理師 精神科医
社会	社会的背景（教育歴，就労，経済状況，生活環境，文化等） 家族（家族構成，家族の理解） サポート源（家族，友人，社会的資源）	社会福祉士 精神保健福祉士

　心理師は心理支援の専門家ですが，クライアントは，心理的な問題だけを抱えているとは限りません。特に保健医療分野で関わるクライアントは，精神疾患や，身体疾患，経済的な問題，家族の問題など，複合的な課題を抱えていることが多く，心理的な課題はそれらと密接に関連しています。こうした場合，心理面にのみ着目してクライアントをアセスメントしようとすると，適切なク

プラスα
包括的アセスメント

がん医療の領域では，生物-心理-社会モデルに基づいたアセスメントをさらに細分化した包括的アセスメント（小川，2011）という概念が提示されている。ここでは①身体面，②精神面，③社会経済面，④心理面，⑤実存面の順にアセスメントを行うことが推奨されている。
なお，包括的アセスメントにおける「精神面」は主に抑うつやせん妄等の精神医学的な側面，「心理面」とはコミュニケーションや家族との関係等を含むより広い側面を指す。

語句説明

ケース・フォーミュ
レーション
クライアントの情報を
収集し，問題の成り立
ちを客観的に検討した
うえで，その内容をク
ライアントと共有・見
直しながら，介入方針
を立てていくプロセス。

ライアント理解やケース・フォーミュレーション*ができなくなる可能性があります。特に慣れないうちは，上記のような枠組みを意識的に念頭におきながら，網羅的にアセスメントを進めていくことで，見落としなく，より確実にアセスメントを行うことができるでしょう。特に，心理支援以外の方法で解決できるクライアントの課題を，心理的な問題としてみてしまうことは，問題を長引かせることにつながるため望ましくありません。たとえば，身体疾患に起因する頭痛を，「ストレス反応」と理解してクライアントの認知に働きかけたとしても，状態が良くなることはありません。こうした場合，まずは身体疾患の適切な治療を行い，そのうえで心理的な問題が残るようであればそこに介入していく，という順序が望ましいでしょう。保健医療分野の現場であれば，心理以外の領域についての専門家がチーム内や，日常的な協働の範囲内にいることが多いため，このように多面的にクライアントのおかれた状況を理解することができれば，その後の介入についても，適切に多職種で連携して役割分担しながら進めることが可能になります。

　加えて，生物–心理–社会モデルに基づくアセスメントは，保健医療分野で公認心理師が協働することとなる他職種，すなわち表9-3に示したような生物・社会面の専門家との共通言語となり得るため，多職種連携におけるコミュニケーションを円滑にするという役割も果たします。

　なお，実際には，働く場所や対応するクライアントの性質，他職種の構成などによって，各領域のアセスメントの比重は異なります。たとえば，心理師が面談する前に，すでに社会経済面について社会福祉士が情報収集を終えている，といった場合には，他職種との事前の情報交換により，この部分のアセスメントを補完することができるでしょう。

2　他職種との情報共有

　他職種との情報共有は，他の分野同様，保健医療分野においても不可欠です。特に保健医療分野では，チームとして活動する場面も多くあり，複数の関係者に情報を提供したり，逆に他職種から情報を収集したりすることになります。もちろん公認心理師には秘密保持義務がありますが，他職種との情報共有は，**集団守秘義務***の範疇で行われるものです。以下で述べる情報共有は，クライアントへの支援のために必要な範囲で行われるもので，支援や連携と無関係な情報については，たとえチームの専門家同士の間であっても共有はなされないのが原則です。また，支援のために必要と判断される情報についても，共有の目的やその範囲（誰に，どこまで）については，十分にクライアントに説明を行い，同意を得ることが求められます。

　ここでは，情報共有の媒体という観点から，情報共有について学んでいきましょう。

参照

秘密保持義務
→7章

語句説明

集団守秘義務
守秘義務を，支援者個
人の単位ではなく，専
門家の集団全体として
負うこと。たとえば医
療においては，チーム
としてクライアントの
支援にあたるため，
チーム内での情報共有
は守秘義務違反にはな
らない。

①口頭での情報共有

　口頭での情報共有には，カンファレンスのような大勢が集まる場での情報共有や，1対1の個別のやりとりが含まれます。もちろん情報共有のためにまとまった時間が確保されることもありますが，医療現場では数分程度の立ち話が主なやり取りの場となる，ということも指摘されており，割かれる時間もさまざまです。

　口頭での情報収集は，細かいニュアンスが伝わりやすかったり，疑問点をその場で尋ね返したりすることができるという点において優れています。したがって，互いに十分な時間があるような場合には，積極的に口頭での情報共有を行うことが望ましいと考えられます。

　一方で，現場では多忙なスタッフが多く，必ずしも十分な時間をとることができるとは限りません。したがって，口頭で確認することが必要な情報を見極め，効率よく情報共有を進めることが重要です。緊急性のあるような事項，たとえば，クライアントの自傷他害に関わるような発言や，他職種に何らかの介入や対応を依頼する必要があるような場合は，文書での共有に加えて，口頭でも情報共有することが重要です。

②文書での情報共有

　保健医療分野ではカルテ等の媒体を用いての情報共有も多く用いられます。文書での共有の利点としては，読み手が都合の良いときにいつでも読むことができること，記録として明確に残すことができること，大勢で共有することができること，などがあげられます。一方で，わかりづらい点があってもすぐには質問できないこと，書き手の意図と異なる理解をされる可能性があること，読み手が忙しい場合等目に触れず情報共有がなされない可能性があること，といった限界もあります。

　文書での情報共有，特に情報提供に際しては，上記の限界を踏まえ，心がけが必要な点があります。まずは使用する語句です。他職種である読み手が，1人で読んだとしても理解できるようなわかりやすい文章にすることが必要です。そのためには，心理の専門用語はできるだけ避けることが望ましいでしょう。また，あまりにも長文だと，要点がわかりづらくなります。カルテ等の文書は，通常のケース記録など心理師自身のための備忘録としての記録ではなく，あくまで情報共有という役割が大きいものですので，他職種と共有する必要性が高い情報にしぼって記録することも重要です。また，カルテに記載した内容は，クライアントの希望によりクライアント自身に開示する場合もある，ということも理解しておきましょう。

参照

自殺及び他害の予防

→6章

3　他領域に関する知識

　保健医療分野で働く心理師は，医学的知識，社会制度に関する知識など，他

参照
資質向上の責務
→5章

参照
リファー
→8章

領域に関する知識のなさに，戸惑うことが少なくありません。公認心理師には資質向上の責務があり，当該分野で働いていくために，就職後も継続して学習する姿勢が求められることとなります。

　たとえば，精神疾患についての基礎知識は公認心理師にとっても必修となりますが，現場では，薬剤に関する知識もある程度求められるでしょう。担当しているクライアントが服用している薬剤が，どのような種類で，どのような効果や副作用があるのか，といった知識は，クライアントを理解するうえで，重要な情報となります。特に向精神薬に関しては，心理支援と近しい領域になりますので，よく使用される薬剤については，知識を有しておくことが役立つと考えられます。さらに，クライアントの抱える身体疾患が，心理面にも影響を及ぼしている場合，その疾患について知っていることもクライアント理解には役立ちます。また，保健分野においては，さまざまな社会制度が利用される場合があります。こうした制度について知っていることで，他職種とのコミュニケーションを円滑にしたり，必要に応じて適切にリファーしたりすることが可能になります。

　このような同じ分野で働く他職種が専門とする知識については，体系的に学習する機会は多くないかもしれません。したがって，自習で学んでいく姿勢はもちろん重要です。それに加えて日常の連携のなかから，たとえば自分が担当しているクライアントが服用している薬剤について調べるなど，事例ベースで知識を蓄積していくこともできます。そのためには，他職種とのコミュニケーションのなかでわからなかった用語などがあった際に，わからないままにするのではなく，直接尋ねてみたり，自身で調べてみたりする姿勢が欠かせません。

> **考えてみよう**
>
> もし自分が保健医療分野で公認心理師として働くことになった場合，どのようなことに難しさを感じそうか，それに対してどのように対応することができそうか，考えてみましょう。

✍ 本章のキーワードのまとめ

保健分野における公認心理師の職場	保健分野において公認心理師が活動する職場としては，保健所，市町村保健センター，精神保健福祉センター，介護療養型医療施設，介護老人保健施設，地域包括支援センターなどが含まれる。要支援者およびその家族に対する相談や，デイケア，各種心理検査の実施等の役割が求められる。
医療分野における公認心理師の職場	医療分野において公認心理師が活動する職場としては，病院や診療所がある。両者の違いは，入院施設の病床数である。いずれの職場においても，公認心理師に求められるのは，要支援者等に対する心理検査や心理療法が中心となる。
心理検査	心理アセスメントのために用いられる検査。質問紙法，投影法，作業法，神経心理学的検査など，さまざまな種類の検査のなかから，目的に応じてテストバッテリーを組んで用いることが求められる。保健医療分野においては，医師の診断補助，治療に関わる意思決定能力のアセスメント等の目的でも実施される。
心理療法	援助者である心理師と被援助者であるクライアントの対人関係を基礎とした援助の一形態。心理学の理論，原理，研究知見に基づくもので，さまざまな介入方法・形態がある。保健医療分野では，特にエビデンスベイスト・アプローチが重視される。
チーム医療	医師や看護師をはじめ，多様な専門性を有する医療従事者が，互いの専門性を活かしながら連携し，ひとつのチームとして治療にあたることで，患者中心の医療を実現しようとする取り組み。
コメディカルスタッフ	医師や歯科医師の指示のもとに業務を行う医療従事者を指す。チーム医療においては，医師以外に，多様なコメディカルスタッフとの連携が重要となる。公認心理師以外のコメディカルスタッフのなかでは，看護師，薬剤師，各種療法士，社会福祉士等との連携が求められる場合が多い。
アセスメント	心理的支援を必要とするクライアントについて，その人格，状況，規定因等に関する情報を系統的に収集し，分析し，その結果を総合して介入方針を決定するための作業仮説を生成する過程。面接や行動観察，心理検査等のさまざまな方法によって行われる。
生物-心理-社会モデル	George Engel（1977）によって提唱された精神医学のモデル。患者の訴える問題や症状について，生物学的側面，心理学的側面，社会学的側面を含めて統合的に理解する考え方。
集団守秘義務	守秘義務を，支援者個人の単位ではなく，専門家の集団全体として負うこと。たとえば医療においては，チームとしてクライアントの支援にあたるため，チーム内での情報共有は守秘義務違反にはならない。

第10章

福祉分野で働く

福祉（welfare）とは「幸せ」を意味する言葉であり，その基本的な理念は，公的な制度や配慮によって，すべての人々が安心して幸せな生活を送れるようにすることです。具体的な機関やサービスの内容は，制度が対象とする人々によって異なります。ここでは，公認心理師と関わりの深い高齢者，児童，障害児・者の3つの領域について，基本的な事項と公認心理師の役割を学びます。

1 | 高齢者福祉領域

　この節では，高齢者福祉領域における公認心理師の役割について述べます。高齢者福祉領域ではその人の生活全般に関わるさまざまな視点からアセスメントを行い，老年期特有の心理的課題にアプローチします。また，高齢者本人だけでなく，家族や地域，対人援助に携わる他の職種にも積極的に関わっていきます。

　一般に，**高齢者福祉施設**とは，老人デイサービスセンター，老人短期入所施設，養護老人ホーム，特別養護老人ホーム，軽費老人ホーム，老人福祉センター及び老人介護支援センターを指します（老人福祉法；昭和38年法律第133号第5条第3項）。居宅生活支援事業としては，老人居宅介護等事業，老人デイサービス事業及び老人短期入所事業などがあります。各施設・事業所の目標は微妙に異なりますが，加齢や慢性疾患等に伴い，何らかの身体的・精神的サポートが必要となった在宅／入居高齢者に対し，その人の心身の状況に合わせた福祉サービスが提供されます。これらは1982年の「老人福祉法」，1997年の「介護保険法」や，国家戦略として2015年に策定された新オレンジプラン（認知症施策推進総合戦略）等を基盤にしています（図10-1参照）。現段階ではまだ，福祉施設や事業所における心理師の有用性がそれほど浸透しておらず，現場で働く心理師の数は多くありません。しかし今後，全人口における高齢者の割合は増加し続け，2036年には65歳以上の比率が33.3％で3人に1人，2065年には38.4％で2.6人に1人となると推測されています（国立社会保障・人口問題研究所　平成29年度推計）。超高齢社会を迎えている現在，ますます公認心理師の活躍が期待される分野といえます。

図 10-1　新オレンジプラン（認知症施策推進総合戦略）の抜粋

新オレンジプランの基本的考え方

認知症の人の意思が尊重され，できる限り住み慣れた地域のよい環境で自分らしく暮らし続けることができる社会の実現を目指す。

- 厚生労働省が関係府省庁（内閣官房，内閣府，警察庁，金融庁，消費者庁，総務省，法務省，文部科学省，農林水産省，経済産業省，国土交通省）と共同して策定
- 新プランの対象期間は団塊の世代が 75 歳以上となる 2025（平成 37）年だが，数値目標は介護保険に合わせて 2017（平成 29）年度末等
- 策定に当たり認知症の人やその家族など様々な関係者から幅広く意見を聴取

七つの柱	
	①認知症への理解を深めるための普及・啓発の推進
	②認知症の容態に応じた適時・適切な医療・介護等の提供
	③若年性認知症施策の強化
	④認知症の人の介護者への支援
	⑤認知症の人を含む高齢者にやさしい地域づくりの推進
	⑥認知症の予防法，診断法，治療法，リハビリテーションモデル，介護モデル等の研究開発及びその成果の普及の推進
	⑦認知症の人やその家族の視点の重視

出所：厚生労働省，2015

1　高齢者のアセスメント

①生物-心理-社会モデル

他分野と同様に，高齢者福祉においてもアセスメントが重要です。老年期には特に，心理的側面だけでなく，生物-心理-社会モデルをもってアセスメントにあたることが必要です。

まず生物的側面としては，心身の機能の査定が必要です。身体機能では，高齢者は疼痛や麻痺，筋力低下などによって，若い世代に比べ生活の自立度や満足度に大きな個人差が生じます。精神機能では，加齢や**認知症**，高次脳機能障害*などによる認知機能の障害によって，一人ではうまくできないことが増え，自立生活に困難を生じやすくなっています。身体・精神機能の障害による生活機能動作（基本的な日常生活を送るための動作を **ADL**（Activities of Daily living），道具の使用などの複雑な動作を **I-ADL**（Instrumental Activities of Daily living）といいます）の低下が生活の質に大きく影響することの理解がなければ，その人の気持ちを十分に汲み取ることはできません。つまり，幅広い医学的・精神医学的・神経心理学的知識が必要になります。

心理的側面としては，ペック（1955）が老年期に特有の心理的危機として，引退の危機（仕事や役割の喪失），身体的健康の危機（心身機能の低下），死の危機（自我の調節，配偶者の死の克服）の 3 つをあげています。臨床場面では，抑うつ，認知症にまつわる行動・心理症状（BPSD*），せん妄*などに多く遭遇します。特に BPSD の場合，本人の言動を症状とだけとらえずに，目に見えない心の動きを推察することが鍵になります。認知症の人が施設内をうろうろと歩き回るのでスタッフが目を離せない，という場面によく遭遇します。その状態

語句説明

高次脳機能障害
脳疾患や受傷などによる脳の損傷により，言語，記憶，知覚，注意，情緒などの高次脳機能に支障をきたすこと。見た目ではわからないため，「隠れた障害」ともいわれる。

BPSD（Behavioral and Psychological Symptoms of Dementia）
認知症の行動・心理症状。認知症のうち，記憶や見当識などの認知機能の障害を中核症状としたときに，中核症状によって引き起こされる周辺の精神症状をいう。不安・抑うつ・無関心・徘徊・幻視・妄想・異食・失禁などがある。

せん妄
一過性・可逆性の軽度の意識障害。見当識障害・認知機能低下・精神運動興奮・不眠などを伴う。高齢者に多くみられる。

像を徘徊という症状とだけみて，「見守りを強化するように」だけで済ませてはいけません。心理師はその人がなぜ歩き回っているかに着目します。"家路を探しているのか，誰かを探しているのか。今いる場所の居心地が悪いのか。それとも散歩が唯一の趣味なのかもしれないし，何か仕事を探しているのかもしれない……"。そばに寄り添って耳を傾けてみると，その人が何のために歩き回っているかが垣間見えてきます。すると，必要な支援の輪郭も自ずとはっきりしてきます。実際に介護や看護にあたるスタッフは多忙で，利用者／入居者一人ひとりに長い時間を割くことが難しい一方，本人の背景の心理に時間をかけて耳を傾けられることが心理師の強みです。

　社会的側面は，役割の維持／喪失，ソーシャル・サポートの有無，経済的基盤などの査定です。本人が居住する社会においての認知症のとらえ方も含まれます。本人を取り巻く環境の把握により，問題を明確化しやすく，具体的な支援にもつなげやすくなります。

②高齢者の権利擁護

　かつて，認知症の人に対して，「ボケているからどうせ何を言ってもわからない」と本人の思いや考えを無視してしまっていた時代がありました。コミュニケーション能力・思考力・判断力などが低下するため，周囲の動きについていけず，自身にとって重要な情報や意思決定場面から離されやすくなってしまいます。確かに認知症が進むと，ぼんやりした，あるいは混乱しているような状態に見えることがあります。しかし，隣で耳を傾けていると自身を取り巻く状況を漠然とでもわかろうとし，本人なりにものごとを考えていることがわかります。人生は何歳になっても本人自身のものです。本人の意思を尊重する**権利擁護**の心構えが基盤にないといけません。そうした弱い立場を利用した搾取やトラブルから本人の生活や財産の権利を守るために，成年後見制度[*]や日常生活自立支援事業が制度化されています。

　高齢の人は多くのことを経験し，知識や技能を獲得し，活躍してこられた人々です。きっと本人なりの処世術もあるはずです。福祉サービスに来られたのは自ら望んででしょうか，家族に勧められ渋々だったのでしょうか。"高齢者"とひとくくりにして画一的なサービス適用を押し付けるのではなく，その背景にある時間に思いを馳せ，その人となりを自然と尊重できる職種でありたいものです。

③虐待への対応

　残念ながら，ニュースなどで耳にするように，高齢者虐待の事例もあります。2006（平成18）年には「高齢者虐待防止法」が施行され，高齢者虐待を介護施設従事者によるものとそれ以外に区別して定義しました。また，市区町村には虐待防止の施策を講じることが義務付けられています。高齢者の虐待は，①身体的虐待，②心理的虐待，③ネグレクト，④経済的虐待，⑤性的虐待の5

語句説明

成年後見制度

意思決定能力が十分でない成人の権利を守るために他の者が代わって財産管理等を行う制度。後見・保佐・補助の3類型がある。

つに区分されます。虐待に気づいたら，一般市民には通報の努力義務，緊急時は通報義務があります。医療・福祉関係者である心理師には，緊急時でなくても市区町村もしくは地域包括支援センター等に通報する義務があります。通報は守秘義務の適用外とされ，この通報によって通報者に不利益が生じることは禁止されています。心理師は，他職種と協働しながら虐待が起こった要因を同定し，虐待者・被虐待者双方のフォローを行います。

2　本人との関わり

①個人精神療法

さて，心理師は福祉施設を利用する利用者／入居者に対し，どのようなサービスを提供できるでしょうか。一般的なカウンセリングに加えて，最近では，認知機能低下予防のための**認知リハビリテーション**[*]，認知活性化療法，また応用行動分析なども話題になっています。入居施設では生活の観察や評価もしやすく，日常に即したタイムリーな介入が可能になります。

②集団精神療法

また，集団精神療法としては，思い出を語る**回想法**，芸術療法，音楽療法，園芸療法，見当識（いまがいつで，ここがどこかという認識）をともに確認する**リアリティ・オリエンテーション（RO：Reality Orientation）**などがあります。本人の趣味・嗜好に合わせて実施し，頭の働きを賦活させ，気分を活性化もしくはリラックスさせます。レクリエーションの場では，思ってもみなかったような発言や交流が生まれやすく，その人を知るヒントにもなります。

3　周囲への関わり

①介護者のエンパワメント

福祉において高齢者の支援にあたる場合，対象者の家族や，医師・介護士・看護師・生活相談員・ケアマネージャー・作業／理学療法士・言語聴覚士・栄養士などといった関連職種との関わりも重要です。加齢とともに次第に日常生活の完全な自立が困難になり，周囲の手が必要となるためです。また，介護の営みは閉鎖的になりやすく，終わりが見えづらいものです。加えて介護に正解はないため，常に手探りで本人に当たるしかありません。介護におけるがんばりをねぎらい，肯定してくれる存在が必要でしょう。家庭で，現場で，実際に行われている介護を見つめ，力づけて（エンパワメント）いきたいものです。対人援助職に対しては，ストレスケアを主眼においたメンタルヘルス講座，バーンアウトやトラウマ予防のためのストレスチェックなども有用です。家族に対しては，介護カウンセリング，家族同士のピアサポートを促す家族介護教室，認知症カフェやサロン，自治体の相談窓口などでも，心理師が今後果たすことのできる役割は大きいでしょう。

語句説明

認知リハビリテーション

頭部外傷や認知症などの高次脳機能障害をもつ人（もしくはその周囲）を対象としたリハビリテーション。機能の回復や改善の支援，残存能力の活用，障害の理解を主たる方針とする。

プラスα

認知活性化療法

生き生きとした活動を通して，認知機能を活性化することを目指すパーソンセンタードの精神療法。

応用行動分析

認知行動療法の一つで，不適応行動が生起する前後の変数（環境や周囲の反応の仕方）を変えることで，これまでの行動を適応的な方向に変容させようという試み。

介護カウンセリング

介護にまつわる知識・経験が豊富なカウンセラーが行う。通常短期解決型で，うつ状態の査定，福祉サービスへの橋渡し，介護にあたっての考え方の修正など，その場でニーズを査定し，方針を判断して行う。

認知症カフェ

認知症患者，その家族や友人，専門職，地域在住者など誰でも気軽に参加できる。交流を通して認知症の理解を

深めたり，支援につ
ながりやすくする。
心理師もそこに自然
に混じりながら，患
者理解を深め，生の
ニーズをキャッチし
ていきたい。

②福祉サービスにおける多職種協働

　心理師は専門的な介入が必要な問題の発生に自ら気づくか，現場から依頼を
受けると，集中的な心理的アセスメントを行って問題の要因を同定し，対応策
を検討します。実施可能なケアを多職種に提案して賛意を得られたら，実際に
その方法を一定期間試すことによって評価します。この一連の流れをコンサル
テーション・リエゾン活動といいます。こうした動きをケアプランのプランニ
ングにも反映できるように働きかけます。その際，職種間の橋渡しを行うこと
も心理師の役割の一つでしょう。たとえば先述の徘徊の事例では，耳を傾けて
いるうちにどうやらその人はもともと働き者で，何か手慰みになる仕事を探し
ているらしいということがわかってきました。そこで徘徊の多くなる時間帯に，
いつも簡単な手作業を用意しておき，職員には本人の自尊心が向上するような
感謝やねぎらいの言葉をかけるよう依頼しました。日課と役割をもつことで不
安が減じたのか，次第に自信が湧いてきたようです。不安そうに歩き回る様子
が徐々に減りました。

③アウトリーチと地域連携・啓発

　高齢者は，精神的サービスの利用，たとえば赤の他人に時間やお金をかけて
悩み事を話すことになじみが薄く，どういうときに心理師を頼ればいいかわか
らないという人も多いようです。また，老々介護（高齢者同士）や認認介護
（認知症同士）の事例もこれから更に増えることが予想されます。介護者－被介
護者の関係性が閉鎖的であるほど福祉サービスにつながりにくく，心理師が相
談室の外に出かけて行って介入が必要な人を見つけ出すアウトリーチが求めら
れます。同時に，地域のボランティアに心理師のもつ知識や技術をわかりやす
く伝え，地域全体で要援助者を適切に支える助けにもなっていきたいものです。

考えてみよう

1. 福祉サービスに来て，「私ここにいていいの？」と不安そうに繰り返す
　利用者にどんな声かけや対応ができるでしょうか。

2 ｜ 児童福祉領域

　ここでは児童福祉領域における問題と公認心理師の役割について述べます。まず，ここでいう「児童」ですが，小学生のことではありません。もっと広く，子ども期全般，具体的には 0 歳から 18 歳未満を指します。その時期の子どもの生活を整え，心身ともに健やかに育つ支援をするのが児童福祉の役割です。

　公認心理師が働くおもな**児童福祉分野の機関**には，児童相談所や市区町村などの行政機関，保育所や児童養護施設などの児童福祉施設があります。連携する専門職は教師，医師（おもに児童精神科），警察など，多岐にわたります。

1 児童福祉における問題とその背景

　先に述べたように，児童福祉は 0 歳からが対象になりますが，子どもが対象とはいっても，子どもの健やかな育ちを支援するとは，子育て期にある家庭・保護者をも支援することにほかなりません。子どもが小さければ小さいほどその側面が色濃くなりますが，子ども期全般にそれがいえます。

　ですから，児童福祉が向き合う問題とは，広くとらえれば**養育困難**（子育てをめぐる困難）ということになります。これは一部の限られた人たちの困難ではありません。子育ては一家庭の独力でできるものではなく，周囲からの物理的，精神的サポートが得られて初めてなし得るものです。今日の日本においては核家族化や地域の共同体の希薄化が進み，また，**貧困**とされる家庭の割合（相対的貧困率[*]）は先進諸国のなかでも上位に位置します。それらにより子育てが孤立化しやすい状況にあります。よって，養育困難は誰もが抱え得るものだという認識が必要でしょう。

　この困難に対し，児童福祉分野の機関として，市区町村の担当部署や民間の子育て支援機関がさまざまな子育て支援事業を展開しています。育児相談，講座や情報提供，子育てサロンなど来所型の事業もあれば，訪問相談，掃除や調理の支援など，家庭に出向いて行うアウトリーチもあります。また保育所や一時預かり（ショートステイ）の事業もあります。それぞれにおいて，心理職はアセスメントや心理支援を行っており，その拡充が求められています。

　しかし，それらが助けとなる家庭がある一方，養育困難が緩和されず，重篤化して子どもに向かう場合があります。その最たるものが**児童虐待**です。児童虐待は日本においては 1990 年代に入ってから急速に関心を集め，社会問題化しました（図 10-2）。虐待問題は，今日の児童福祉を考えるうえで避けては通れない重要な課題です。

プラスα

児童福祉領域の国内法

児童福祉領域において押さえておくべき基本的な国内法に，児童福祉法，児童虐待の防止等に関する法律（通称：「児童虐待防止法」）がある。また，それらの理念的背景の一つとして，国連総会において採択された児童の権利に関する条約（通称：「子どもの権利条約」）が重要な役割を果たしている。

語句説明

相対的貧困率

その社会で一番標準的（ここでは中央値）な手取りの世帯所得の半分未満の生活状況にある人の割合。その社会における「通常」とされる生活レベルからかけ離れた状態とされる。OECD（経済協力開発機構）における貧困研究で広く使われている指標。

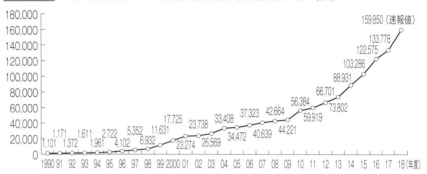

図10-2 児童相談所での児童虐待相談対応件数とその推移

年　度	2008年度	2009年度	2010年度	2011年度	2012年度	2013年度	2014年度	2015年度	2016年度	2017年度	2018年度（速報値）
件　数	42,664	44,211	注) 56,384	59,919	66,701	73,802	88,931	103,286	122,575	133,778	159,850
対前年度比	105.0%	103.6%	─	─	111.3%	110.6%	120.5%	116.1%	118.7%	109.1%	119.5%

注：2010年度の件数は，東日本大震災の影響により，福島県を除いて集計した数値
出所：厚生労働省ホームページを改変　https://www.mhlw.go.jp/content/11901000/000533886.pdf

2　虐待が子どもの心身に及ぼす影響

　「児童虐待防止法[*]」では，虐待が疑われる事例を発見した場合，国民に行政機関（市区町村や児童相談所）へ通告する義務を定めています。疑いの段階で通告してよく，本人の同意は不要で，守秘義務に優先するとされています。公認心理師は学校や医療機関など，さまざまな機関で子どもに関わる機会があるでしょうから，早期発見や多機関連携のためにも，虐待対応の流れ，虐待の類型，虐待の影響等について知っておく必要があります。

> **事例**　**家庭での虐待の疑いが学校や地域によって検討された事例**

　小学校3年生の健太くん。毎日登校し，人懐っこく級友に近づく一方，ささいなことで激昂し，暴言や暴力も出やすい。もともと授業中は落ち着かず，注意集中が続かない様子が見られたが，ここ数か月はより顕著になっていた。腕や太ももにしばしば不審なあざが認められるようになったのもこのころからだった。担任が尋ねても曖昧で要領を得ないので，校内で協議し，学校としては市の児童福祉の部署に通告することにした。ほどなく開かれた要保護児童対策地域協議会[*]（要対協）では，半年ほど前に健太くんの母親が再婚し，養父と一緒に暮らしているようだとの情報が地域の民生委員から得られた。夜，養父の怒声や物を投げる音などもたびたび聞こえるという。そこで児童相談所の介入が検討された。

　一般に，児童虐待は次の4つに分類されます（表10-1）。
　虐待は子どもの心身に多大な影響を与えます。その程度や幅広さは虐待を受

語句説明
児童虐待防止法
「児童虐待の防止等に関する法律」の通称。2000年制定。

語句説明
要保護児童対策地域協議会（要対協）
市町村が窓口となって開催される，地域の多機関ネットワーク。

表10-1　児童虐待の分類

身体的虐待	身体に外傷が生じるような暴行。殴る，蹴る，叩く，やけどを負わせる，溺れさせる，など。
性的虐待	子どもに性的行為（刺激）をする，させる，見せること。また，ポルノグラフィの被写体にする，など。
ネグレクト	必要な身体的，情緒的世話をしないこと。食事を与えない，不潔にする，家に閉じ込め学校に行かせない，病院に連れて行かない，など。
心理的虐待	心理的外傷を与えるような言動。言葉による脅し，無視，きょうだい間での差別的扱い，子どもの目の前で家族に対して暴力をふるう（DV）など。

け始めた時期や期間，頻度や強度，また誰からか，などによって異なります。虐待の影響は多岐にわたりますが，以下の視点から整理するのが有効でしょう（一般社団法人日本臨床心理士会，2013）。

① **身体的影響**：骨折や硬膜下血腫などの外傷の後遺症（脳の障害，失明など），低体重や低身長，体温や脈拍などホメオスタシスに関わる機能不全。

② **心的発達への影響**：安心感や安全感の乏しさ，自分や他者への信頼感の希薄さ，**衝動制御困難**[*]や**感情調節困難**[*]，認知発達の阻害など。

③ **心的外傷体験と喪失体験の後遺症**：フラッシュバックや解離，人生の連続性が断たれた感覚，見捨てられた人生イメージなど。

④ **不適切な刺激への曝露**：暴力や支配―被支配の関係性への親和性，性的刺激への親和性による性的言動など。

　虐待の影響を考えるうえでとりわけ重要なのが養育者との**アタッチメント**[*]です。アタッチメントは，子どもの心理・情緒のみならず，認知や行動，神経生理学的な機構の発達においても重要な役割を果たすと考えられています（数井・遠藤，2007）。ゆえに，**アタッチメント形成の阻害**は心身の発達全般に悪影響をもたらすといえます。また，「外傷的な体験」が実際に PTSD（心的外傷後ストレス障害）となって影響を及ぼし続けるかどうかにも関わっています。

3　虐待からの回復と成長を支える支援

　虐待の主な対応窓口を担うのは市区町村の児童福祉に関わる担当部署や児童相談所です。公認心理師は他の職種（福祉士や保健師）とともに家族と子ども本人の重篤度（困難度）や緊急度をアセスメントし，方針を決める一翼を担います。ほとんどは在宅での支援となりますが，親子分離を図り，子どもを公的な責任において保護・養育する場合もあります。これを**社会的養護**といいます（表 10-2）。

　子どもが家庭で暮らせなくなる事情は虐待だけとは限りませんが，その割合は年々増えています。それに伴い，心理療法的関与を担う者として児童福祉施

語句説明

**衝動制御困難，
感情調節困難**
虐待など不適切な養育を受けた子どもが抱えがちな困難の一つ。神経生理学的な基盤をもつが，発達早期の養育状況の影響が大きいと目される場合も多い。良好な対人関係形成の困難にもつながるので，早期のケアが必要である。

アタッチメント
子どもが恐れや不安などを感じたときに，特定の養育者にくっつく（アタッチしようとする）ことで主観的な安全感を回復・維持しようとする傾性。

表10-2　社会的養護の現状

> 保護者のない児童，被虐待児など家庭環境上養護を必要とする児童などに対し，公的な責任として，社会的に養護を行う。対象児童は，約4万5千人。

里親 家庭における養育を里親に委託		登録里親数	委託里親数	委託児童数	ファミリーホーム 養育者の住居において家庭養育を行う（定員5〜6名）		
		11,730 世帯	4,245 世帯	5,424 人			
区分（里親は重複登録有り）	養育里親	9,592 世帯	3,326 世帯	4,134 人	ホーム数		347 か所
	専門里親	702 世帯	196 世帯	221 人			
	養子縁組里親	3,781 世帯	299 世帯	299 人	委託児童数		1,434 人
	親族里親	560 世帯	543 世帯	770 人			

施設	乳児院	児童養護施設	児童心理治療施設	児童自立支援施設	母子生活支援施設	自立援助ホーム
対象児童	乳児（特に必要な場合は，幼児を含む）	保護者のない児童，虐待されている児童その他環境上養護を要する児童（特に必要な場合は，乳児を含む）	家庭環境，学校における交友関係その他の環境上の理由により社会生活への適応が困難となった児童	不良行為をなし，又はなすおそれのある児童及び家庭環境その他の環境上の理由により生活指導等を要する児童	配偶者のない女子又はこれに準ずる事情にある女子及びその者の監護すべき児童	義務教育を終了した児童であって，児童養護施設等を退所した児童等
施設数	140 か所	605 か所	46 か所	58 か所	227 か所	154 か所
定員	3,900 人	32,253 人	1,892 人	3,637 人	4,648 世帯	1,012 人
現員	2,706 人	25,282 人	1,280 人	1,309 人	3,789 世帯 児童6,346 人	573 人
職員総数	4,921 人	17,883 人	1,309 人	1,838 人	1,994 人	687 人

小規模グループケア	1,620 か所
地域小規模児童養護施設	391 か所

注：(1)里親数，FHホーム数，委託児童数，乳児院・児童養護施設・児童心理治療施設・母子生活支援施設の施設数・定員・現員は福祉行政報告例（2018年3月末現在）
(2)児童自立支援施設・自立援助ホームの施設数・定員・現員，小規模グループケア，地域小規模児童養護施設のか所数は家庭福祉課調べ（2017年10月1日現在）
(3)職員数（自立援助ホームを除く）は，社会福祉施設等調査報告（2017年10月1日現在）
(4)自立援助ホームの職員数は家庭福祉課調べ（2017年3月1日現在）
(5)児童自立支援施設は，国立2施設を含む
出所：厚生労働省ホームページ　https://www.mhlw.go.jp/content/000503210.pdf

設内において心理職の導入が進んでいます。しかし，心理療法的関与といっても，虐待が子どもに与える影響は先にも述べたように心身の発達全般にわたるので，衣食住を柱とする生活の全体が子どもの回復と育ちを支えるような，**生活のなかの治療**が基本となります。そのなかでの心理職の役割は，子どもの示す言動の意味を理解し，それを多職種と共有することによって，良い環境を維持，促進することだといえるでしょう。これは**里親**やファミリーホームにおいても同様です。近年，その拡充が施策的に進められており，公認心理師も家庭養護を支える一員としての活動が今後増えてくると思われます。

2. 虐待の影響からの回復と成長のためには何が必要でしょうか。

---

3 ｜ 障害児・者福祉領域

1 障害とは何か

　心理職として働くうえでは，障害児・者支援の基礎となる知識や心構えを身につけておくことも非常に重要です。ここでは，そもそも「障害」という概念が具体的に何を意味するのか，という基本的な内容と，障害児・者支援において心理職が果たすべき役割等を概説します。

① 「障害」という概念が意味するもの

　一口に「障害」と言っても，その種類はさまざまです（**知的障害***・**身体障害***・**精神障害***・**発達障害***など）。世界保健機関（WHO）が 1980 年に発表した**国際障害分類（ICIDH）**では，「機能障害」「能力障害」「社会的不利」のそれぞれが障害概念のなかに含まれるという考え方が示されました。「機能障害」とは，何らかの生理的な機能が損なわれていることを意味します。それにより生活上のさまざまな課題等に取り組む能力が損なわれることが「能力障害」です。そして，これらによって社会生活において何らかの不利益を被ることを「社会的不利」といいます。

　つまり，障害という概念は，単に「人間の身体や脳のどこかに何らかの損傷等がある状態のこと」だけを意味しているわけではないということです。そのような生理的機能の問題により「何ができなくなっているか」と，生理的機能および能力の問題により「社会のなかでどのようなハンディを負っているか」を含んでいる複雑な概念が「障害」です。一言で「このようなものが障害／こ

知的障害
知的能力の水準の遅れから，通常の社会環境で求められる適応機能に制約が生じる障害。

身体障害
身体機能の一部に障害が生じている状態のことで，肢体不自由や視覚・聴覚障害等を含む。

精神障害
精神疾患（統合失調症・うつ病等の心の病）により，日常生活・社会生活に支障が生じる障害。

発達障害
自閉スペクトラム症，注意欠如・多動症（ADHD），限局性学習障害等の，発達の偏りによる特定の苦手さ等を特徴とする障害。

図10-3　国際生活機能分類（ICF）

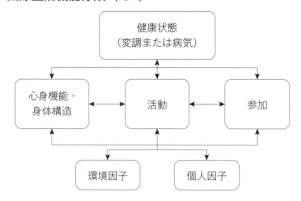

出所：障害者福祉研究会，2002

のようなものは障害ではない」とシンプルに定義できるものではありません。

　この考え方をさらに発展させたものが，WHO が 2001 年に発表した**国際生活機能分類（ICF）**です。この分類において，障害は「心身機能・身体構造」「活動」「参加」のいずれかに問題が生じている状態と定義されています。また，これらの障害には「環境因子」と「個人因子」が影響しているものとみなされています（図 10-3）。

　障害をこのような見方でとらえることは，「障害とは社会の状況や一人ひとりの内面の状態等によって細かく影響を受ける，複雑で多様な概念である」という考え方を身につけるうえで重要です。たとえば，生まれつきの脳機能の問題（＝「心身機能・身体構造」の問題）により文章の読解に著しい苦手さがあっても，絵や写真などの非言語的な情報を用いて社会生活に必要な事柄を学べる（＝「活動」できる）場合もありますし，文書を読むことではなく手先を動かすことが重視される職場等で働ける（＝「参加」できる）場合もあるかもしれません。そのような学習環境や労働環境という「環境因子」によって能力を発揮できる場合や，手先を使った物づくりに強い楽しみを見出せるなどの本人の内的な特性，つまり「個人因子」によって強い不利益を感じずに済む場合もあります。逆に，「心身機能・身体構造」に顕著な問題がなくとも，環境因子や個人因子の問題によって社会生活の困難や著しい不全感に苛まれる，という人も珍しくありません。障害児・者支援に際してはそのような，「人間は『障害があるためにとても困っている人』と『障害がないから問題なく生活できる人』に二分されるわけではない」という，単純な二元論にとらわれない姿勢が重要です。

②障害児・者を取り巻く社会的状況

　現在の日本では，充実した障害児・者支援のためにさまざまな法制度が整備されています。代表的な法律として，「障害者総合支援法」「発達障害者支援法」「障害者差別解消法」などが施行されています。

2013 年に施行された「障害者総合支援法」は，障害児・者が個人としての尊厳をもって日常生活・社会生活を営むための支援の充実等を目的とした法律で，その対象としては身体障害児・者，知的障害児・者だけではなく，精神障害及び発達障害をもつ人々も含まれます。発達障害とは，自閉スペクトラム症，注意欠如・多動症，限局性学習障害等の，発達の偏りによる特定の苦手さ等を特徴とする障害です。発達障害者の自立や社会参加を促すことなどを目的とした法律としては，2005 年に「発達障害者支援法」が施行されています。この法律には，2016 年の改正によって都道府県が発達障害者の就労の定着の支援に努めなければならないことなどが追記されており，近年になってわが国において障害をもつ人々への手厚いサポートが一層重視され始めていることがうかがえます。同じ 2016 年の，障害を理由とする差別の解消を目的とした「障害者差別解消法」の施行からも，そのような時代の潮流が見受けられます。

しかし，いまだに障害児・者への充分な配慮がなされず，当事者の方々が著しい精神的負担などを抱える場合も珍しくありません。たとえば，**障害者関連法**として 2011 年に「障害者虐待防止法」が施行されていますが，それにもかかわらず支援機関のなかで障害児・者が虐待被害に遭うという事例も散見されるのが現状です。知的障害をもつ方が利用する介護施設で，利用者が職員から度重なる暴言を受けるといった事例からは，法整備がなされていても個々人の障害への無理解によって当事者の尊厳が容易に侵されてしまうことがうかがえます。

③共生社会の実現を目指して

障害児・者支援においては，**ノーマライゼーション**の理念に基づき，障害の有無にかかわらず誰もが互いのあり方を認め合える「**共生社会**」の実現を目指す，という姿勢が極めて重要です。障害と関係する特徴や行動を強引に矯正しようとするのではなく，当事者の方々が自身の障害とともに生きていくことを受け入れる（**障害受容**）ための支援や，障害をもちながら大きな困難を抱えることなく生活していくためのサポート（**合理的配慮**）を行うことが，心理職にも求められます。次項では，より具体的な心理職の役割について概説します。

2　障害児・者支援における心理職の役割

心理職が障害児・者支援に取り組むうえでは，その役割の多様性を理解し，充分な配慮のもとで当事者の方々の特徴等を見立てることなどが求められます。

①障害児・者支援の現場とその多様性

障害児・者福祉分野の機関として，福祉の領域では，児童相談所，児童発達支援センター等の障害児通所施設，障害児入所施設等があります。障害児・者支援における心理職の代表的な役割としては，障害児・者の特徴のアセスメントや，障害をもつ子どもの療育等があります。

心理職が勤める代表的な福祉機関として児童相談所がありますが，そこでの

語句説明

自閉スペクトラム症
社会的コミュニケーションの苦手さや，興味関心の偏り等を主な特徴とする発達障害。

注意欠如・多動症
不注意や多動性（落ち着いていることの苦手さ），衝動性（先の見通しを立てず思いつくままに行動する傾向）を主な特徴とする発達障害。

限局性学習障害
読字，書字，計算等の，特定の能力を習得・活用することに著しい困難を示す発達障害。

ノーマライゼーション
1950 年代後半，デンマーク社会省行政官のニルス・エリク・バンク＝ミケルセンが，当時の知的障害者収容施設で横行していた人権侵害に対して提唱した理念。障害の有無にかかわらず，誰もが同等の生活を送れる社会の実現を目指す考え方。

アセスメント
問題を査定すること。厳密には，「臨床心理学的援助を必要とする事例（個人または事態）について，その人格，状況，規定因に関する情報を系統的に収集し，分析し，その結果を総合して事例への介入方針を決定するための作業仮説を生成する過程」（下山，2008）と定義される。

語句説明

療育

障害をもつ子どもが自立して社会生活を送るための治療および教育。

障害関連のアセスメント業務として，知的障害児・者を対象とした障害者手帳の発行のための判定等があります。たとえば東京都での手帳発行に関しては，「障害の程度は知能測定値，社会性，日常の基本生活などを，年齢に応じて総合的に判定し，1度（最重度），2度（重度），3度（中度），4度（軽度）に区分」されるという規定に基づき（東京都福祉保健局，2019），対象児・者への知能検査・発達検査等を実施して障害の重さを判定します。その他の機関としては，障害をもつ子どもが身辺自立の練習等を行う障害児通所施設，障害児入所施設があり，上記の療育等が行われます。療育では対象児一人ひとりの特徴に応じた関わりが非常に重要となるため，丁寧なアセスメントが必須です。

　そして，あらゆる心理職の業務がそうであるように，障害児・者支援においても多職種連携が求められます。障害児・者の生活を支える人々には，主治医や教諭等のさまざまな職種の方々がいます。心理職には，そのような方々に支援の手がかりを提供するため，アセスメントした内容の共有やそれに基づくコンサルテーション等を行うことが求められます。たとえば児童相談所勤務の心理職は，通所する子ども（虐待を受けた子どもや非行の問題を抱えた子どもなど）の特徴をアセスメントし，場合によっては知的障害・発達障害の特性等を見立て，その見立てに基づく支援の方針について他職種の方々に助言する役割を果たす必要があります。つまり，所属する福祉機関の中で完結するような支援を行うだけではなく，医療機関・教育機関等との連携を前提とした業務に従事することが求められるのです。その意味で，障害児・者支援とはさまざまな領域にまたがる多様性に富んだ取り組みであると理解しておくことが重要です。

参照

コンサルテーション

→8章

②**障害児・者支援において求められる配慮**

　前述の通り，障害とはさまざまな要素を含む複雑な概念です。このため障害児・者支援においては，「この人は○○という障害をもつ人だから，□□という支援を行うと良い」といった意識で単純にパターン化されたサポートを実施するのではなく，まず支援の対象となる方々の個別性を詳しくアセスメントすることが重要となります。そのための手段は数多くありますが，本項では心理職が実施する機会も多い知能検査・発達検査に関して概説します。

　人間の知能の度合いを調べる検査を**知能検査**，乳幼児や児童の発達の度合いを調べる検査を**発達検査**と呼び，前者の度合いは知能指数（IQ），後者の度合いは発達指数（DQ）などによって示されます。このような数値は知的障害等の有無を判定する基準となりますが，心理職に求められるのは単に数値を調べて障害の有無を判断することではありません。検査を通して表れるその人の個別性を注意深く見立てて，一人ひとりの違いに応じた柔軟な支援の手がかりとすることです。

　たとえば WISC や WAIS などのウェクスラー式知能検査[*]では，IQ だけではなく，人間の知能を構成するさまざまな種類の情報処理能力（言葉を用いて

語句説明

ウェクスラー式知能検査

人間の知能を，さまざまな構成要素ごとに数値化することを可能とする検査。子どもを対象とした WISC，成人を対象とした WAIS 等。

思考する力，映像を見て思考する力など）の度合いも数値化されます。これらの能力の個人内の差異などに基づき，検査を受けた人が何を得意とし，何を苦手とするか（＝その人ならではの具体的な特徴は何か）を見立てることが重要です。また，検査に取り組む様子から見受けられる傾向（個々の問題のどの部分でどのような失敗をしがちか，など）のような，はっきりと数値化されるわけではない情報も，その人の特徴の詳細を見立てる手がかりとなります。このため，基本的に複数種類の能力の度合いは数値化されないビネー式知能検査*を使用する場合も含めて，検査時には必ず，相手の行動を細かく観察することが必要となります。

　そのように，個別性の仔細なアセスメントを目的とした検査の活用は，「障害があるからこのように関わるべき」という安易にパターン化された支援を防ぎ，「あくまで『その人』の特徴が○○だから，その特徴に応じて□□をする」といった具体的な支援方針の決定につながります。たとえば知能検査を通して，「耳で聴く情報を覚えることが苦手」「抽象的な言葉の理解が苦手」「しかし，日常会話で使うような平易な言葉の理解に問題はなく，目で見た情報に注意を向けることは得意」といった特徴が見受けられたとします。その場合，「社会生活を送るうえで必要な技能の習得を，『具体例を交えた文章を読んでもらう』『他者がその技能を実際に活用している様子を見てもらう』などの形で促す」といったように，特徴の詳細に応じた支援方針が定まりやすくなります。

　言い換えると，障害の有無自体ではなく個別性に焦点を当てることこそ，前述した合理的配慮の実践に不可欠であるということです。また，当事者の方々による障害受容の困難を少しでも軽減するためにも，検査は「障害があること」だけを突きつけるものではなく，一人ひとりの「その人らしさ」の理解を促すものとして活用することが重要です。

語句説明
ビネー式知能検査
知的発達の程度を示す「精神年齢」と，実際の年齢（「生活年齢」）の比率から，対象者の知能の水準を測定する検査。代表的なものとしては田中ビネー知能検査等。

考えてみよう

3. 発達の偏りが見受けられる子どもをもつ保護者の方に，知能検査や発達検査を勧める際，注意しなければならないことは何でしょうか。

🪶 本章のキーワードのまとめ

高齢者福祉施設	老人デイサービスセンター，老人短期入所施設，養護老人ホーム，特別養護老人ホーム，軽費老人ホーム，老人福祉センター，老人介護支援センターなどの通所／入居の福祉施設と，居宅生活支援事業がある。
認知症	後天的な脳の器質的障害により，いったん正常に発達した知能が不可逆的に低下した状態。アルツハイマー型，レビー小体型などのタイプがある。記憶や見当識などの認知機能障害を中核とし，周辺の精神症状（BPSD）を生ずる。
ADL / I-ADL (Activities of Daily living / Instrumental Activities of Daily living)	ADL は食事・更衣・移動・排泄・整容・入浴など基本的な日常生活動作のこと。そのうち I-ADL はより複雑な買い物・家事・服薬や金銭の管理・電話の使用などの手段的日常生活動作をいう。
権利擁護	判断力や意志を表明する力が弱い者（障害者や高齢者など）の基本的人権を守ること。本人の生活・財産などの権利を守るために，日常生活支援事業や成年後見制度がある。
認知リハビリテーション	頭部外傷や認知症などの高次脳機能障害をもつ人（もしくはその周囲）を対象としたリハビリテーション。機能の回復や改善の支援，残存能力の活用，障害の理解を主たる方針とする。
回想法，リアリティ・オリエンテーション （RO：Reality Orientation）	回想法は 1960 年代にバトラーによって提唱された，思い出を語ることで人生を再確認したり，情緒安定を促す心理療法のこと。RO はフォルソムによって開始された，現実見当識（今がいつで，ここはどこかなどの認識）を深める訓練を指す。
児童福祉分野の機関	行政機関（児童相談所や市区町村）や児童福祉施設（保育所や児童養護施設等）などの福祉分野のみならず，教育（学校等），医療（産科，小児科，児童精神科等），司法（警察，家庭裁判所等）など，幅広い機関が関わっている。
養育困難	高度経済成長に伴い，家庭における子育ては平均的にはより手厚くなった。一方，地域の相互扶助的な共同体は減衰し，子育ては各家庭の私的な営みとして孤立化しやすくなった。この双方が養育困難の誘因となっている。
貧困	日本における子どもの貧困率（相対的貧困率）は OECD 加盟国のなかではアメリカに次いで二番目に高い。貧困は子育てに不可欠な物質的，精神的なゆとりを損なうもので，虐待発生の強力な背景と考えられている。
児童虐待	1970 年代にも社会の耳目を集めた時期があったが，法整備や施策に反映されるまでは至らなかったため，日本においては 1990 年代以降，「子どもの人権」に対する認識の高まりとともに社会問題化されるようになった。「身体的虐待」「性的虐待」「ネグレクト」「心理的虐待」の 4 つに分類するのが一般的である。
衝動制御困難，感情調節困難	虐待など不適切な養育を受けた子どもが抱えがちな困難の一つ。神経生理学的な基盤をもつが，発達早期の養育状況の影響が大きいと目される場合も多い。良好な対人関係形成の困難にもつながるので，早期のケアが必要である。

アタッチメント形成の阻害	虐待など不適切な養育による養育者とのアタッチメント形成の阻害は子どもの心身の発達に広範な影響を及ぼすと考えられており，子どもたちのケアを考えるうえで重要な観点となっている。
社会的養護	家庭環境上養護を必要とする子どもを公的な責任において養護すること。「家庭養護」（里親やファミリーホームなど）と「施設養護」（乳児院や児童養護施設）に大別される。
生活のなかの治療	虐待など不適切な養育環境のなかで生きてきた子どもの心身の回復と成長のためには，毎日の生活そのものが安心・安全を基調とした援助的なものである必要がある。それは専門的な治療プログラムが行えるための基盤ともなる。
里親・ファミリーホーム	社会的養護を必要とする子どもの養育環境として，「家庭における養育環境と同様の養育環境」を優先させることが児童福祉法に明記されるようになり，その整備（サポート体制も含め）が政策的にも重要課題となっている。
障害児・者福祉分野の機関	福祉の領域では児童相談所，児童発達支援センター等の障害児通所施設，障害児入所施設等がある。
知的障害	知的能力の水準の遅れから，通常の社会環境で求められる適応機能に制約が生じる障害。
身体障害	身体機能の一部に障害が生じている状態のことで，肢体不自由や視覚・聴覚障害等を含む。
精神障害	精神疾患（統合失調症・うつ病等の心の病）により，日常生活・社会生活に支障が生じる障害。
発達障害	自閉症スペクトラム障害，注意欠如／多動性障害，学習障害等の，発達の偏りによる特定の苦手さ等を特徴とする障害。
国際障害分類（ICIDH）・国際生活機能分類（ICF）	いずれも WHO が発表したもので，前者が障害を対象としたものであるのに対し，改訂版である後者は障害児・者に限らずすべての人間の生活機能に適応可能なものとなっている。
障害者関連法	障害者総合支援法や発達障害者支援法等の，障害児・者の福祉に関する法律。
ノーマライゼーション	障害をもつ人もそうでない人も同等の生活ができる社会をつくっていくべき，という考え方。
共生社会	障害の有無にかかわらず，誰もが互いを尊重し合い，人々の多様なあり方を認め合える社会。
障害受容	障害をもつ人々が，自身の障害とともに生きていくことを自らの生き方として受け入れること。
合理的配慮	障害をもつ人々が大きな困難を抱えることなく生活していくために行われる配慮。
知能検査・発達検査	知的能力の水準を調べる検査を知能検査，乳幼児や児童の発達の水準を調べる検査を発達検査と呼び，障害のアセスメントにも用いられる。

第11章

教育分野で働く

この章では，公認心理師が教育分野で働く場合にどのような職種があるのか，また，教育分野で働く際に知っておきたい基本的知識や心構えについて述べていきます。子どもを取り巻く環境は変化を続け，子どもたちの問題行動も複雑化・多様化しており，学校だけでは対応しきれない事案が多くみられます。子どもたちや学生の支援には，個と集団を視野に入れながら，多職種との行動連携が求められます。

語句説明

スクールカウンセラー
学校における子どもたちの心理に関する支援に従事するもの。

教育相談室，教育（相談）センター
子どもの性格や行動，学業や知能，進路や適性，発達等に関する教育問題についての相談を面接および電話で受けつける機関。

教育支援センター（適応指導教室）
市町村教育委員会が，不登校の小中学生を対象に，学習の援助をしながら本籍校に復帰できることを目標に運営している教室。

学生相談室
学生が充実した学生生活を送れるよう支援するための大学内の機関。

特別支援教育
障害のある幼児児童生徒の自立や社会参加に向けた主体的な取組を

1 │ 教育分野で求められる心理支援とは

公認心理師が教育分野で働く場合の主な職種は，小学校・中学校・高等学校のスクールカウンセラー*，自治体が設置する教育相談室，教育（相談）センター*や教育支援センター（適応指導教室）*の相談員，大学の学生相談室*等の相談員があります。また，**特別支援教育***への関わりとして，専門家チームの巡回相談員および支援員として携わる仕事もあります。このほかに，民間の**フリースクール**や塾などで相談員や支援員として働く場合もあります。

いずれの機関も，成長過程にいる子どもたちや学生を対象にした心理支援となりますので，学校の教職員や保護者，事案によっては医療機関，福祉機関，司法機関等との連携が必要となります。

1 スクールカウンセラーとは

スクールカウンセラー（以下，SC）の配置は，1995年度の「スクールカウンセラー活用調査研究委託事業」（国費）により全国の公立学校154校（小学校29校，中学校93校，高等学校32校）を対象に試行的に始まりました。これ以前にも独自にSCを導入していた私立学校等はありますが，日本で全国的にSC配置が展開されたのはこの時からです。当初のSCは，1日4時間で週2回，年間35週勤務が原則でした。その後2001年度から，この事業は「文部科学省スクールカウンセラー等活用事業補助」（国庫補助率1/2，2008年度以降は1/3）へ変更され，中学校を中心に配置拡大が続き，2018年度には全国約27,000校の配置がなされています。国の事業補助になってからは各自治体の財政事情に合わせた運用が求められており，全国を見渡すと県内小中高全

校へ SC 単独配置（1 日 8 時間×年間 35 回以上）が実現した自治体がある一方で，1 日 4 時間×年間 30 回，1 日 4 時間×月 1 回程度の場合や，さらには巡回方式*や拠点校方式*など非常にさまざまな配置状況となっています。

2　教育相談室，教育（相談）センター，教育支援センターの相談員とは

　教育相談とは，児童生徒が直面する教育や発達に関わるさまざまな問題について，本人や保護者・教師等に対して行われる心理的・教育的援助を指します。

　公立の教育相談室や教育（相談）センターは，都道府県や区市町村が設置している施設です。県によっては教育相談室を設置せずに児童相談所や民間の相談室がその役割を果たしている場合もあります。**生徒指導提要***（2010）によれば，「教育相談は，児童生徒それぞれの発達に即して，好ましい人間関係を育て，生活によく適応させ，自己理解を深めさせ，人格の成長への援助を図るものであり，決して特定の教員だけが行う性質のものではなく，相談室だけで行われるものでもありません」とされています（第 5 章「教育相談」）。

　公立の教育相談室の対象は 18 歳までの子どもとその保護者および教員です。これらの機関において，公認心理師は主に教育相談や就学相談を専門とする相談員として採用され，面接やプレイセラピー，心理検査，学校訪問等を行います。電話相談やメール相談を受ける機関も増えています。また，**教育支援センター**（旧適応指導教室）や**不登校特例校**で公認心理師が働くケースも今後増えていくと思われます。

3　学生相談室ならびに保健管理センターの相談員とは

　学生相談は，学生生活（大学院，大学，短大，高専など高等教育機関）における進路や学業に関する事柄から，精神保健面に関わる問題に至る相談に対応します。学生を学校生活に適応させ，個性や能力の伸張を図るための相談活動といえます。学生相談室は，学内の学生相談センター等の組織に設置されている場合と，保健管理センター内に設置されている場合があります。この 2 元化の歴史は他書に譲りますが，来談した学生に対して面接という形で直接的援助を行うだけでなく，学生や教職員への教育的働きかけや，学内で広報・予防活動を行う場合も多いのが特徴といえます。

4　特別支援教育に関わる巡回相談員とは

　巡回相談は，国のガイドライン（「発達障害を含む障害のある幼児児童生徒に対する教育支援体制整備ガイドライン～発達障害等の可能性の段階から，教育的ニーズに気付き，支え，つなぐために～」2017 年 3 月）によれば，「児童生徒一人一人のニーズを把握し，児童生徒が必要とする支援の内容と方法を明らかにする

支援するという視点に立ち，一人一人の教育的ニーズを把握し，その持てる力を高め，生活や学習上の困難を改善又は克服するため，適切な指導及び必要な支援を行うもの。

語句説明

フリースクール
主に不登校児の受け皿として，その学習権の保障や安心してすごせる居場所を提供する施設。

巡回方式
SC は教育委員会等に配置され，管轄内の学校を巡回して SC 活動を行う方式。

拠点校方式
たとえば SC が拠点校となる中学校に配置された場合，当該中学校区内の小学校を対象校として併せて担当する方式。

生徒指導提要
生徒指導の実践に際し，教員間や学校間で教職員の共通理解を図り，組織的・体系的な生徒指導の取組を進めることができるよう，生徒指導に関する学校・教職員向けの基本書として，小学校段階から高等学校段階までの生徒指導の理論・考え方や実際の指導方法等を，時代の変化に即して網羅的にまとめたもの。

プラスα
不登校特例校
不登校児童生徒の実態に配慮した特別の教育課程を編成して教育を実施する必要があると

ために，担任，特別支援教育コーディネーター[*]，保護者など児童生徒の支援を実施する者の相談を受け，助言すること」を目的とした活動です。巡回相談の専門家チームは，教育委員会の職員，特別支援学校の教員，心理や福祉，医療の専門家等から構成されます。巡回相談員として職務を果たすには，児童生徒の特性をとらえた**個別の指導計画**にもとづく支援方法や配慮事項等について，判断の根拠を示しながら伝えることが重要です。したがって，同ガイドラインによれば次のような知識と技能が要求されます（表11-1）。

表11-1 特別支援教育に関わる巡回相談に求められる知識と技能

- 特別支援教育に関する知識と技能
- 発達障害に関する知識
- アセスメントの知識と技能（心理検査等を実施して結果を解釈するだけではなく，行動観察や生育歴等の情報も総合して児童生徒のニーズを把握する）
- 教師への支援に関する知識と技能
- 他機関との連携に関する知識と技能
- 学校や地域の中で可能な支援体制に関する知識
- 個人情報の保護に関する知識

2 教育分野の主な心理教育的課題

1 不登校

　現代社会は，国際化や情報化の進展，急速な少子高齢化，社会や経済の変化による子どもの貧困，教育格差などさまざまな問題が指摘されています。不登校児童生徒数は依然として高水準で推移しています（図11-1）。不登校の定義は，「何らかの心理的，情緒的，身体的あるいは社会的要因・背景により登校しない，あるいはしたくともできない状況にあるために年間30日以上欠席した者のうち，病気や経済的な理由による者を除いたもの」です（「不登校児童生徒への支援に関する最終報告～一人一人の多様な課題に対応した切れ目のない組織的な支援の推進～」2016年7月）。2018年度の政府統計によると，不登校の出現率は小学生で144人に1人，中学生で27人に1人です。また，不登校生徒への追跡調査（2014）によれば，不登校は複雑化・多様化が進んでおり，背景として生活習慣の乱れの割合が高いこと，不登校はその原因から「無気力型」「遊び・非行型」「人間関係型」「複合型」「その他型」の5つに類型化されること，および「一度欠席状態が長期化すれば，回復が困難であり，最初に学校を休み始めた時期と長期化した時期との間の潜在期間に注目した対応が必要である」ことが報告されています。さらに，国立教育政策研究所（2003）

認められる場合，文部科学大臣が，学校教育法施行規則第56条に基づき（第79条（中学校），第79条の6（義務教育学校），第86条（高等学校），第108条（中等教育学校）において準用），学校を指定し，特定の学校において教育課程の基準によらずに特別の教育課程を編成して教育を実施することができる。八王子市立高尾山学園小学部・中学部（2004年4月開校）をはじめとして2018年時点で全国12校が認定されている。

語句説明

特別支援教育コーディネーター

学校において児童生徒への適切な支援のために，関係機関・者間を連絡・調整し，協同的に対応できるようにするための役割として指名されるもの。

プラスα

平成18年度不登校生徒に関する追跡調査報告書（平成26［2014]年7月文部科学省）

調査対象は2006年度に中学校3年に在籍し学校基本調査において不登校として計上された者（約41,000人）で，今後の不登校生徒への支援の参考とするため，5年後の状況等について追跡調査をしたもの。
学校にいる相談員などの利用が多く不登校生徒に対する支援体制が整ってきていることや，

「中1不登校生徒調査」によると，中学校1年時に不登校になった生徒の半数近くは小学校時代に不登校の経験があることが報告されています。加えて，中1で不登校になる原因には学業の問題が大きいことから，未然防止・早期対応のために小学4～6年時の欠席状況を入手し学級編成を工夫すること，個別記録

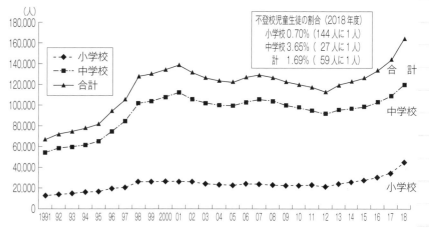

図11-1　不登校児童生徒数の推移

不登校児童生徒の割合（2018年度）
小学校 0.70%（144人に1人）
中学校 3.65%（27人に1人）
計　 1.69%（59人に1人）

出所：文部科学省，2019「平成30年度児童生徒の問題行動・不登校等生徒指導上の諸課題に関する調査結果について」より作成

票の作成やチームによる対応，SCによる見立て，対人関係の改善，授業の工夫，教育相談や補習の実施が必要であることが指摘されています。

　公認心理師が行う不登校対応のポイントとしては，不登校のあり様は　人ひとり異なることを念頭におきながら，その子どもにとって必要な"自分育て"に苦しみながら取り組んでいるととらえ，責めたり叱ったりせずに関係作りから始めることが重要です。そして，保護者との連携を図りながら，教育支援センター等の利用も視野に入れ，段階に応じて学校や社会への手がかりを提供していくことが求められます。

高校進学は85.1%（2001年度調査65.3%）であったことなどが報告されている。

2　いじめ問題

　「**いじめ防止対策推進法**」に示されたいじめの定義は次のとおりです。「児童生徒に対して，当該児童生徒が在籍する学校に在籍している等当該児童生徒と一定の人的関係にある他の児童生徒が行う心理的又は物理的な影響を与える行為（インターネットを通じて行われるものを含む。）であって，当該行為の対象となった児童生徒が心身の苦痛を感じているもの」。文部科学省の調査（2018）によれば，いじめの認知件数は年々上昇しています（図11-2）。ここ数年の認知件数が急速に増えているのは，「けんか」「ふざけ合い」が調査項目に追加されたことによる影響も考えられますが，一方で心身に大きな被害を受けている重大事態も増えており（2018年度602件，前年度比128件増），深刻な問題といえます。いじめの様態のなかで上位を占めるのは，「冷やかしからかい，悪口や脅し文句，嫌なことを言われる」（6割強），「軽くぶつかられたり，遊ぶふりをして叩かれたり，蹴られたりする」（2割強）です。さらに，「パソコンや携帯電話などでのひぼう・中傷など」は2016年度から3年連続で増えており，ネット被害は深刻な問題といえます。

図11-2　いじめの認知（発生）件数の推移

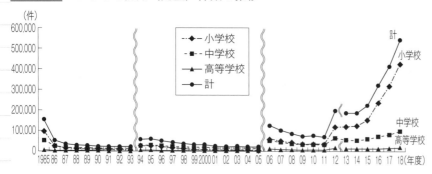

注：いじめ認知件数については，2006年度の調査（発生件数⇒認知件数）より対象を公立学校に限定せず，
　　国立・私立・特別支援学校を加え，より実態を把握する方向に転換した
出所：文部科学省，2019「平成30年度児童生徒の問題行動・不登校等生徒指導上の諸課題に関する調査結
　　　果について」より作成

プラスα

いじめ防止教育

「いじめ問題に対応できる力を育てるために―いじめ防止教育プログラム―」東京都教育委員会（平成26年2月）では，小学校低学年・中学年・高学年，中学校，高等学校，特別支援学校向けにいじめ防止のための「学習プログラム」が掲載されている。いじめ問題解決のための「教員研修プログラム」教材，資料等も示されている。さらに，平成29（2017）年2月には，東京都教育委員会いじめ総合対策【第2次】（上巻）学校の取組編（下巻）実践プログラム編を発表しホームページ上で公開している。

学習指導要領

文部科学省が告示する初等教育および中等教育における教育課程の基準で，およそ10年ごとに改訂される。最近では，「小学校」2020年度，「中学校」2021年度，「高等学校」2022年度にそれ

東京都教職員研修センターが行った調査（2014）によれば，いじめを受けたときに45.6%の子どもが「誰にも相談しなかった」と回答し，また，相談した場合の相手は，保護者73%，友達47%，担任の先生35%，SC7%の順であることがわかりました。この結果から，学校等においてSCが第1発見者になる割合は低いものの，SCは保護者からの相談を含め学校チームの一員として被害児童生徒を守りぬくとともに，加害側への指導や対応を行うことが重要です。相談しやすい環境作りのための「SCによる児童生徒全員面接」を実施している自治体もあります。

3　その他のさまざまな問題

　小学校における暴力行為も増加傾向が続いています（2018前掲調査）。また，高校生を中心とした自死の問題も非常に深刻です。児童虐待，性被害，非行問題，子どもの貧困や養育問題など，子どもたちを取り巻く環境や問題は複雑化・困難化しています。また，子どもたちのコミュニケーション力や対人関係力の未熟さが指摘されることも多く，予防的対応や心理教育の実施に公認心理師は寄与する必要があります。

3 ｜ 教育分野に関わる法律

　教育に関するすべての法律は，1946年に公布された日本国憲法の理念に基づいています。公認心理師は教育分野に関わる関係法規を理解するとともに，学習指導要領等についても理解を深めることが重要です。

1　「教育基本法」

　「教育基本法」（1947）は，日本国憲法の精神を受けていますが，1947年に制定されてから半世紀以上が経過し，この間の科学技術の進歩，情報化，国際化，少子高齢化など日本の教育をめぐる状況が大きく変化したことを受けて，

2006 年に改正されました。この改正の理念は，それまでの「人格の完成」や「個人の尊厳」などの普遍的理念は尊重しつつ，新たに，「知・徳・体の調和がとれ，生涯にわたって自己実現を目指す自立した人間」「公共の精神を尊び，国家・社会の形成に主体的に参画する国民」「我が国の伝統と文化を基盤として国際社会を生きる日本人」の育成を目指すとされています。新しい教育基本法の精神をさまざまな教育上の課題の解決に結びつけるために，関係法令の改正や教育改革のための具体的取り組みが進められています。

② 「学校教育法」

「学校教育法」(1947) は，学校教育制度の内容と基準について具体的に示しており，教育基本法の改正を受けて 2007 年に改正されています。学校の定義（第 1 条）として，「この法律で，学校とは，幼稚園，小学校，中学校，義務教育学校，高等学校，中等教育学校，特別支援学校，大学及び高等専門学校とする」としています。また，日本の教育の 6・3・3・4 制の学校教育制度や学校設置基準（第 3 条）や校長・教員の資格（第 8 条），子どもに 9 年間の義務教育を受けさせる保護者の義務について規定しています（第 16 条）。学校に副校長や主幹教諭，指導教諭等の教諭が置かれるようになったのは，2007 年のこの改正によるものです（第 37 条）。

③ 児童生徒への支援に関する法律

○「いじめ防止対策推進法」など

いじめが背景にあると思われる生徒の自死事件を受けて，「いじめ防止対策推進法」(2013) が成立しました。公認心理師はいじめ問題に対応する機会は多く，また，いじめの重大事態における調査部会（第三者委員会）から委嘱を受ける事案も増えており，同法についてよく理解しておく必要があります。この他近年は，「子どもの貧困対策の推進に関する法律」(2013)，「義務教育の段階における普通教育に相当する教育の機会の確保等に関する法律（教育機会確保法）」(2016) 等も次々成立し実施されました。これらの法律の基本方針のなかに，教職員および心理や福祉等の専門家間で情報共有等必要な措置を図ることの重要性が明記されています。また，「チームとしての学校の在り方と今後の改善方策について」(2015 年 12 月中央教育審議会答申）においては，"学校や教員が心理や福祉等の専門スタッフ等と連携・分担する**チーム学校**体制を整備し，学校の機能を強化していくことが重要である"ことが提言されています。

④ 障害児・者の支援に関わる法律

○「発達障害者支援法」

発達障害者支援法（2004 年公布，2005 年施行）は，2016 年に改正されまし

それ全面改訂される予定である。新学習指導要領では，「社会に開かれた教育課程」を実現するために育成を目指す資質能力を，①知識・技能，②思考力・判断力・表現力等，③学びに向かう人間性等，の3つの柱で整理している。

参照
チーム学校
→8章

参照
発達障害
→10章

た。2004年以前の発達障害者に対する支援は，知的障害者に対する支援の一部にすぎず，知的な障害がない発達障害者は社会的な支援を受けることができませんでした。同法の第2条では，発達障害者を以下のように定義しています。「この法律において『発達障害』とは，自閉症，アスペルガー症候群その他の広汎性発達障害，学習障害，注意欠陥多動性障害その他これに類する脳機能の障害であってその症状が通常低年齢において発現するものとして政令で定めるものをいう」，「2　この法律において『発達障害者』とは，発達障害がある者であって発達障害及び社会的障壁により日常生活又は社会生活に制限を受けるものをいい，『発達障害児』とは，発達障害者のうち十八歳未満のものをいう」。同法の改正により「社会的障壁により」という文言が加えられました。

○「障害者差別解消法」（障害を理由とする差別の推進に関する法律）

語句説明
社会的障壁
障害者差別解消法では，発達障害がある者にとって日常生活又は社会生活を営む上で障壁となるような社会における事物，制度，慣行，観念その他一切のものをいう。

　障害者差別解消法（2013）は，「行政機関等は，その事務又は事業を行うに当たり，障害者から現に社会的障壁の除去を必要としている旨の意思の表明があった場合において，その実施に伴う負担が過重でないときは，障害者の権利利益を侵害することとならないよう，当該障害者の性別，年齢及び障害の状態に応じて，社会的障壁の除去の実施について必要かつ合理的な配慮をしなければならない」（第7条第2項）としています。公認心理師は，児童生徒の一人ひとりのニーズおよび意思を把握し，その援助ニーズに応じる方略を提案するとともに，合理的配慮を決定し実施するプロセスにおいては本人および保護者への心理支援を行う必要があります。これら障害者に関わる国内法の整備を経て，2014年に日本は国際連合憲章の原則に則り，障害者の権利に関する条約に批准しました。

4　スクールカウンセラー活用事業の歩みと課題

　SCは教育分野における代表的な職種といえますので，ここではSC活用事業の歴史と現状について説明します。

1　SC活動事業の歩み

　SC活用事業は，不登校やいじめ問題に対応するほか，災害や事件・事故後の子どもたちの心のケアに資するよう配置が進んできました。SCが対応する事案は，暴力問題，非行，児童虐待，発達障害，対人関係，学業や，精神疾患，自傷行為など年々多様化しています。また，SCは子どもたちの心の相談にあたるとともに学校における教育相談体制の充実を図ることを大きな目的としています。さらに，SCは心理の専門職であるとともに，児童生徒にとっては教員や保護者には知られたくない悩みを安心して相談できる存在であること，教

職員にとっては児童生徒やその保護者と教職員との間で第三者として仲介者の役割を果たす存在であることが評価を受けて，需要が増え続けたように思います。SC 配置の主な効果として "「学校の教育相談体制の強化」「不登校の改善」「問題行動の未然防止，早期発見・早期対応」などがあげられ，調査対象の 96％の学校が，「必要性を感じている」としており，配置の拡充や資質の確保が望まれている" と，「チームとしての学校の在り方と今後の改善方針について（2015 答申）」に記載されています。またこの答申を受けて，学校基本法施行規則（第 65条第 2 項）に「スクールカウンセラーは，小学校における児童の心理に関する支援に従事する」と明記され，SC の法令上の位置づけが明らかになりました。

　日本において SC が配置される以前の学校では，戦後間もなく米国に学んで「ガイダンス*」が導入され，その後 1950 年代後半に教育相談やカウンセリングが取り入れられて，急増する非行問題等に対応するために教師が役割上カウンセラー機能を果たしていました。そのころ，ロジャーズ（Rogers, C. 1902-1987）の来談者中心療法*（非指示的療法）の研修会が全国で開催され，教師がカウンセリングについて学びました。ただし，教育を目標とする学校に専門治療機関で構築された理論と実践がそのまま移入されたことへの抵抗もあり，やや混乱もあったといえます。その後，急増した不登校・いじめ対策として臨床心理士等が SC として起用されることになり，教育現場での心理職の職能が注目されました。それ以来，各 SC が当初は校内の黒子として工夫を重ねながら，活動実績や知見を蓄積してきたといえます。

２　SC の任用と職務

①スクールカウンセラー等活用事業の趣旨

　「スクールカウンセラー等活用事業実施要領」（文部科学省初等中等教育局長決定 2018 年 4 月 1 日一部改正）に，SC 事業の趣旨は次のように明記されています。「公立の小学校，中学校，義務教育学校，高等学校，中等教育学校，特別支援学校及び地方公共団体が設置する児童生徒の教育相談を受ける機関（以下『学校等』という。）に児童生徒の心理に関して高度に専門的な知識・経験を有するスクールカウンセラー又はスクールカウンセラーに準ずる者（以下『スクールカウンセラー等』という。）を配置するとともに，24 時間体制の電話相談を実施し，教育相談体制を整備する。また，被災した児童生徒等の心のケア，教職員・保護者等への助言・援助等を行うため，学校等（公立幼稚園を含む。）にスクールカウンセラー等を緊急配置する」。

②スクールカウンセラーの任用規程（「SC 等活用事業実施要領」前掲）

　公認心理師の誕生に合わせ，SC の選考は以下のようになりました。
1) スクールカウンセラーの選考：次の各号のいずれかに該当する者から，実績も踏まえ，都道府県又は指定都市が選考し，スクールカウンセラーとして認

語句説明

ガイダンス
日本の学校教育におけるガイダンスは，連合軍総司令部（GHQ）の民間情報教育局により新制中学校・高等学校に導入されてから普及し，その後は，生徒指導や教育相談，進路指導などの方法として理解されていた（中村，2019）。

来談者中心療法
来談者中心療法（クライアント中心療法）は，1940年代に米国の臨床心理学者カール・ロジャーズが創始した。当初は「非指示的療法」，近年では「パーソンセンタード・アプローチ」ともよばれます。日本には1940年代より導入された（一般社団法人日本臨床心理士会ホームページ「臨床心理士に出会うには」より）。

めた者とする。

> ①　公認心理師
> ②　公益財団法人日本臨床心理士資格認定協会の認定に係る臨床心理士
> ③　精神科医
> ④　児童生徒の心理に関して高度に専門的な知識及び経験を有し，学校教育法第1条に規定する大学の学長，副学長，学部長，教授，准教授，講師（常時勤務をする者に限る）又は助教の職にある者又はあった者
> ⑤　都道府県又は指定都市が上記の各者と同等以上の知識及び経験を有すると認めた者

2）スクールカウンセラーに準ずる者の選考

> ①　大学院修士課程を修了した者で，心理業務又は児童生徒を対象とした相談業務について，1年以上の経験を有する者
> ②　大学若しくは短期大学を卒業した者で，心理業務又は児童生徒を対象とした相談業務について，5年以上の経験を有する者
> ③　医師で，心理業務又は児童生徒を対象とした相談業務について，1年以上の経験を有する者
> ④　都道府県又は指定都市が上記の各者と同等以上の知識及び経験を有すると認めた者

③スクールカウンセラーの職務

> ①　児童生徒に対する相談・助言
> ②　保護者や教職員に対する相談（カウンセリング，コンサルテーション）
> ③　校内会議等への参加
> ④　教職員や児童生徒への研修や講話
> ⑤　相談者への心理的な見立てや対応
> ⑥　ストレスチェックやストレスマネジメント等の心理教育や予防的対応
> ⑦　事件・事故等の緊急対応における被害児童生徒の心のケア

　SCの職務は主に上記の7点です。これに加えて，「児童生徒の教育相談の充実について」（文部科学省，2017）には，「これまでの教育相談は，どちらかといえば事後の個別対応に重点が置かれていたが，今後は，不登校，いじめや暴力行為等問題行動，子供の貧困，児童虐待等（以下『不登校，いじめ等』という。）については，事案が発生してからのみではなく，未然防止，早期発見，早期支援・対応，さらには，事案が発生した時点から事案の改善・回復，再発防止まで一貫した支援に重点をおいた体制づくりが重要である」，「こうした組織的な連携・支援体制を維持するためには，学校内に，児童生徒の状況や学校外の関係機関との役割分担，SCやSSW（スクールソーシャルワーカー）の役割を十分に理解し，初動段階のアセスメントや関係者への情報伝達等を行うコーディネーター役の教職員の存在が必要である」と記載されています。同報告には「SCガイドライン（試案）」が掲載されています。特に，予防的対応や心理教育については需要も増えており，ソーシャルスキルトレーニングなどのプログラムに精通しておくことも重要です。

> **事例**　あなたはこの学校のSCです
> 　令くんは中2の男子生徒です。担任教師から，「令くんが夏休み明けか

語句説明

SCガイドライン（試案）
「児童生徒の教育相談の充実について～学校の教育力を高める組織的な教育相談体制づくり～（報告）」（平成29年1月　教育相談等に関する調査研究協力者会議）の別紙1に記載され，SCの職務等について詳しい説明がなされている。

予防的対応・心理教育
心理教育とは，「普通学級に在籍する子どもから成る集団（主に学級集団）を対象とし，子どもの心理的，社会的健康を増進することを目指した，心理学的知見，心理臨床実践を応用した教育実践活動」（安達，2012）といえる。それを行う方法として，グループエンカウンター，ソーシャルスキルトレーニング，アサーショントレーニング，ストレスマネジメント，ピア・サポートなど，各理論に基づく手法がある。

ら時々欠席するようになった。母親に，"クラスに居場所がない"と話している様子。先日の運動会でも同級生と話していたし，令くんが孤立しているようには見えなかったが，どうしたらいいでしょうね」とあなたは相談をもちかけられました。

「どうしたらいいでしょうね」という教師からのこの問いかけに SC としてどのように対応しますか。すぐに具体的な助言をしようと思い考えを巡らせますか。「それは心配ですね」と言って教師の次の発言を待ちますか。あるいは，「私が令くんに会ってみましょうか」と自分が対応すると切り出すなど，いろいろな対応があると思います。私たち心理師は相談をもちかけられると相手の期待に応えようとして集中しますが，ここで大事なのは，教師が何に困っているかをよく確認することです。令くん本人の状況が理解できずに困っているのか，令くんとどのように話したらいいか具体的イメージが浮かばないのか，令くんの保護者と具体的に連携をとるタイミングを迷っているのか，クラスメイトに令くんの様子を聞くかどうかを迷っているのか，いろいろなことが考えられます。そこで，「これまで先生は令くんとどんな会話をされたことがありますか」「最近の令くんの部活や勉強面での変化はありますか」「他の教科担任の先生からの情報はありますか」などと聞きながら話を整理していくことです。この場合，SC が令くんに直接対応しようとするよりも，まずは担任の考えや対応方針をよく理解するよう心がけることが大切です。即ち，担任の気持ちや状況を丁寧にしかも短時間で要領よく聞き取り，対応の主体者である教師を支援することが先決です。そして，その担任の方針に寄り添いながら協力していくことが重要です。このように，SC は児童生徒への直接的支援と教員へのコンサルテーション等の間接的支援をバランスよくやっていくことをつねに心がけたいものです。

　また，児童生徒をよく知るためには，身体面（体調，疾病，体力，運動，睡眠，食事等），心理面（性格，発達，不安，気分の落ち込み，興味，関心，意欲等），社会面（学業面，課外活動，友人関係，コミュニケーション，家族関係，環境の変化等）からアセスメントしとらえることです。情報が集まり継続対応が必要な事案については，「児童生徒理解・教育支援シート[*]」を書いていくと関係者間の情報共有の際に役に立ちます。

3　SC 配置拡大に伴う課題と今後の方向性

　SC の配置拡大に伴って SC の資質や経験に違いがみられ，学校における活用の仕方に大きな差がみられるなどの課題も指摘されています。SC の活用については，採用者である教育委員会が SC の職務をさらに明確にするとともに中長期的指針を明確に打ち出す必要があると思われます。また，SC の資質の

語句説明

児童生徒理解・教育支援シート（試案）

不登校児童生徒一人一人の状況を適切に把握し，当該児童生徒の置かれた状況を関係機関で情報共有し，組織的・計画的に支援を行うことを目的として，学級担任，養護教諭，スクールカウンセラー，スクールソーシャルワーカー等を中心に学校が組織的に作成するもの（「不登校児童生徒への支援に関する最終報告～一人一人の多様な課題に対応した切れ目のない組織的な支援の推進～」平成28年7月 不登校に関する調査研究協力者会議　文部科学省）。

担保に関しては，これまで各県臨床心理士会等職能団体が教育委員会と連携しながら一定の役割を果たしてきましたが，公認心理師誕生後もこの互恵的関係を維持するべく，連携のあり方について知恵を出し合っていく必要があります。

　また，SC は勤務時間や曜日が限定されていることから，児童生徒や保護者が希望するタイミングで相談できないという課題が以前から指摘されてきました。これを解決するためには，SC の常勤化・常駐化を視野に入れた配置拡充が急務といえます。このように雇用の改善は重要課題ですが，それと並行して，SC は何ができるのか，学校や子どもたちのニーズや期待にどこまで応えることができるのか，その有り様を自らに問い検証を進めるとともに自己研鑽の継続が重要です。独自性と共有性を意識しながら教職員とのチームのなかで貢献することが求められます。

5 ｜ 多機関連携

　教育分野は，成長過程にいる子どもたちや学生が対象ですから，公認心理師単独で援助を完結するのではなく，個と集団という視座に立ち，学校の教職員や保護者とつねに連携を図りながら心理支援を展開する必要があります。また，社会や経済の変化に伴い親や家庭生活のありようも変わってきており，児童虐待の問題を含み一時保護の利用や児童福祉機関と連携をする事例も増えています。さらに，SSW や子ども（児童）家庭支援センターと行動連携を図る事案も多くあります。その時に重要なのは，各専門機関の機能をよく理解し顔の見える連携を心掛けることと，対応方針の擦り合わせです。支援を進めるには，子ども自身の声に耳を傾けながら，各機関が情報共有にとどまらず行動連携を行うことが重要です。その時に，連携の中心役（コーディネーター機能）を明確化しておくことが不可欠といえます。

プラスα

一時保護

児童相談所に付設した一時保護所で，保護が必要な子どもを一時的に保護すること。

考えてみよう

公認心理師が教育分野，とくに学校で働く際に身につけておきたい知識や技能，態度にはどのようなものがあるか考えてみましょう。

🖋 本章のキーワードのまとめ

特別支援教育	障害のある幼児児童生徒の自立や社会参加に向けた主体的な取組を支援するという視点に立ち，一人一人の教育的ニーズを把握し，その持てる力を高め，生活や学習上の困難を改善又は克服するため，適切な指導及び必要な支援を行うもの。2007 年 4 月から学校教育法に位置づけられた。
フリースクール	日本では，不登校児童生徒のために学校外での学習や交流活動を組織・支援する施設を指す。既存の学校にかわる新たな学校形態の可能性として個人や団体が設置する教育施設を指す。
生徒指導提要	生徒指導の実践に際し，教員間や学校間で教職員の共通理解を図り，組織的・体系的な生徒指導の取組を進めることができるよう，生徒指導に関する学校・教職員向けの基本書として，小学校段階から高等学校段階までの生徒指導の理論・考え方や実際の指導方法等を，時代の変化に即して網羅的にまとめたもの。
教育支援センター	不登校の児童生徒に対する指導を行うために教育委員会が在籍校以外の施設に設置する教室。在籍校と連携しながら，個別カウンセリング，集団での指導，教科指導などを行う。
不登校特例校	文部科学大臣の指定による学校で，正式名は「不登校児童生徒を対象とする特別の教育課程を編成して教育を実施する学校」。
個別の指導計画	個別の教育支援計画をふまえ，幼児児童生徒一人一人の教育的ニーズに対応して，指導目標や指導内容・方法を盛り込んだ指導計画。
いじめ防止対策推進法	2011 年 10 月に起きた滋賀県の中学生の自殺事件をきっかけに，いじめの調査や防止対策を徹底するよう定めた法律。平成 25 年法律第 71 号。2013 年 6 月に与野党の議員立法で制定され，同年 9 月に施行された。
チーム学校	いじめや不登校，特別支援教育，貧困など子どもや家庭の多様な課題や，教員の多忙化への対応のために，これまで教員が中心となって担ってきた仕事を，専門スタッフや事務職員らと連携・分担して対応する体制。中央教育審議会が答申した（2015 年）。

第12章

司法・犯罪分野で働く

この章では，司法・犯罪分野における公認心理師の仕事を紹介しながら，公認心理師に求められる役割や責任について考えていきます。司法手続きの当事者や，非行や犯罪につながり得る問題行動をもつ人々と出会うこの分野では，心理職のみで仕事が完結するということはほぼありません。さまざまな職種の人と協力関係を築きつつ，公認心理師としての責務を果たしていくことが大切です。

1 司法・犯罪分野の主な機関と公認心理師の役割

1 司法・犯罪分野のクライアント

　司法・犯罪分野に関わる心理職は，非行や犯罪に及んだ人々，非行や犯罪につながり得る問題行動をもつ人々，彼らの家族などを対象に，どのような心理的な課題や問題があるのか，また，どのような指導・教育・支援が必要なのかを見極めたり，彼らの指導・教育・支援に実際に携わったりしています。そのほか，家庭内の紛争の当事者や犯罪被害者などを対象として，困難な状況を和らげる方法を模索し，落ち着いた生活を送れるように支援等を行うこともあります。

　上であげたようなクライアントは，一言でいえば，人生のなかの重要な局面，多くの場合は危機的な場面にいる場合が多く，それゆえに，心理学的な視点をもって関わることのできる公認心理師の役割は重要となります。読者のなかには，攻撃的なクライアントを目の前にして緊張感を覚えたり，難しい判断を迫られたりするのではないかと想像し，この分野を敬遠しがちな人もいるかもしれません。しかし実際のところ，非行や犯罪に及んだことがあるからといって，必ずしも攻撃的であるわけではなく，むしろ心理的支援を必要としている事例が少なくありません。特に，幼いころから他者と穏やかな関係を築いた経験に乏しいクライアントのなかには，心理的な支援を必要としているにもかかわらず，周りの人に頼ったり，自分から相談機関・支援機関を探したりせず，また，そういった解決策を思いつきもせずに，長い間苦しい思いを抱えている人がいます。こういう人が公認心理師と出会い，自分の話を丁寧に聴いてもらうと，

「こんなことは生まれて初めてです」といった感想を述べることも珍しくありません。日常生活で心理的援助を受ける機会に乏しく，ともすると社会的なコミュニティから孤立しがちであるようなクライアントにとって，私たちは初めて出会う（そして，ひょっとすると唯一の）心理職となる可能性も高く，専門家としてのやりがいを感じる場面は数多くあります。

　また，非行や犯罪に及んだ（あるいは，及ぶ危険性のある）人々と向き合い，彼らを更生に導く仕事は，彼ら自身を支援するということだけでなく，社会全体に対して大きな意味をもちます。すなわち，犯罪被害を減らすことを通じて一般市民に安心安全な生活をもたらし，犯罪被害に遭った人々の無念を多少なりとも晴らす，という側面があるのです。言い換えれば，司法・犯罪分野における公認心理師の活動は，面前のクライアントだけではなく，広い意味では社会全体を対象としており，こうした広い視点に立って自分たちの役割や責任を考えることが求められます。

2　公認心理師が活動する組織

　司法・犯罪分野で働く心理職の多くは，表 12-1 に示すような公的機関に所属し，公務員という身分を有しています。公務員は，法律等によって対象者と関わる役割を定められており，そうした法的根拠に基づいて責任を果たします。

　加えて，近年では，たとえば NPO 法人のスタッフが少年院に出向いて教育活動の一部を担うなど，公務員以外の心理職や教育職等が司法・犯罪分野に参入し，公的機関に属する心理職と連携・協力して支援等を展開する取り組みが進みつつあり，この分野に公認心理師が関わる機会はいっそう増えてきています。

3　非行少年に対する司法手続きと公認心理師の役割

　司法・犯罪分野で扱う事柄の一つに，非行少年に対する司法手続きがありますので，ここではその概要を紹介します。

　少年法では，20 歳に満たない者を男女問わず「少年」と呼び，家庭裁判所では次の 3 つの事件が**少年事件**として扱われます。

> ① 罪を犯した 14 歳以上 20 歳未満の少年（犯罪少年）の事件
> ② 14 歳未満で①に該当する行為をした少年（触法少年）の事件
> ③ 保護者の正当な監督に服さないなど，その性格又は環境に照らして，将来，①や②に至るおそれのある少年（ぐ犯少年）の事件

　法律上，罪を犯したことになる年齢は 14 歳以上であるため，①**犯罪少年**の事件と②**触法少年**の事件は手続き上区別されています。また，③の**ぐ犯少年**とは，「罪を犯すおそれ（虞）がある少年」という意味であり，たとえば，長期間家出をし，成人の犯罪者と親しく交流して金品を譲り受けるような生活をし

プラスα
国家公務員の服務
国家公務員の場合，国家公務員法第 96 条に「すべて職員は，国民全体の奉仕者として，公共の利益のために勤務し，且つ，職務の遂行に当つては，全力を挙げてこれに専念しなければならない。」と定められ，同法律内で守るべき服務規律が規定されている。

成年年齢の引き下げ
2018年6月に民法の成年年齢を20歳から18歳に引き下げることを含んだ民法の一部を改正する法律が成立し，2022年4月1日から施行される。これに伴い，少年法の適用年齢を引き下げるかどうかで，大きな議論となっている。仮に少年法の適用年齢が引き下げられれば，これまで少年事件の対象とされていた18歳，19歳の取扱いが大きく変わることになる。

プラスα

各組織で働く心理職の特徴

家庭裁判所で働く家庭裁判所調査官は司法機関の職員であり，少年鑑別所・少年院・拘置所・刑務所・婦人補導院で働く法務技官（心理）や法務教官は対象者を収容する施設の職員であるという特徴がある。保護観察所で働く保護観察官は，個別の事例を受けもつ保護司との協働関係を特徴とする。少年サポートセンターで働く少年相談専門職員・少年補導職員は問題行動の早期介入に関する専門家であり，児童相談所で働く児童福祉司・心理判定員や児童自立支援施設の相談員は被虐待事例の専門家である。

表12-1　司法・犯罪分野で働く心理職の主な所属機関

機関	主な役割
家庭裁判所	家庭に関する事件を総合的かつ専門的に扱い，主に家事事件と少年事件を対象とする裁判所。
少年鑑別所	家庭裁判所の決定に基づき非行少年を収容し，彼らにアセスメントや働き掛けを行う法務省所管の施設。
少年院	家庭裁判所から保護処分として送致された少年を収容し，矯正教育や社会復帰支援等を行う法務省所管の施設。
拘置所	主として刑事裁判が確定していない未決拘禁者を収容する法務省所管の施設。
刑務所	主として刑事裁判が確定した受刑者を収容し，刑務作業や改善指導等の処遇を行う法務省所管の施設。
婦人補導院	売春防止法に基づく補導処分に付された20歳以上の女性を収容する法務省所管の施設。
保護観察所	主として犯罪をした人や非行少年が社会生活を送りながら更生できるようにするための指導・支援である保護観察を実施する法務省の組織。
少年サポートセンター（各都道府県警察本部）	少年の非行防止と健全育成を目的とした相談活動や街頭補導活動などを行う警察の組織。
児童相談所・児童自立支援施設	児童福祉を目的とする専門機関であり，各都道府県に設置されている。児童相談所は，相談援助活動のほか，一時保護の機能を有する。児童自立支援施設は，主に一定期間児童を入所させて自立に向けた働き掛けを行う。

ている場合などがこれに相当します。このように，非行に近い危険域にいる少年を対象として犯罪等の未然防止を図ろうとしている点は，少年法の大きな特徴です。

　上で述べた3種類の少年事件は，司法手続きとして図12-1のように扱われます。非行が発覚し，警察・検察での取調べや捜査（触法少年やぐ犯少年については児童相談所での調査等を含む）が終わると，事件は家庭裁判所に送られます。家庭裁判所では，裁判官の命令に基づいて，家庭裁判所調査官がさまざまな側面から情報収集を行い，非行の背景にある原因や問題発生のメカニズムを分析し，再非行の防止に必要な処分について検討します。また，家庭裁判所は，必要に応じて，少年を少年鑑別所へ収容し，法務技官（心理）による鑑別*を依頼します。ここで家庭裁判所調査官や法務技官（心理）が行うことは，公認心理師の職務のなかの**アセスメント**に相当します。

　こうしたアセスメントの後，少年審判が開かれ，裁判官によって処分が決定されます。家庭裁判所の処分・決定は，表12-2のように大別され，事件の重大さ等のほか，アセスメントを通じて明らかになった問題の内容や程度，改善

語句説明

鑑別

少年鑑別所法第16条では，鑑別について，「医学，心理学，教育学，社会学その他の専門的知識及び技術に基づき，鑑別対象者について，その非行又は犯罪に影響を及ぼした資質上及び環境上問題となる事情を明らかにした上，その事情の改善に寄与するため，その者の処遇に資する適切な指針を示すものとする。」とされている。

図12-1　少年事件の流れ

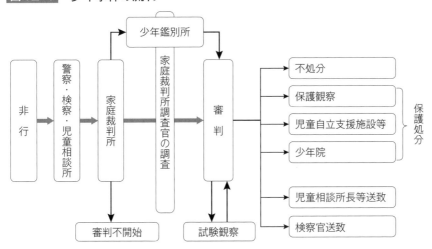

注：審判の結果は表 12-2 と同様の内容であり，図中では用語を一部簡略化して表記した
出所：臼井・原田，2017 を一部改変

表12-2　家庭裁判所による処分・決定の種類

分類	処分・決定	内容
家庭裁判所の指導だけで終了するもの	①審判不開始	軽微な事件であり，家庭裁判所調査官による教育的措置だけで改善更生が期待できるもの
	②不処分	比較的軽微な事件であるが，家庭裁判所調査官による教育的措置に加え，審判を開き，裁判官から指導訓戒などを行う必要があるもの
処遇機関の指導に委ねるもの（保護処分）	③保護観察	少年に一定の約束事項を守ることを義務付け，そのなかで，保護観察官や保護司が面接や就労支援を行い，更生を促すもの
	④児童自立支援施設等送致※	職員が児童や少年と生活をともにしながら，家庭的な雰囲気のなかで，生活指導や教科指導を行うもの
	⑤少年院送致	施錠設備のある矯正施設へ収容し，法務教官による生活指導，教科教育，職業指導などを受けながら，対人関係の持ち方や感情のコントロール方法などを学ばせるもの
他機関の判断にゆだねるもの	⑥都道府県知事または児童相談所長送致	児童福祉法上の措置が相当と判断されたもの
	⑦検察官送致	成人と同じ刑事裁判に付すのが相当と判断されたもの

注：児童養護施設送致もあるが，少数のため省略（※）
出所：臼井・原田，2017 をもとに作成

更生の見通しなどを踏まえて選択されます。また，処分を一定期間保留して，改善更生の可能性を見極める試験観察という制度もあり，その際には家庭裁判所調査官が中心となって比較的長期間のアセスメントを行います。

保護観察，児童自立支援施設等送致，少年院送致となった場合には，各機関の職員が対象者にさまざまな働き掛けを行い，改善更生を促します。一方，少年鑑別所の法務技官（心理）は，対象者が処遇機関に移った後も，必要に応じて対象者の再アセスメントを行い，処遇の進み具合や残された課題について検討する役割を担っています。

4　成人の犯罪者に対する公認心理師の役割

罪を犯した（と疑われた）者が成人であった場合には，**成年事件（刑事事件）**として扱われ，警察や検察による取調べや捜査が行われた後，起訴されるかどうかが検討され，起訴された場合には刑事裁判を受けることになります。少年事件の場合と異なり，裁判を受ける前に心理学的アセスメントが体系的になされることは通常ありません。ただし，事件や被疑者・被告人によっては，刑事責任能力の見極め等のために心理学的アセスメントが必要となる場合もあります。

刑事裁判の結果，懲役等の実刑を受けて刑務所に収容されたり，保護観察つきの執行猶予となったりした場合には，刑務所や保護観察所においてアセスメントを行ったうえで，改善更生に向けたさまざまな働き掛けを実施します。表12-1に示したとおり，刑務所や保護観察所には心理職が働いており，たとえば薬物犯罪，性犯罪といったような対象者の特徴に応じて，専門的な**処遇プログラム**を行います。なかには，刑務所を出所した後，さらに保護観察を受け，その間繰り返し教育的働き掛けを受ける者もいます。

5　司法・犯罪分野における役割の特徴

以上で述べたとおり，非行や犯罪に及んだ人々が司法手続きを受ける過程には心理職等によるアセスメントや介入が含まれており，これらを担っていくことが公認心理師に期待されています。加えて，冒頭でも触れたように，家庭内の紛争の当事者を対象とする**家事事件**や，犯罪被害者や被害者遺族を対象とした**被害者支援**，また，非行・犯罪につながり得る問題行動をもつ人々やその家族を対象とした非行・犯罪予防の活動など，さまざまな臨床活動が各地域で展開しています。

これらの臨床活動は，アセスメントと介入を中核とするという点で他の臨床分野と共通性がある一方で，心理職の働く組織や，対象者の特殊性ゆえに，他の臨床分野と比べて際立った特徴もあります。そういった特徴のうち，代表的なものを表12-3にまとめましたので，他の臨床分野と比較する際の参考にしてください。

表12-3　司法・犯罪分野で働く公認心理師の役割の特徴

特徴	具体的な内容
①多機関連携を前提とした臨床活動	一つの事例に対して同時並行的あるいは継時的に複数の機関が関わる場合が多い。関係機関全体の動きを見据えたうえで、自分の所属する組織としてなすべきことを着実に実行することが求められる。
②アセスメント結果の提供	アセスメント結果を他機関・他職種に提供する役割を担っており、心理職以外の読み手にわかりやすく伝える表現方法を身につけることが大切である。
③ケース理解のための多角的視点	対象者の主観的な世界だけに注目するわけにはいかず、常に社会的な事象（たとえば、事件の内容やクライアントを取り巻く家族・学校・職場等の環境など）を参照する必要があり、対象者を多角的に理解することが求められる。
④自ら援助を望んでいない対象者との関係構築	対象者が自ら援助を望んでいない場合が圧倒的に多い。対象者の立場から見れば、法と公権力に強制され、面接等を受けざるを得ない状況にある点を理解しておく必要がある。
⑤集団に対するアプローチ	複数の対象者と同時に接する場面が多くあり、その際には集団の雰囲気作りが不可欠である。多種多様な課題を抱えた対象者集団に対して介入を行うには、高度な専門性が必要とされる。
⑥未来予測を含むエビデンスの構築と理解	対象者の問題や課題がどの程度深刻であり、集中的な働きかけを今すぐ行うべきかどうかといった未来予測を求められることが多い。科学的根拠に基づく実証的なツールを臨床活動の中で使いこなすことが求められる。
⑦組織を支えるマネジメント役割	司法・行政機関という組織を支える管理職に登用される場合も少なくない。

出所：原田，2019から抜粋し作成

2 司法・犯罪分野の主な心理社会的課題

　司法・犯罪分野の臨床活動は多様であり、対象者の抱えている心理社会的課題も多岐に渡るので、それらを本節のなかで説明しつくすことは難しいと考えられ、ここでは非行少年の抱える心理社会的課題について考えていきます。

　法務省矯正局では、少年鑑別所に収容された非行少年の問題の程度を把握するためのアセスメントツールを開発・使用しており、そこでは図12-2に示す4つの領域が、教育や環境次第で変化する可能性のある領域として重要視されています。これらの4つの領域は、非行の種類や年齢にかかわらず、どの非行少年にもある程度共通する課題を示したものといえるので、本節ではこの4つのポイントを手掛かりとして、司法・犯罪分野で取り上げられることの多い心理社会的課題について紹介したいと思います。

プラスα

法務省式ケースアセスメントツール

非行少年の再非行の可能性や教育上の必要性を数値化できる職員評定式のツールであり、統計分析を経た客観的な根拠となる資料として、鑑別に役立てられている。

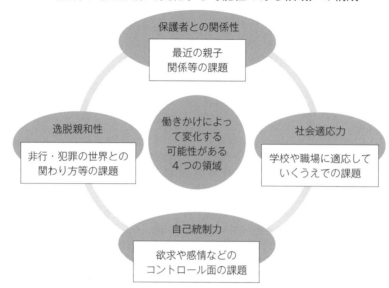

図12-2 法務省式ケースアセスメントツール（MJCA）の動的領域
（教育や環境次第で変化する可能性のある領域）の構成

出所：八王子少年鑑別所効果検証班, 2018 を一部抜粋し改変

1　保護者との関係性

　非行に及んだ者のなかには，虐待を含む過去の被害体験の影響が根強く，指導や罰を受けるだけではなくケアを必要としている者が少なくないといわれています（藤岡, 2001）。そのため，クライアントの加害者性ばかりに焦点を当てるのではなく，過去の被害体験の有無や程度を把握することが大切です。そのうえで，非行等の問題が発生した時点での保護者との関係にどのような課題があったのかを検討し，今後クライアントがどのような方向を目指して関係改善に取り組むとよさそうかを，公認心理師とクライアントとで話し合いながら考えていきます。

　家族に対するアセスメントを行う際には，非行や犯罪に及んだ者のみを問題視するのではなく，家族システムの問題をとらえる視点が重要であり，ここに公認心理師の専門的な知識等が期待されるといえるでしょう。

2　社会適応力

　非行少年が再び非行や犯罪の世界に戻ることなく，健全な生活を送るためには，社会的なコミュニティのなかに安定した居場所を得ることが重要です。なぜならば，学校や職場などが安心感ややりがいを得られる場所になれば，そうした居場所とのつながりを失いたくないという感覚が，非行や犯罪の歯止めになると考えられるからです。こうした考え方を代表するものとして，社会的絆理論が知られています。

プラスα
社会的絆理論
アメリカの社会学者ハーシによる，非行や犯罪のメカニズムに関する理論。他者への愛着，目標達成のために個人が積み重ねてきた投資，活動への関与，規範や道徳への信念という4つの絆が，非行や犯罪の抑止要因になっているとされる（ハーシ, 2010）。

しかし，非行少年のなかには，非行に至るよりもはるか前から，学校などで周囲とのトラブルを繰り返し，仲間関係を築くことに困難を感じながら育ってきた人が少なくありません。見方を変えれば，上手に社会に適応できないがゆえに，非行という形で不適応行動を起こしている場合もあると考えられます（吉村・森，2013）。

そこで，アセスメントを担う公認心理師には，対象者の社会適応を阻害している要因を探り，適応力を高めるにはどのような指導や支援が有効かを検討することが求められます。一方，少年院のような処遇機関で働く公認心理師は，対象者の社会適応力を育てる役割を担っています。

3　自己統制力

非行少年に対するアセスメントや介入の 3 つ目の柱として，自己統制力があげられます。感情や欲求をコントロールする第一歩として，自分自身の内面における感情や欲求の高まりに気づくことが大切ですが，そうしたことが苦手である非行少年が少なくありません。感情を刺激されるような場面で，自分自身の内面に落ち着いて目を向け，自分の気持ちを適切な形で言語化する練習をすることにより，自己統制力が育ち，衝動的に不適切な行動をとらずに済むようになります。

特に，多動性や衝動性が高く，自己統制力に大きな課題を抱えている対象者については，そうした状況の背景を探るアセスメントが求められます。発達障害等の可能性のほか，被虐待経験に伴う愛着障害の可能性や，問題行動を起こすことで周囲の注目を集めるといった攻撃行動の誤学習をしている可能性，さらには，それらの複合的な要因が関与している可能性もあり，注意深く検討する必要があります。

4　逸脱親和性

司法・犯罪領域に特徴的な心理社会的課題として，違法行為を助長するような認知様式や価値観が形成されているかどうかという点があげられます。「朱に交われば赤くなる」といわれるように，周囲の環境の影響は大きく，特に未成年者の場合には，仲間に引きずられて問題行動を重ねているうちに，非行への抵抗感が薄くなってしまうということがよくあります。

そこで，公認心理師は，対象者が非行や犯罪の世界にどの程度親しみを感じ，実際に関わりをもっているのか，非行や犯罪を許容するような認知の歪みが形成されているかどうか，といったことに注意しながら，アセスメントや介入を進めていくことが重要です。

逸脱親和性が高いと聞くと，反社会的な犯罪組織の一員のような姿をイメージする読者もいるかもしれませんが，実際にはそれだけではありません。万引

きの手口に習熟していたり，薬物依存が進んでいたり，性非行を行うことへの抵抗感が低下していたりと，さまざまな方向への逸脱親和性について，事例に応じて慎重に検討していく必要があります。

3 司法・犯罪分野における実践の例

1 非行防止のための介入の実践例

> **事例**　喫煙発覚をきっかけとして非行のアセスメントと適応改善を図った巡回相談
>
> 　ある地域の法務少年支援センターでは，公立高校に心理職が定期的に出向き，非行防止の観点から教諭へのコンサルテーションを行っています。その高校に通う1年生の勇人くんは，幼いころに両親が離婚し，母親と兄2人との4人暮らしで育ちました。父親の記憶は，酒に酔って母親や兄を殴っていたというもので，良い印象は一切なかったようです。中学生のころから不良仲間との夜遊びが楽しくなり，学校生活への意欲は高くはありませんでしたが，仕事をする気にもなれず，兄2人と同じ進路を選ぶことにして，高校に進学したのでした。しかし，いざ高校に入学してみると，周りの真面目そうな学生とは合わないと感じ，昔の不良仲間と過ごす時間がしだいに増えていきました。
>
> 　ある日，地元の公園で仲間と集まり，喫煙をしていたところ，高校の教諭に偶然見つかりました。その教諭は勇人くんの担任ではないものの，以前から勇人くんが学校を休みがちであることを職員会議などで聞いていたため，不良グループのなかに勇人くんがいることに気づいたのです。
>
> 　この出来事をきっかけに，勇人くんの担任教諭や生徒指導教諭が，法務少年支援センターの巡回相談員である心理技官（公認心理師）に，勇人くんへの指導方法について相談しました。この高校では，喫煙が発覚した場合，本人から事情を聴き取り，指導を行うことになっていますが，勇人くんの場合には高校に居場所や所属意識を感じられていない状態であることから，心理技官は，今回の指導を勇人くんと細やかなコミュニケーションをとるきっかけにしてはどうかと提案しました。そして，教諭らに加えて心理技官も，勇人くんとの面談を行うことになりました。
>
> 　心理技官との面談当日，勇人くんは約束どおりの時間に面談の部屋にやってきました。勇人くんは，心理技官との面接の冒頭で，進学したこと

を後悔していること，仕事を始めた不良仲間のことをうらやましく思い，自分も早くお金を稼いで自立したいと思っていることを話しました。喫煙については，中学 2 年生の中ごろから続いており，何度か止めようと思ったが止められなかったとこぼしていました。心理技官は勇人くんの話を丁寧に聞き取るとともに，仕事で成功したい気持ちがあるならば，今の高校生活のなかで仕事をうまく続けるヒントを見つけるのも一つの考え方ではないかと，勇人くんに投げ掛けました。そして，次回の面談を 2 週間後に設定し，それまでの間に 1 つでもヒントを探してほしいと伝え，この宿題のことを担任教諭に伝えても構わないかと尋ねて，勇人くんの了承を得ました。

　その後，勇人くんは時折休みながらも登校するようになりました。教室では浮かない表情をしていることが多い勇人くんですが，担任教諭との個別面談には気軽に応じ，兄たちは高校を中退して働き始めたが，仕事を怠けてばかりいて情けなく思えること，自分は兄のようにはなりたくはなく，入学したからには仕事につながる勉強をしたい気持ちがあることを話し始めました。

　心理技官は，3 か月ほど勇人くんと面談を重ね，担任教諭との関係を手掛かりに適応状況が上向いていることや，不良仲間との間で今のところ喫煙以外の違法行為をしている様子は見られないことを確認したうえで，勇人くんとの面談を終了しました。ただし，担任教諭によれば，母親はこれまでの生活の疲れもあってうつ状態であり，勇人くんの生活に全く関心を示していないようでした。当の勇人くんは，家で困っていることはないかと尋ねられても，母親のことを全く話しません。勇人くんが高校生活に関心を示すようになったとはいえ，保護者との関係や，不良者への仲間意識の強さといった心配な要素があり，引き続き丁寧な関わりを続ける必要があることを，担任教諭と確認し合いました。加えて，喫煙については，ニコチン依存の可能性もあることを伝え，逸脱行為として叱責するよりもむしろ，勇人くん自身に依存の問題を自覚してもらうような方向づけが望ましいことを説明しました。

2　本実践例における公認心理師の職責のポイント

　上で紹介した実践例において，心理技官は，高校教諭と連携しながら勇人くんの学校不適応の改善を図りつつ，非行の問題に関するアセスメントを行いました。そして，それらの課題がある程度達成された時点で，担任教諭と話し合って面談を終了し，残された課題についても丁寧に整理しました。非行防止を目的とする相談において，対象者の抱える課題のすべてを解決することは現

実的でなく，自分が取り組むべき主要な課題に焦点を当てて，そこに責任を
もって向き合うことが大切です。本実践例のように，クライアント（担任教
諭）自身が対象者（勇人くん）との関わりに手応えを感じられるようになって
きた場合には，公認心理師がやみくもに前面に出るのではなく，あえて背後に
回って，担任教諭の教育実践を上手にサポートすることも，大切な役割である
といえます。

　また，本実践例のように，対象者（勇人くん）の周囲（担任教諭：クライアン
ト）から相談を受け，対象者と面接を行う際には，秘密保持やインフォーム
ド・コンセントに意識を向ける必要があります。心理技官は，勇人くんから聞
いたことをどこまで高校教諭と共有するかについて，勇人くんとの初回面談の
終盤で了承を得ていました。そして，担任教諭に対して勇人くんの状況を説明
する際には，勇人くんが面談のなかで何を話したかということよりも，心理技
官自身が勇人くんの問題をどう見立てたかを中心に，積極的に情報交換をして
いました。これは，アセスメント結果を提供するうえでの大切なポイントであ
るといえます。

考えてみよう

1. 司法・犯罪分野のクライアントは，司法手続きの一環として，あるい
は家族からの強い勧めにより公認心理師と出会うことが多く，面接や援
助を自発的に求めているわけではない場合がほとんどです。このような
クライアントと接するうえで気をつけるべきことや心掛けたいことをあ
げてみましょう。
2. 警察庁の「犯罪被害者支援ホームページ」には，犯罪被害者の現状に
関する資料が多数公開されています。それらの資料を読み，犯罪被害者
にとって必要な支援や関わりとはどのようなものかを考えてみましょう。

🖋 本章のキーワードのまとめ

少年事件	少年法によって，家庭裁判所で扱うことが定められた未成年者による事件であり，成人とは異なる特別な司法手続きによって扱われる。以下の「犯罪少年」「触法少年」「ぐ犯少年」による事件の総称。法律上，男女問わず「少年」と呼ばれる。
犯罪少年	罪を犯した 14 歳以上 20 歳未満の少年。
触法少年	14 歳未満で刑罰法令に触れる行為（触法行為）をした少年。法律上，14 歳未満の少年について刑事責任は問われないため，犯罪少年と区別される。
ぐ犯少年	保護者の正当な監督に服さないなど，その性格又は環境に照らして，将来，罪を犯したり，刑罰法令に触れる行為（触法行為）をしたりするおそれがあると認められる少年。
アセスメント	評価，査定を意味し，臨床現場においては，問題を明らかにして解決方針を検討するプロセスを指すことが多い。たとえば，非行少年の場合には，非行の背景にある問題を明らかにし，その介入方針を立てることがこれに相当する。
成年事件 （刑事事件）	成年が罪を犯したと疑われた事件。刑事訴訟法が適用され，警察の捜査の後，事件はすべて検察庁に送られる。検察官によって起訴するかどうかが検討され，起訴された場合には刑事裁判を受けることになる。
処遇プログラム	刑務所や保護観察所において，対象者の特徴に応じて行われる専門的で構造化された処遇のこと。たとえば刑務所では，薬物依存や暴力団からの離脱指導，性犯罪再犯防止指導，被害者の視点に立った指導などがある。
家事事件	家庭内の紛争やその他法律で定める家庭に関する事件であり，家庭裁判所によって扱われる。審判事件と調停事件に大別され，家庭裁判所調査官がこれに関与する。
被害者支援	犯罪や交通事故等の被害に遭った被害者やその家族などを対象に，電話相談を通じて情報提供や精神的なケア等の支援や相談を行うもの。各地方検察庁，各都道府県警察，民間の被害者支援センターなどに相談窓口がある。

第13章

産業・労働分野で働く

産業・労働分野は「はたらく」ことを支援する分野です。病気の人や問題を抱えている人に限らず，健康で元気な人への支援や，クライアントが所属する組織に対する支援なども行います。この章では「イメージがわかない」「難しそう」とハードルが高くみられがちな産業・労働分野について，実際にはどのような分野なのかを具体的にイメージできるようになることを目指します。

1 産業・労働分野とは

1 産業・労働分野の特徴

　男性も女性も LGBTQ＊の人々も，健康な人も病気を抱えている人も，障害を抱えている人もそうでない人も，若い人から高齢者に至るまで，あらゆる人が「はたらく」ことと関わりながら生きています。子どもですら，近くにいる親や先生は働いており，自らも将来働くことに向けて準備をしていることを考えれば，「はたらく」ことと無関係ではありません。あらゆる人にとって「はたらく」という側面は欠かせない要素であり，その「はたらく」を支援するのがこの分野です（坂井，印刷中）。

　産業・労働分野における心理援助職の支援の対象は，組織で働く従業員（雇われている側）と，従業員の所属する組織（経営に関わっている側）の両者です。そして組織で働いている従業員の多くは健康であり，パフォーマンスを発揮しています。調子を崩してしまった人，ストレスや問題を抱えている人，ハンディキャップを抱えている人への支援ももちろん重要なのですが，元気な人に対しての支援も同じくらい重要だと考え，実践を行う必要があります。

　一方組織は，**メンタルヘルス対策**が国の定める義務であるために行っている側面もありますが，お金を出すからには従業員の健康の維持・増進とパフォーマンス発揮に役立つことを，心理援助サービスに期待しています。従業員のニーズには応えているけれど組織のニーズには応えられていないということがあると，組織にとっては不要な機能と判断されてしまいます。また組織のニーズには応えられているけれど従業員のニーズには応えられていないということ

語句説明

LGBTQ

レズビアン（Lesbian；女性に性的関心をもつ女性），ゲイ（Gay；男性に性的関心をもつ男性），バイセクシュアル（Bisexual；男性にも女性にも性的関心をもつ人），トランスジェンダー（Transgender；出生時の性別とは異なる性別であると感じている人），クエスチョニング（Questioning；自分の性的なあり方を模索している人）の総称。

があっても，やはり不要と判断されて
しまいます。従業員と組織の両者の
ニーズを満たす実践が求められるのが，
産業・労働分野の特徴の一つです。

産業・労働分野の代表的な支援の場
として，**EAP***があります。EAP は職
場のアルコール依存症対策としてアメ
リカで生まれ，従業員の問題の未然防
止と生産性の向上の両立を支援する形
で発展したプログラムです（ジャパン
EAP システムズ，2005）。産業・労働
分野の支援の概要を確認するうえでは，
EAP の 8 つからなるコア・テクノロ
ジーが参考になります（表 13-1 参照）。

1 番目は「管理職に対するコンサル
テーション」（マネジメント・コンサル
テーション）です。山本（2000）によ
ると，**マネジメント・コンサルテー**

表13-1　EAP のコア・テクノロジー

1	問題を抱えた従業員への対応，職場環境の改善，従業員のパフォーマンス向上等の課題についての，管理職に対するコンサルテーション支援（マネジメント・コンサルテーション）
2	従業員，家族，組織等を対象としたプロモーション活動
3	業務に影響しうる個人的問題を抱えた従業員に対する，守秘義務に基づいた，タイムリーな問題確認とアセスメント
4	職務上のパフォーマンスに影響が出ている従業員が自分の問題に取り組むための，建設的直面化，動機づけ，短期介入
5	クライアントとなった従業員に対する，診断・治療・援助のための専門機関へのリファーラル，ならびに経過確認とフォローアップ
6	職場組織が専門機関と効果的な関係を築き，維持するための援助（コーディネート）
7	アルコール依存，薬物乱用，精神疾患，情緒障害等の問題に関して，健康保険や福利厚生等のサービスを従業員に利用してもらいやすくするための，組織に対するコンサルテーション
8	組織・個人のパフォーマンスに対する，支援の効果の明確化

出所：EAPA，2011；坂井，2017 をもとに作成

ションとは，「こころの専門家である臨床心理士などのカウンセラーが，仕事
やマネジメントなどの別の専門性をもつ管理職に対して，心理学的知見に基づ
いた理解や対応等のノウハウを提供することで，管理職がその情報をもとに自
分の専門性をより適切に発揮し，課題を解決できるように支援すること」を指
します。具体的には，組織のなかで管理職の立場にある人から，「（自分自身の
悩みではなくて）部下について相談したい」というような形で相談が寄せられ
ます。

2 番目は「プロモーション活動」です。あらゆるサービス対象者に支援の存
在を知ってもらい，「利用してみよう」と思ってもらい，実際に利用してもら
うことができなければ，従業員の問題の未然防止と生産性の向上という目的は
達成され得ません。産業・労働分野ではよく研修（セミナー）が行われますが，
これは教育の側面と同時に，研修を通じて支援の存在そのものを知ってもらい，
「こういうときに使えばよいんだな」と思ってもらうプロモーション活動の機
能も大いに備えています。具体例としては，相談のための連絡先を記載したパ
ンフレットを作成したり，サービス利用のイメージをもってもらうためのコラ
ムを書いたり，メンタルヘルスに関する教育研修を行ったりします。

3 番目は「従業員に対する守秘義務に基づいたアセスメント」です。組織は
従業員（勤務態度，パフォーマンス等）を評価する存在でもあるので，評価者で
ある組織に体調が悪いことや悩んでいることを知られると「仕事ができない

語句説明

**EAP（Employee
Assistance
Program）**：
社員（従業員）支援プ
ログラムのこと。

人」と評価されないかと，心配する従業員も多くいます。そのため支援サービスの守秘義務は十分に説明され，遵守される必要があります。産業・労働分野では医師等の他職種だけでなく，管理職や人事と連携をしながら支援を行うことがありますが，連携の際には必ず本人の同意をとります。

　また産業・労働分野で寄せられる「はたらく」に関する相談は実に多様です。仕事そのものに関する悩みのこともあれば，体調不良で仕事に支障が出ていることもあります。家族についての心配やキャリアの迷いで仕事に専念できないということもあります。従業員が病気なのかどうかの疾病性に基づくアセスメント，仕事上どのような支障が生じているのかという事例性に基づくアセスメント，従業員を取り巻く環境にはどのような問題（リソース）があるのかを判断するための環境のアセスメント，クライアントの過去・現在・未来に関するキャリアについてのアセスメントなど，全人的な視点をもってアセスメントすることが必要です。

　4番目は「建設的直面化，動機づけ，短期介入[*]」です。建設的直面化とは「つらいかもしれないけれど，目を背けずに自分の問題に向きあおう」と思ってもらえるようにクライアントと問題を共有することで，治療や改善に向けての気持ちの準備を整えていくことです。加えて治療や改善に向けての行動を引き起こし，維持されるよう動機づけます。治療や改善の支援そのものについては，アセスメントからの流れでそのまま支援することが効率的，もしくは有効であると判断されるときには短期介入が行われます。ただし日本では医療制度上の制約がないことなどから，比較的長期の支援が行われることもあります。

　一方で，専門機関で治療や支援を受けたほうが有効と判断される場合には，5番目にある「専門機関へのリファーラル（紹介）」を行います。産業・労働分野では効果だけでなく効率も考え，クライアントが最適な支援を受けられるようにすることが求められます。

　6番目は組織がサポート体制を築くための「コーディネート機能」です。健康管理は産業医，法的問題は弁護士，ルールの整備は社会保険労務士など，組織はさまざまな専門家に支えられています。組織が専門家から有効な支援を受けられるように，関係構築・維持の調整役として機能することも期待されています。

　7番目は従業員が必要なリソースにアクセスできるようになるための，「組織に対するコンサルテーション」です。たとえば病気休業中の生活をサポートする傷病手当金，職場復帰の準備のために活用できるリワークなど，日本にはさまざまな制度や支援の場が存在しますが，それらを従業員が有効に活用できるよう，組織に対してコンサルテーションを行うことも期待される役割の一つです。

　最後は「心理支援サービスの効果評価」です。組織にとっても従業員にとっ

ても役に立つ機能であると評価してもらうには，定性・定量両面での効果を示すことが求められます。たとえば組織に対して，支援サービスの利用状況を定量的に報告したり，支援サービスの満足度アンケートについて定性的に報告したりします。これらは集計や加工をすることで個人が特定されないようにします。また組織から休職者数についてのデータが得られる場合には，支援サービスの利用の有無と再休職率などの数値を算出することで，効果評価を行います。

2 産業・労働分野の主な機関と公認心理師の役割

産業・労働分野における支援の場の全体像を示したのが図 13-1 です。

①内部 EAP

産業・労働分野の職場として最もイメージしやすいのは，企業内相談室（内部 EAP）でしょう。自組織のなかに相談室を設置する企業の主な目的には，「健康管理機能」「人事代行機能」「キャリア支援機能」の 3 つがあります。

健康管理機能の中心には**産業医**がいます。産業医は従業員の安全と健康のために企業内の健康管理センターなどで働いていますが，その産業医活動を補助する目的で，心理援助職が配置されることがあります。産業医の指示に従いながら，保健師や看護師などの事業場内産業保健スタッフ*と協働して，休復職支援やストレスチェック（後述）の補助的面談などを行います。

人事代行機能というのは，心理援助技能を活用して，心理援助職が人事部員として勤務をするイメージです。従業員の特性に応じた適切な人材配置への貢献などが求められます。また人事部員としてストレスチェックの実施に携わったり，不調が疑われる従業員の面談などを行います。人事部員として個人情報

図13-1　産業・労働分野における支援の場の全体像

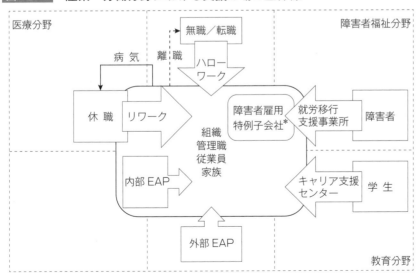

出所：坂井（印刷中）を一部改変

を収集するということは，その情報は評価や人員配置の検討に用いられ得るということを意味します。これは心理援助職の守秘義務遵守の考え方と矛盾する側面をもつため，このような位置づけで仕事をするときには，「心理援助職ではなくあくまでも人事部員として心理援助技能を意識しながら話を聞く」など，専門職としては限定的な働き方になります。

キャリア支援機能は，従業員にいかに活き活きとパフォーマンスを発揮してもらうかという，ポジティブ心理学や成長支援の観点をもつ心理援助活動です。健康管理機能とも人事代行機能とも一線を画し，社員が仕事と家庭での生活を両立しメリハリある働き方を実現したり，キャリアの自己実現を目指したりすることへの貢献が求められます。元気にパフォーマンスを発揮できている人を主な対象としているため，医師との連携は必要に応じてとなります。

健康管理機能として働くときには企業の健康管理施策，人事代行機能は人事施策，キャリア支援機能はワーク・ライフ・バランス*施策／ダイバーシティ＆インクルージョン*施策など，企業の相談室には必ず背景となる施策があります。どのような施策に基づくかによって，何のために，何を，どこまでするのかが異なってくるため，まず背景施策を理解することが重要です。

②外部 EAP

いろいろな企業の従業員に支援をする，外部 EAP と呼ばれる支援の場もあります。企業の外（社外）の立場から，契約関係にある企業の従業員と組織そのものに対して支援を行います。

外部 EAP は機関によってサービスラインナップや強みが異なります。さらに顧客企業が外部 EAP を導入する背景にある施策と，かけられる予算はさまざまです。そのため実際に提供されるサービスも，顧客企業ごとに異なることがあります。外部 EAP で働くときにはこれらの多様さを認識し，それぞれの顧客企業に即した支援を，柔軟にフットワーク軽く行うことが求められます。

③職場復帰支援

うつ病などの不調で働けなくなってしまった人に対して，休業開始から職場復帰後のフォローまでを行って，再び働けるように支援するのが**職場復帰支援（リワーク）**です。医療機関のリワークデイケア*，都道府県の障害者職業センターが提供するリワーク支援をはじめ，EAP や民間企業が支援の場を提供していることもあります。

日本の大半の組織において，職場復帰支援は「心の健康問題により休業した労働者の職場復帰支援の手引き」（厚生労働省，2012改訂）の考え方に基づいていますので，職場復帰支援に携わる際には手引きの内容を踏まえることが求められます。「病気が治ったか」についての主治医の判断は，必ずしも「働ける状態」を意味していないということに注意が必要です。症状が改善しているかどうかにとどまらず，「毎朝決められた時間に起きて身支度をし，始業まで

に会社に到着できるよう外出・通勤ができるか」「会社が定める終業時間まで家の外でインプット・アウトプット作業をするだけの集中力・体力を維持できるか」「翌日に疲れを持ち越さぬようリラックス・リフレッシュをし，支障ない睡眠がとれるかどうか」などの復職準備性を確認します。リワーク支援の多くはグループを対象にしますので，グループワークの技能も求められます。

④就職・再就職支援

これから働くことを目指す人，今勤めている組織とは別のところで働きたいと転職を目指す人への支援も，「はたらく」に関する支援です。仕事の紹介を受ける先としては，国が運営する公共職業安定所（ハローワーク）と民間の職業紹介事業者に，大きく分けることができます。都道府県が設置するジョブカフェでは就職準備性を高めるための支援を受けることもできます。大学にキャリア支援センターが設置されていることもあります。これらの職場ではキャリアコンサルタントと公認心理師など，複数の資格をもつ心理援助職のニーズが高まることが予想されます。

⑤障害者支援

日本では「障害者雇用促進法」に基づき，一定数以上の労働者を雇用するすべての事業主に対し障害者の雇用を義務づけています。2018 年に障害者の法定雇用率の算定基準に，身体障害者，知的障害者に加えて精神障害者（発達障害を含む）が加えられました。その少し前の 2016 年の発達障害者支援法の改正では，国および都道府県は，公共職業安定所（ハローワーク），地域障害者職業センター，障害者就業・生活支援センター（通称ナカポツ），社会福祉協議会，教育委員会などと連携しつつ，発達障害者の特性に応じた適切な就労の機会の確保，就労定着支援に努めるべきであると，方向性を示しました。これらの法律により障害者が働くことの支援に拍車がかかり，心理援助職の活躍の場が増えています。上記のほかに，就労移行支援事業所，発達障害者支援センター，特例子会社等が，主な職場になります。

特に発達障害者はその障害特性[*]から，子どものころから評価される・承認される・受け入れてもらうという経験が少なく，自信のなさを訴える人が多くいます。彼ら彼女らにとって定型発達者中心の社会で働くことは，上手くいかない・わからないことだらけの過酷な状況におかれることを意味します。心理援助職がその専門性を発揮できるのは，障害者が自分の気持ちや特徴を知る自己理解，定型発達者中心の社会がどのような場であるのかを知る仕事理解，一緒に仕事をする定型発達者や障害者がどのような特徴をもっているのかを知る他者理解の支援です。これらを通して，自己肯定感を高め会社のなかで安定して仕事ができるようになり，障害特性からくる脆弱性のなかでも体調を維持することができ，障害者なりの自己実現を目指すことに寄与することができます。

障害者も一人の人間，労働者として最大限に人権を尊重されるべきであり，

語句説明

障害特性
障害の特性として現れる特徴のこと。自閉スペクトラム症であれば「人の表情や態度よりも，物や文字や図形に関心が強い」「音や光などの感覚に敏感」「音声情報の処理が苦手」などの障害特性が，注意欠如・多動症（ADHD）であれば，「次々と関心が移り，やるべきことを忘れてしまう」「並行作業が苦手」などの障害特性がある。

連携ありきの支援になってしまうのは問題です。目的を慎重に判断のうえ，本人同意のもと，必要最小限の連携とすることで，本人の成長する力や解決する力を奪うのではなくエンパワーメントすることが重要です。

2 産業・労働分野の実際

1 産業・労働分野の仕事

内部 EAP で働く心理援助職の一週間の例を，表 13-2 にてご紹介します。カウンセリングが中心であるものの，それ以外にもコンサルテーション，セミナー，カンファレンス，会議など，いろいろなことをしています。当然ながら予定がない時間にはカウンセリングを振り返ったり，セミナーの資料作りをしていたりします。仕事の内容について具体的にみていきましょう。

表13-2 産業・労働領域で働くカウンセラーのとある1週間

	月	火	水	木	金
8	メール等のチェック	メール等のチェック	メール等のチェック	メール等のチェック	
9			コンサルテーション		
10	来談カウンセリング			カウンセラー定例会	移動
11		ミニカンファレンス			
12	来談カウンセリング	来談カウンセリング	昼休憩 来談カウンセリング	昼休憩	出張カウンセリング
13	昼休憩	昼休憩			昼休憩
14	労務管理セミナー受講	移動	セミナー実施打ち合わせ	相談室運営会議	出張カウンセリング
15	コンサルテーション	ラインケアセミナー実施			
16			電話カウンセリング	来客対応	出張カウンセリング
17	来談カウンセリング	直帰			
18				移動	

出所：筆者作成

①カウンセリング，カンファレンス

クライアントに来談してもらい，対面で行うのが従来のカウンセリングのイメージですが，産業・労働分野では，それ以外にも，カウンセラーがクライアントの勤務先に出向いてカウンセリングをする出張カウンセリングをはじめ，電話カウンセリング，メールカウンセリング，Skype 等のツールを使った Web カウンセリングなど，さまざまなカウンセリングの方法が用いられています。これらのいずれで対応するのかは組織の運営方針により決められているので，ある職場では対面カウンセリングのみ，別の職場では上記のすべてを行うなど，多様性があります。カウンセリングに伴う業務として，振り返り記録をつけたり，カンファレンスを行い上司や同僚に意見を求めることなどもあります。

②マネジメント・コンサルテーション

管理職が部下の対応に困り，心理援

助職にアドバイスを求めてきたときにはコンサルテーションが行われます。人事が「社員の対応を相談したい」と来ることもあります。従来は「調子の悪そうな部下をどうケアすればよいか」「復職してくる部下の迎え入れ方」など，困りごとの中心にメンタルヘルス不調がありましたが，最近は「働きぶりが振るわない」「考え方に問題があるように感じる」といった，一見メンタルヘルス不調とは無関係な相談が増えています。

　働いている人たちの実際の問題はさまざまな要因が複合的に混ざりあって起きていますので，現場で管理職が適切に振る舞えるように問題を整理し，次の一手の行動をアドバイスしていくことが求められます。

③セミナー実施，打ち合わせ

　公認心理師法第2条第4号には「心の健康に関する知識の普及を図るための教育及び情報の提供を行うこと。」と示されており，心理援助職にとって教育活動も重要な仕事です。産業・労働分野では健康な人も支援対象にするという特性上，この業務の重要性は他分野よりさらに高いと考えられます。

　セミナーの代表的なテーマとして，セルフケア，ラインケア，コミュニケーション，アンガーマネジメント，ハラスメント防止，レジリエンス*，キャリアなどがあげられます。これらを現場のニーズに応じてアレンジして実施することが，より高い満足を得るためのポイントです。

④セミナー受講，会議など

　心理援助職も組織で働く従業員として，セミナーを受講したり，会議に参加し組織運営に携わったりすることがもちろん求められます。これらの活動は心理援助実践を中心に考えると専門外の活動に思えますが，自分が組織に所属しているという意識は責任ある援助実践を行うためには不可欠ですし，クライアントと同様の文脈に身をおくことはクライアントや組織の理解に役立ちます。

2　産業・労働分野の現代的課題

①ストレスチェック制度

　ストレスチェック制度とは，50人以上が働く事業場に対して，年に1回以上のストレスチェック実施を義務化した制度です。目的はあくまで一次予防であり，ストレスに対する気づきを促し，未然防止を実現するための制度です。事業者はストレスチェック実施の枠組みを周知し，ストレスチェックを実施し，個別結果を従業員にフィードバックし，結果に応じて高ストレス者には医師面談を勧めたり，セルフケアの方法や相談の窓口を案内します。集団結果を活用して職場環境改善を検討するということも，努力義務として定められています。

　事業場にはストレスチェックの実施義務がありますが，労働者には受検義務はありません。またストレスチェックを受けないこと，高ストレスの結果であること，医師面談を希望することなどを理由に，労働者が不利益な取り扱いを

語句説明

レジリエンス
強いストレスに直面しても，回復し上手く適応できる心理特性をさす。

プラスα
ストレスチェックに関する学習に役立つ指針
「心理的な負担の程度を把握するための検査及び面接指導の実施並びに面接指導結果に基づき事業者が講ずべき措置に関する指針」（平成30年8月22日改正）参照（https://www.mhlw.go.jp/content/11300000/000346613.pdf）。

一次予防
メンタルヘルス対策における一次予防とは，気づきを促すためのストレスチェック受検や，予防のためのセルフケア教育等の未然防止（prevention）の活動を指す。そのほかに早期発見・早期対応（intervention）を指す二次予防，事後対応（postvention）を指す三次予防がある。二次予防は調子の悪そうな部下に対する管理職によるラインケア対応や，ストレスチェックの結果が高ストレスでありかつ不調を自覚した際の産業医や医師との面談，三次予防は休職してしまった社員に対する職場復帰支援や自殺者が発生してしまった際の周囲の人へのケアなどがあげられる。

されることは禁止されています。高ストレスと判定された人は医師面談を受けることができ，事業者は医師の意見を聞かなければなりません。

　ストレスチェック制度は企業だけでなく，病院や学校でも，50人以上のスタッフがいれば実施が求められますので，他分野で働く公認心理師にも関連し得る重要な制度です。表13-3に公認心理師がどのように関わることができるかを示しました。

②ハラスメント対策

　ハラスメントとはいじめ・嫌がらせのことです。ハラスメントという言葉を調べると多くの「○○ハラスメント」を見つけることができますが，法律に位置づけられているセクシュアルハラスメント（**セクハラ**）とパワーハラスメント（**パワハラ**）が，産業・労働領域の支援を考えるうえで特に重要です。

　セクハラとは「職場において行われる性的な言動に対するその雇用する労働者の対応により当該労働者がその労働条件につき不利益を受け，又は当該性的な言動により当該労働者の就業環境が害されること」と定義され，男女雇用機会均等法に位置づけられています（第11条第1項）。性別をめぐる差別的言動（LGBTQを含む）のみならず，妊娠や出産に関する差別（マタニティハラスメント：マタハラ）も禁止しています。心理援助職は，職場におけるあらゆる差別をなくしていくという方向性をもって活動することが求められるといえます。

　一方パワハラは，2019年5月に成立した改正労働施策総合推進法に初めて明記されました。この法律は2020年6月から大企業，2022年4月から中小企業で施行され，今後パワハラ防止対策が義務化されます。パワハラは「職場において行われる優越的な関係を背景とした言動であって，業務上必要かつ相当な範囲を超えたものによりその雇用する労働者の就業環境が害されること」と定義されています（第30条の2第1項）。また「職場のいじめ・嫌がらせ問題に関する円卓会議ワーキング・グループ報告」（厚生労働

プラスα

セクハラ

セクハラについては，「事業主が職場における性的な言動に起因する問題に関して雇用管理上講ずべき措置についての指針」を参照（https://www.mhlw.go.jp/file/06-Seisakujouhou-11900000-Koyoukintoujidoukateikyoku/0000133451.pdf）。

パワハラ

パワハラについては「あかるい職場応援団」を参照（https://www.no-pawahara.mhlw.go.jp/）。

語句説明

PDCAサイクル

職場環境改善の取り組

表13-3　ストレスチェックへの公認心理師の関わり方

実施者	ストレスチェックを実施する際の取りまとめの役割。医師，保健師と厚生労働大臣が定める研修を受けた歯科医師，看護師，精神保健福祉士，公認心理師がなることができる。
実施事務従事者	実施者をサポートし，ストレスチェックの回収，集計もしくは入力または受検者との連絡調整等の実施の事務，結果の記録の保存などを行う。ストレスチェックを受ける労働者について解雇，昇進又は異動に関して直接の権限をもつ監督的地位にある者はなれない。
補足的面談	ストレスチェックの高ストレス判定はストレスチェックの結果だけでなく，結果に加えて心理援助職などが補足的面談を行い，それらの結果を参考に選定することができる。
医師面談以外の選択肢	ストレスチェックを受けた結果，高ストレスではないが相談したい，高ストレスだったのだが医師面談を受けるには抵抗がある，自分の問題はプライベートなことなので医師以外に相談したいなど，労働者の希望に対応できる別の相談窓口として，心理援助職が活躍することが可能（ただしこのような窓口を設けること自体は義務ではない）。
集団分析	ストレスチェックの結果を集団データとして分析し，理解しやすいようにフィードバックし，職場環境改善等の取り組みにつなげるPDCAサイクル*に，心理援助職の統計の知識や研究の進め方のノウハウが役立つ。

出所：筆者作成

省，2012）において，6 つの類型が示されており，①身体的な攻撃，②精神的な攻撃，③人間関係からの切り離しは「やってはいけないこと」，④過大な要求，⑤過小な要求，⑥個の侵害は「やりすぎてはいけないこと」に大きく分けることができます。さらに「職場のパワーハラスメント防止対策についての検討会報告書」（2018）では①優越的な関係に基づいて（優位性を背景に）行われること，②業務の適正な範囲を超えて行われること，③身体的若しくは精神的な苦痛を与えること，又は就業環境を害することの，いずれも満たすものを職場のパワハラの概念として整理しており，一見上記の 6 つの行為類型に該当しそうな行為であってもいずれかを欠く場合であれば，職場のパワハラには当たらない場合があることに留意する必要があるとしています。

　実際の相談では「指導の内容はもっともだと思うが，そういう言い方をされるとつらい」という訴えが多くあがります。教える側は成長のための指導だと思っていても教わる側は傷つくだけで終わってしまうという結果は，必ずしも悪意ゆえでなくコミュニケーションの不十分さから起こり得ることです。心理援助職はハラスメントの事実の有無の判断に目を向けすぎずに，コミュニケーションで起こっていることを客観的にアセスメントする視点が求められます。

3　産業・労働分野の支援のポイント

　仕事や職場に関連したストレスは，不条理で，解決できず，避けられないものも多くあります。だからこそコントロールできる部分を見出し，対処していくストレスマネジメントの考え方が重要になります。

　職場のストレスについて説明するものとして，職業性ストレスモデルがあげられます（図 13-2）。仕事のストレスで調子を崩すといっても，仕事のストレスがストレス反応を生じさせ，慢性化して疾患に至るプロセスは，すべての人が同じ道を辿るわけではありません。左右する要因は 3 つあるといわれており，一つ目が仕事以外のストレス要因です。たとえば仕事もトラブルで大変，プライベートでも介護などで大変という状況が生じると，気持ちを切り替えることが難しくなります。実際の職場復帰支援の現場では，特に仕事以外の時間の過ごし方が上手でない人を多くみかけます（休みなのに家で仕事をしている，休日に遊びすぎて平日の仕事に影響を与えているなど）。二つ目は個人的要因です。ストレスの受け止め方が悲

みを，Plan（目標設定・計画），Do（実行），Check（評価・検証）Action（改善）のプロセスに基づき繰り返し行うこと。

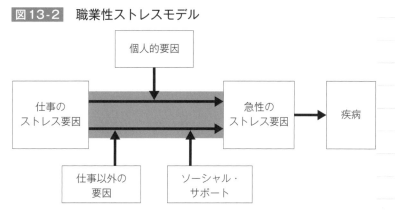

図 13-2　職業性ストレスモデル

出所：Hurrell & McLaney, 1988 を一部加工して作成

図13-3　仕事の要求度—資源モデル

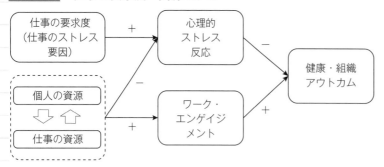

出所：島津，2014 を一部加工して作成

観的な人のほうがストレスを感じやすい，年齢を経た人のほうが深夜残業をしたときに疲れを残しやすいなど，さまざまな個人差の要因が含まれています。三つ目がソーシャル・サポートです。仕事で大変な状況のなかで，困ったときに頼れる上司，助けてくれる仲間がいたほうが，不調は生じないということがいわれています。

　さらに要求度—資源モデルといって，職業性ストレスモデルを取り込みながら，仕事の前向きな側面であるワーク・エンゲイジメント*も同時に説明できるようにしたモデルがあります（図13-3）。仕事の要求度（仕事のストレス要因）が高まるほど心理的ストレス反応は高くなる（＋）のとは反対に，個人の資源や仕事の資源が充実するほど心理的ストレス反応は低くなるばかりか（－），ワーク・エンゲイジメントを高めます（＋）。そして心理的ストレス反応は高くなるほど，健康状態，離職意思，組織へのコミットメント，パフォーマンスなどの健康・組織アウトカムを低めますが（－），ワーク・エンゲイジメントは高くなればなるほど健康・組織アウトカムを高めます（＋）。

　臨床現場では「不調にならないように」という話をするときには職業性ストレスモデル，「いかにパフォーマンスをあげるか」という話をするときには要求度-資源モデルを参照すると有効です。ストレス要因を小さくし，個人的要因やソーシャル・サポート，資源要因を大きくすることで，ストレス反応を小さくしたり，ワーク・エンゲイジメントを大きくすることを目指すのがストレスマネジメントです。

　産業・労働分野の支援は，不調者に対して行われる「治療」と，心身が健康な人に対して行われる「現実適応・内省」の二つの側面に分けることができると考えます。治療に関する支援は「環境調整→リソース強化→自助努力」の順番に考えますが，現実適応・内省に関する支援は「自助努力→リソース強化→環境調整」の順番に考えます。治療ではまずは安全確保のために療養環境等を確保することを最優先し，医師等の支援（リソース）を得て治療し，最終的に自助努力としての再発予防などを目指します。一方で体調不良やハラスメント被害などの安全配慮の必然性がない限り，会社は本人都合での環境調整（異動など）は認めてくれません。特別に認められることもありますが，異動した先でもうまくいかないということが続くと「なんだ，せっかく異動させたのに，うまくいかないじゃないか」と否定的に評価される可能性があります。現実適

語句説明

ワーク・エンゲイジメント
仕事に関連するポジティブで充実した心理状態であり，活力，熱意，没頭によって特徴づけられる。

応・内省支援において環境調整は切り札ですので，慎重な判断が求められます。

3 │ 産業・労働分野における実践の例

> **事例**　**多様な問題を支援しながら行われる職場復帰事例**
>
> 　公認心理師の東さんは自動車部品製造企業の地方工場の健康管理センターで，上司である産業医とともに勤務しています。あるとき社員の西さん（男性，19歳）から相談がありました。「数か月前のミスをきっかけに先輩に厳しく言われることが増え，萎縮してしまっている。実は入社前から心療内科に通っていて，主治医には休んだほうがよいといわれているが，みんな忙しそうで弱音を吐けない。眠れておらず考えもまとまらない。困って相談にきた」と言います。
>
> 　虚ろな表情を心配に感じた東さんは「眠れていない，考えがまとまらないという話もでているし，今の状態のまま勤務して大丈夫なのかどうかが気がかり」と西さんに伝え，医療との一枚岩対応の体制づくりのために産業医と連携することに同意を得て，産業医面談につなぎました。この際産業医に①このまま働いていて問題ない状態なのかを判断してほしい，②主治医の見解が詳しくわからないので産業医から主治医に連携をとってもらいたい，という２点を依頼しました。その結果，西さんは休職することになりました。
>
> 　３か月後，職場復帰可能の診断書が人事部に提出されました。産業医の依頼で東さんが面接をすると，だいぶ体調は良くなっているものの，今は家で安静にしているだけとのことでした。産業医と相談のうえ，医療機関のリワークプログラムを受けてもらうことになり，さらに３か月後に職場復帰となりました。
>
> 　会社は先輩の厳しい発言に問題があったと判断し，西さんへの配慮として，例外的に総務部に異動させたうえでの職場復帰を決定しました。最初は順調でしたが，２か月目に入ると遅刻や欠勤が目に見えて増えるようになりました。心配した総務部長が東さんのもとへコンサルテーションを受けに来ました。「ここで面談を受けていると本人から聞いている。西さんは勤怠問題の理由を管理業務が向いていないからだと言うが，実は病気が治っていないのではないか」とのことでした。この時点では総務部長との連携同意が西さんから得られていなかったので，守秘義務に配慮しつつコンサルテーションを実施しました。その結果，直近の面談後に悪化してい

プラスα

職場復帰

職場復帰に際して，環境を変えることはストレスが高いという考えから，元の職場に職場復帰するという原則がある。しかし「ハラスメント受けた」など，元の職場に戻ることのほうが高ストレスであると判断される場合には，異動が検討されることもある。

る可能性が考えられたことから，総務部長から西さんに連絡を入れてもらい，「予定を早めて相談するように」と伝えてもらいました。後日西さんから話を聞くと「車に興味があって製造業に就職した。管理業務はやる気が出ない。製造ラインに戻りたい」という気持ちをもっていることがわかりました。東さんは「会社は体調不良で休んだ西さんの体調を一番に心配している。自分の希望を叶えるためには，体調が安定していることを行動で示し，会社に安心してもらうことが大事」と伝えました。そして上司との連携同意をとり，総務部長に①西さんの気持ちと②公認心理師としての見解について説明しつつ，今後の対応についてコンサルテーションしました。製造ラインに戻ることを目標に定めたことで，今は出社を継続できています。

　事例の最初では，病気のリスクに対して産業医を中心とした西さんのサポートネットワークを構築することを目的に，連携支援を行っています。職場復帰支援の段階では会社が復帰可能を判断できる材料を得るためにリワークプログラムを活用しています。これらの支援は心理援助職が一人でやることではなく，チームで連携しながら取り進めることが望まれます。復職後の勤怠問題に対し上司が心配して相談に訪れますが，この事例のように上司の心配を受け止め，守秘義務に注意しつつ適切な対応をしてもらえるようアドバイスをすることも心理援助職の重要な役割です。そして，復職をゴールとせずに社会人としての活躍や自己実現を支援する長期的な見通しをもつことが求められます。

考えてみよう

従業員に対するセルフケア研修を依頼されました。どのような内容の研修にするか，その具体例を考えてみましょう。
例：ストレスとは，自分のストレス反応を知る

本章のキーワードのまとめ

メンタルヘルス対策	全体像はメンタルヘルス指針（労働者の心の健康の保持増進のための指針）に示されている。ストレスチェック，教育研修・情報提供，4 つのケアの推進，職場環境改善，メンタルヘルス不調者対応，職場復帰支援などが含まれる。
EAP（Employee Assistance Program；従業員支援プログラム）	産業・労働分野の支援の枠組みの総称である。費用負担者としての組織と，サービスを受ける従業員の双方をクライアントとしており，従業員の問題の未然防止のみならず，組織全体の生産性向上も目的としている。
マネジメント・コンサルテーション	職場や仕事に熟知した存在である管理職が，様子の心配な部下にどのように関わるかについて，メンタルヘルスや心理学の専門家である心理専門家に，アドバイスを求める相談のこと。
産業医	主治医は患者の治療の中心的役割を担うのに対して，産業医は組織と契約し，その組織で働くことができるかどうかを判断する役割を担う。
うつ病	うつ病は自殺リスクがあることから，産業・労働分野では自殺対策，労災防止対策としても重視されている。
職場復帰支援（リワーク）	主治医の職場復帰可能の判断（休職の理由となる症状の消失）と，職場復帰が成功する状態（実際に働ける状態）のギャップを埋める支援。
ストレスチェック制度	一次予防を目的としていて，50 人以上が働く職場に実施義務がある。2018 年に労働安全衛生法が改正されたことで，公認心理師は実施者になることができるようになった。産業・労働分野以外にも関わる制度である。
ハラスメント	セクシュアルハラスメントは職場における差別，パワーハラスメントは職場におけるいじめ・嫌がらせを問題視する概念と考えられる。

●第 1 章

引用文献

Llewelyn, S., & Aafjes-van Doorn, K. (2017). *Clinical Psychology: A Very Short Introduction.* Oxford University Press. (レウェリン, S., & アフェス-ヴァン・ドーン, K. 下山晴彦(編訳)(2019). 臨床心理学入門 東京大学出版会)

Marzillier, J., & Hall, J. (Eds.). (1999). *What is clinical psychology?* (3rd ed.). Oxford University Press. (マツィリア, J.,&ホール, J. (編) 下山晴彦(編訳)(2003). 専門職としての臨床心理士 東京大学出版会)

下山晴彦(2010). 臨床心理学をまなぶ 1 これからの臨床心理学 東京大学出版会

参考文献

下山晴彦(2014). 臨床心理学をまなぶ 2 実践の基本 東京大学出版会

下山晴彦(監修)(2020). 公認心理師のための「基礎科目」講義 北大路書房

下山晴彦・石丸径一郎(編)(2020). 公認心理師スタンダードテキストシリーズ 3 臨床心理学概論 ミネルヴァ書房

●第 2 章

引用文献

American Psychological Association (2011). *Revised Competency Benchmarks for Professional Psychology.* American Psychological Association https://www.apa.org/ed/graduate/revised-competency-benchmarks. doc (最終アクセス日：2019 年 7 月 24 日)

Charnbless, D. L., & Ollendick, T. H. (2001). Empirically supported psychological interventions: Controversies and evidence. *Annual Review of psychology,* **52**, 685-716. (西村美佳(2005). 経験的に支持された心理的介入——論争と証拠 行動分析学研究, **19**(1), 81-105.)

原田隆之(2015). 心理職のためのエビデンス・ベイスト・プラクティス入門——エビデンスを「まなぶ」「つくる」「つかう」 金剛出版

一般財団法人日本心理研修センター(監修)(2018). 公認心理師現任者講習会テキスト[2018 年版] 金剛出版

一般社団法人日本臨床心理士会(2016). 一般社団法人日本臨床心理士会 第 7 回「臨床心理士の動向調査」報告書 https://www.jsccp.jp/member/news/pdf/doukoucyousa_vol7.pdf (最終アクセス日：2019 年 7 月 24 日)

木村祐子(2015). 発達障害支援の社会学——医療化と実践家の解釈 東信堂

Llewelyn, S., & Aafjes-van Doorn, K. (2017). *Clinical Psychology: A Very Short Introduction.* Oxford University Press. (レウェリン, S., & アフェス-ヴァン・ドーン, K. 下山晴彦(編訳)(2019). 臨床心理学入門 東京大学出版会)

McClelland, D. C. (1973). Testing for Competence Rather Than for "Intelligence". *American Psychologist,* **28**(1), 1-14.

Rodolfa, E., Bent, R., Eisman, E., Nelson, P., Rehm, L., & Ritchie, P. (2005). A Cube model for competency development: Implications for psychology educators and regulators. *Professional Psychology: Research and Practice,* **36**, 347-354.

Schön, D. A. (1983). *The Reflective Practitioner: How Professionals Think In Action.* Basic Books. (ショーン, D. A. 柳沢昌一・三輪建二(監訳)(2007). 省察的実践とは何か——プロフェッショナルの行為と思考 鳳書房)

Schön, D. A. (1987). *Educating the Reflective Practitioner: Toward a New Design for Teaching and Learning in the Professions.* Jossey-Bass Publishers. (ショーン, D. A. 柳沢昌一・村田晶子(監訳)(2017). 省察的実践者の教育——プロフェッショナル・スクールの実践と理論 鳳書房)

下山晴彦(2009). カウンセリング/心理療法/臨床心理学 下山晴彦(編)よくわかる/臨床心理学 改訂新版 (pp. 6-9) ミネルヴァ書房

下山晴彦(2010). 臨床心理学をまなぶ 1 これからの臨床心理学 東京大学出版会

杉原保史・宮田智基(2018). SNS カウンセリング入門——LINE によるいじめ・自殺防止相談の実際 北大路書房

杉浦義典(2014). 科学者-実践者モデル 下山晴彦(編) 誠信心理学辞典 新版 (p. 357) 誠信書房

高橋潔(2009). コンピテンシー概念の効用と限界 山口裕幸(編) コンピテンシーとチーム・マネジメントの心理学 (pp. 1-20) 朝倉書店

The British Psychological Society (2019). Standards for the accreditation of Doctoral programmes in clinical psychology https://www.bps.org.uk/sites/bps.org.uk/files/Accreditation/Clinical%20Accreditation%20Handbook%202019.pdf (最終アクセス日：2019 年 7 月 24 日)

参考文献

原田隆之(2015). 心理職のためのエビデンス・ベイスト・プラクティス入門——エビデンスを「まなぶ」「つくる」「つかう」 金剛出版

Llewelyn, S., & Aafjes-van Doorn, K. (2017). *Clinical Psychology: A Very Short Introduction.* Oxford University Press. (レウェリン, S., & アフェス-ヴァン・ドーン, K. 下山晴彦(編訳)(2019). 臨床心理学入門 東京大学出版会)

Schön, D. A. (1987). *Educating the Reflective Practitioner: Toward a New Design for Teaching and Learning in the Professions.* Jossey-Bass Publishers. (ショーン, D. A. 柳沢昌一・村田晶子(監訳)(2017). 省察的実践者の教育——プロフェッショナル・スクールの実践と理論 鳳書房)

●第３章

引用文献

赤澤淳子(2000)．性別役割行動の再生産システムとしての性別役割規範　今治明徳短期大学研究紀要, **24**, 39-53.

American Counseling Association. (2014). *ACA Code of Ethics.* Alexandria, VA: Author.

Corey, M. S., & Corey, G. (2016). *Becoming a Helper* (7th ed.). Brooks/Cole Pub Co.

Corey, G., Corey, M. S., & Callanan, P. (2003). *Issues and Ethics in the Helping Professions* (6th ed.). Brooks/Cole, a division of Thomson Learning. (コウリー, G., コウリー, M. S., & キャラナン, P.　村本詔司(監訳)(2004)．援助専門家のための倫理問題ワークブック　創元社)

Hochschild, A. R. (1983). *The managed heart: Commercialization of human feeling.* University of California Press. (ホックシールド, A. R.　石川 准・室伏亜希(訳)(2000)．管理される心——感情が商品になるとき　世界思想社)

一般財団法人日本心理研修センター(監修)(2018)．公認心理師現任者講習会テキスト[2018 年版]　金剛出版

小堀彩子 (2017)．バーンアウトとセルフケア　臨床心理学, **17**(4), 550-551.

Maslach, C., & Jackson, S. E. (1981). The measurement of experienced burnout. *Journal of Occupational Behaviour,* **2**, 99-113.

Rodolfa, E., Bent, R., Eisman, E., Nelson, P., Rehm, L., & Ritchie, P. (2005). A Cube model for competency development: Implications for psychology educators and regulators. *Professional Psychology: Research and Practice,* **36**, 347-354.

割澤靖子(2017)．心理援助職の成長過程——ためらいの成熟論　金剛出版

参考文献

Corey, M. S., & Corey, G. (1998). *Becoming a helper* (3rd ed.). Brooks/Cole. (コーリィ, M. S., & コーリィ, G.　下山晴彦(監訳)(2004)．心理援助の専門職になるために——臨床心理士・カウンセラー・PSW を目指す人の基本テキスト　金剛出版)

水澤都加佐(2007)．仕事で燃えつきないために——対人援助職のメンタルヘルスケア　大月書店

割澤靖子(2017)．心理援助職の成長過程——ためらいの成熟論　金剛出版

●第４章

引用文献

Bennett-Levy, J., & Finlay-Jones, A. (2018). The role of personal practice in therapist skill development: a model to guide therapists, educators, supervisors and researchers. *Cognitive Behaviour Therapy,* **47**(3), 185-205.

Bernard, J. M., & Goodyear, R. K. (2009). *Fundamentals of clinical supervision* (4th ed.). Pearson.

平木典子(2017)．心理臨床スーパーヴィジョン——学派を超えた統合モデル 増補改訂　金剛出版

Holloway, E. L. (1995). *Clinical Supervision: A Systems Approach.* Sage.

一般社団法人日本臨床心理士会 (2016)．第 7 回「臨床心理士の動向調査」報告書

一般財団法人日本心理研修センター(監修)(2018)．公認心理師現認者講習会テキスト[2018 年版]　金剛出版

近藤孝司(2017)．臨床心理師の専門職アイデンティティの研究と教育における課題——本邦と北米の研究を比較して　臨床心理学, **17**.

厚生労働省(2017)．公認心理師カリキュラム等検討会　報告書

眞鍋一水・岡本祐子(2016)．心理臨床家のアイデンティティ発達に関する研究の動向と展望　広島大学大学院教育学研究科紀要, **65**, 139-147.

村山正治・中田行重(2012)．新しい事例検討法 PCAGIP 入門——パーソン・センタード・アプローチの視点から　創元社

Pakenham, K. I., & Stafford-Brown, J. (2012). Stress in Clinical Psychology Trainees: A Review of Current Research and Future Directions. *Australian Psychologist,* **47**, 147-155.

Roth, A. D., & Pilling, S. (2008). Using an evidence-based methodology to identify the competences required to deliver effective cognitive and behavioural therapy for depression and anxiety disorders. *Behavioural and Cognitive Psychotherapy,* **36**, 129-147.

Rønnestad, M. H., & Skovholt, T. M. (2003). The Journey of the Counselor and Therapist: Research Findings and Perspectives on Professional Development. *Journal of Career Development,* **30**(1), 5-44.

Rudaza, M., Twohigb, M. P., Ongb, C. W., & Levinb, M. E. (2017). Mindfulness and acceptance-based trainings for fostering self-care and reducing stress in mental health professionals: A systematic review. *Journal of Contextual Behavioral Science,* **6**, 380-390.

Simionato, G. K., & Simpson, S. G. (2018). Personal risk factors associated with burnout among psychotherapists: A systematic review of the literature. *Journal of Clinical Psychology,* **74**(5).

Skovholt, T., & Jennings, L. (2005). Mastery and expertise in counseling. *Journal of Mental Health Counseling,* **27**, 13-18.

Skovholt, T. M., & Rønnestad, M. H.（1992）. Themes in therapist and counselor development. *Journal of Counseling and Development,* **70**, 505-515.

Skovholt, T. M., & Rønnestad, M. H.（2012）. The Path toward mastery: Phased and themes of development. *Becoming a Therapist: On the Path to Mastery.* John Wiley and Sons.

Stoltenberg, C. D., & Delworth, U.（1987）. *Supervising counselors and therapists: A developmental approach.* Jossey-Bass.

鑢幹八郎（2004）. 心理臨床と倫理・スーパーヴィジョン　ナカニシヤ出版

Taylor, J. M., & Neimeyer, G. J.（2016）. Continuing education and lifelong learning strategies. In J. C. Norcross et al.（ed.）*APA handbook of clinical psychology. vol. 5.*（pp. 135-152）Wahington DC, APA Books.

参考文献

Hawkins ,P., & Shohet, R.（2007）. *Supervision In The Helping Professions*（3 rd ed.）. Open University Press（ホーキンズ，P., & ショエット，R.　国重浩一・バーナード紫・奥村朱矢（訳）（2012）. 心理援助職のためのスーパービジョン——効果的なスーパービジョンの受け方から，良きスーパーバイザーになるまで　北大路書房）

コーリィ, M. S., & コーリィ, G. 下山晴彦（監訳）（2004）. 心理援助の専門職になるために——臨床心理士・カウンセラー・PSW を目指す人の基本テキスト　金剛出版

コーリィ, M. S., & コーリィ, G. 下山晴彦（監訳）（2004）. 心理援助の専門職として働くために——臨床心理士・カウンセラー・PSW の実践テキスト　金剛出版

●第 5 章

引用文献

一般財団法人日本心理研修センター（監修）（2018）. 公認心理師現任者講習会テキスト［2018 年版］　金剛出版

金沢吉展（1998）. カウンセラー——専門家としての条件　誠信書房

金沢吉展（2006 ／オンデマンド版；2017）. 臨床心理学の倫理をまなぶ　東京大学出版会

厚生労働省　公認心理師法第 42 条第 2 項に係る主治の医師の指示に関する運用基準について https://www.mhlw.go.jp/file/06-Seisakujouhou-12200000-Shakaiengokyokushougaihokenfukushibu/0000192943.pdf（最終アクセス日 2018 年 1 月 31 日）

Lazarus, A. A.（2001）. Not all 'dual relationships' are taboo; some tend to enhance treatment outcomes. *The National Psychologist,* **10**, 16.

小此木啓吾（1992）. 治療者・患者間のセックス　精神療法, **18**, 422-433.

Zur, O., & Zur A.（2011）. The Facebook Dilemma: To accept or not to accept? Responding to clients' "Friend Requests" on psychotherapists' social networking sites. *Independent Practitioner,* **31**（1）, 12-17.

参考文献

Corey, G., Corey, M. S., & Callanan, P.（2003）. *Issues and Ethics in the Helping Professions*（6th ed）. Brooks/Cole, a division of Thomson Learning.（コウリー，G., コウリー, M. S., & キャラナン, P.　村本詔司（監訳）（2004）. 援助専門家のための倫理問題ワークブック　創元社）

金沢吉展（2006 ／オンデマンド版；2017）. 臨床心理学の倫理をまなぶ　東京大学出版会

子安増生・丹野義彦（編）（2018）. 公認心理師エッセンシャルズ　有斐閣

●第 6 章

引用文献

一般財団法人日本心理研修センター（監修）（2019）. 公認心理師現任者講習会テキスト［改訂版］　金剛出版

金沢吉展（1998）. カウンセラー——専門家としての条件　誠信書房

金沢吉展（2006 ／オンデマンド版；2017）. 臨床心理学の倫理をまなぶ　東京大学出版会

金沢吉展（2019）. 心理に関する支援を要する者等の安全の確保　一般財団法人日本心理研修センター（監修）　公認心理師現任者講習会テキスト［改訂版］（p. 20）　金剛出版

Lambert, M.（1992）. Psychotherapy outcome research: Implications for integrative and eclectic therapists. In M. R. Goldfried, & J. C. Norcross（Eds.）, *Handbook of Psychotherapy Integration*（pp. 94-129）. Basic Books

高柳功（1992）. 精神医療における告知同意のあり方に関する研究 平成 3 年度厚生科学研究費

Tarasoff v. Regents of the University of California, 17 Cal. 3d 425, 551 P.2d 334, 131 Cal. Rptr. 14（Cal. 1976）

参考文献

福島哲夫ほか（編）（2018）. 公認心理師必携テキスト　学研メディカル秀潤社

金沢吉展（2007）. カウンセリング・心理療法の基礎——カウンセラー・セラピストを目指す人のために　有斐閣アルマ

子安増生・丹野義彦（編）（2018）. 公認心理師エッセンシャルズ　有斐閣

●第 7 章

引用文献

長谷川啓三（2003）. 集団守秘義務の考え方　臨床心理学, **3**, 122-124.

秀島ゆかり(2017)．「秘密保持」と「手続きの透明性」を巡って　臨床心理学, 17, 39-43.

一丸藤太郎・児玉憲一・塩山二郎(2018)．心理的処遇　鑪幹八郎・名島潤慈(編著)　心理臨床家の手引　第4版 (pp. 117-143)　誠信書房

飯田修平(2017)．医療・介護における個人情報保護 Q&A　じほう

一般社団法人日本心理臨床学会(2016)．倫理基準　https://www.ajcp.info/pdf/rules/0502_rules.pdf (最終アクセス日：2019年4月10日)

金沢吉展(2006 ／オンデマンド版；2017)．臨床心理学の倫理をまなぶ　東京大学出版会

川島ゆか(2017)．秘密保持と心理臨床活動　臨床心理学, 17, 153-156.

岡村久道(2010)．個人情報保護法の知識　日本経済新聞出版社

岡村久道・鈴木正朝(2005)．これだけは知っておきたい個人情報保護　日本経済新聞社

参考文献

長谷川啓三(2003)．集団守秘義務の考え方　臨床心理学, 3, 122-124.

金沢吉展(2006 ／オンデマンド版；2017)．臨床心理学の倫理をまなぶ　東京大学出版会

鑪幹八郎・名島潤慈(2018)．心理臨床家の手引　第4版　誠信書房

● 第8章

引用文献

中央教育審議会(2015)．チームとしての学校の在り方と今後の改善方策について(答申)　http://www.mext.go.jp/b_menu/shingi/chukyo/chukyo0/toushin/__icsFiles/afieldfile/2016/02/05/1365657_00.pdf (最終アクセス日：2020年1月24日)

藤川麗(2009)．コラボレーション　下山晴彦(編)　よくわかる臨床心理学　改定新版 (pp. 38-39)　ミネルヴァ書房

一般財団法人日本心理研修センター(監修)(2019)．公認心理師現任者講習会テキスト [改訂版]　金剛出版

岩滿優美(2017)．がん医療における心理職の教育カリキュラム——チーム医療に向けて　精神療法, 43(6), 822-827.

岩谷潤・伊藤順一郎(2017)．精神科領域におけるアウトリーチ(支援)の現在と未来　臨床精神医学, 46(2), 121-126.

川島義高・山田光彦(2017)．チーム医療のための専門職連携教育　精神療法, 43(6), 809-817.

厚生労働省(2010)．チーム医療の推進について(チーム医療の推進に関する検討会 報告書) https://www.mhlw.go.jp/shingi/2010/03/dl/s0319-9a.pdf (最終アクセス日：2020年1月24日)

Marzillier, J., & Hall, J.(Eds.). (1999). *What is clinical psychology?* (3rd ed.). Oxford University Press (マツィリア, J., & ホール, J. (編)　下山晴彦(編訳)(2003)．専門職としての臨床心理士　東京大学出版会)

文部科学省・厚生労働省(2018)．公認心理師法第42条第2項に係る主治の医師の指示に関する運用基準について(通知) https://www.mhlw.go.jp/file/06-Seisakujouhou-12200000-Shakaiengokyokushougaihokenfukushibu/0000192943.pdf (最終アクセス日：2020年1月24日)

鶴光代・津川律子(編)(2018)．シナリオで学ぶ心理専門職の連携・協働——領域別にみる多職種との業務の実際　誠信書房

宇留田麗(2004)．協働——臨床心理サービスの社会的構成　下山晴彦(編)　臨床心理学の新しいかたち (pp. 219-242)　誠信書房

West, M. A. (2012). *Effective Teamwork: Practical Lessons from Organizational Research.* John Wiley & Sons. (ウェスト, M. A.　下山晴彦(監修)　高橋美保(訳)(2014)．チームワークの心理学——エビデンスに基づいた実践へのヒント　東京大学出版会)

吉田沙蘭(2019)．リファー　下山晴彦・伊藤絵美・黒田美保・鈴木伸一・松田修(編)公認心理師技法ガイド——臨床の場で役立つ実践のすべて (pp. 464-468)　文光堂

参考文献

Llewelyn, S., & Aafjes-van Doorn, K. (2017). *Clinical Psychology: A Very Short Introduction.* Oxford University Press. (レウェリン, S., & アフェス-ヴァン・ドーン, K.　下山晴彦(編訳)(2019)．臨床心理学入門　東京大学出版会)

下山晴彦・伊藤絵美・黒田美保・鈴木伸一・松田修(編)(2019)．公認心理師技法ガイド——臨床の場で役立つ実践のすべて　文光堂

下山晴彦・中嶋義文(編)(2016)．公認心理師必携　精神医療・臨床心理の知識と技法　医学書院

● 第9章

引用文献

Engel, G. L. (1977). The need for a new medical model: a challenge for biomedicine. *Science.* 196(4286), 129-136.

町田いづみ・保坂隆・中嶋義文(2011)．リエゾン心理士の理念　保坂隆(監修)　リエゾン心理士——臨床心理士の新しい役割 (pp. 1-27)　星和書店

National Institute for Clinical Excellence (2004). *Guidance on Cancer Services: Improving Supportive and Palliative Care for Adults with Cancer* (p. 78).

小川朝生(2011)．コンサルテーションとアセスメント　内富庸介・小川朝生(編)　精神腫瘍学(pp. 60-63)　医学書院

鈴木伸一(2008)．医療心理学の新展開——チーム医療に活かす心理学の最前線　北大路書房

参考文献

島井哲志・山崎久美子・津田彰(2016)．保健医療・福祉領域で働く心理職のための法律と倫理　ナカニシヤ出版

鈴木伸一(2008)．医療心理学の新展開——チーム医療に活かす心理学の最前線　北大路書房

津川律子・江口昌克(編著)(2019)．保健医療分野——理論と支援の展開　創元社

●第10章

引用文献

一般社団法人日本臨床心理士会(編)(2013)．臨床心理士のための子ども虐待対応ガイドブック　http://jsccp.jp/suggestion/sug/pdf/20161005kodomogyakutaitaiou.pdf (最終アクセス日：2020年4月10日)

数井みゆき・遠藤利彦(編)(2007)．アタッチメントと臨床領域　ミネルヴァ書房

国立社会保障・人口問題研究所　日本の将来推計人口 (平成29年度推計)　http://www.ipss.go.jp/pp-zenkoku/j/zenkoku2017/pp29_ReportALL.pdf (最終アクセス日：2020年4月10日)

厚生労働省(2015)．新オレンジプラン　http://www.mhlw.go.jp/file/04-Houdouhappyou-12304500-Roukenkyoku-Ninchishougyakutaiboushitaisakusuishinshitsu/01_1.pdf (最終アクセス日：2020年4月10日)

厚生労働省(2012)．地域社会における共生の実現に向けて新たな障害保健福祉施策を講ずるための関係法律の整備に関する法律について　https://www.mhlw.go.jp/seisakunitsuite/bunya/hukushi_kaigo/shougaishahukushi/sougoushien/dl/sougoushien-06.pdf

文部科学省　発達障害者支援法　https://www.mext.go.jp/a_menu/shotou/tokubetu/main/1376867.htm

文部科学省(2016)．発達障害者支援法の一部を改正する法律に施行について　https://www.mext.go.jp/a_menu/shotou/tokubetu/main/1377400.htm

内閣府　障害を理由とする差別の解消の推進に関する法律　https://www8.cao.go.jp/shougai/suishin/law_h25-65.html

Peck, R. C. (1955). Psychological development in the second half of life. In B. L. Neugarten (Ed.), *Middle age and aging* (pp. 88-92). University of Chicago Press.

下山晴彦(2008)．臨床心理アセスメント入門　金剛出版

障害者福祉研究会(編)(2002)．ICF 国際生活機能分類——国際障害分類改訂版　中央法規出版

東京都福祉保健局　東京都児童相談センター・児童相談所　事業案内　愛の手帳　fukushihoken.metro.tokyo.lg.jp/smph/jicen/ji-annai/a-techou.html (最終アクセス日：2019年4月14日)

参考文献

黒川由紀子(2005)．回想法——高齢者の心理療法　誠信書房

滝川一廣(2017)．子どものための精神医学　医学書院

上野一彦・松田修・小林玄・木下智子(2015)．日本版 WISC-Ⅳ による発達障害のアセスメント——代表的な指標パターンの解釈と事例紹介　日本文化科学社

●第11章

引用文献

安達知郎(2012)．学校における心理教育実践研究の現状と課題——心理学と教育実践の交流としての心理教育　心理臨床学研究, 30, 246-255.

一般社団法人日本臨床心理士会ホームページ「臨床心理士に出会うには」http://www.jsccp.jp/near/interview5.php (最終アクセス日：2020年2月1日)

一般財団法人日本心理研修センター(監修)(2018)．公認心理師現任者講習会テキスト[2018年版]　金剛出版

国立教育政策研究所　生徒指導教育センター(2003)．中1不登校の未然防止に取り組むために　平成13-15年度「中1不登校生徒調査」から．https://www.nier.go.jp/a000110/1panf.pdf (最終アクセス日：2020年2月1日)

厚生労働省・文部科学省(2016)．発達障害者支援法の一部を改正する法律の施行について (平成28年8月1日)　https://www.mext.go.jp/a_menu/shotou/tokubetu/main/1377400.htm (最終アクセス日：2020年2月1日)

文部科学省(2007)．新しい教育基本法と教育再生 (平成19年3月)．https://www.mext.go.jp/b_menu/kihon/houan/siryo/07051112/001.pdf (最終アクセス日：2020年2月1日)

文部科学省(2010)．生徒指導提要　https://www.mext.go.jp/a_menu/shotou/seitoshidou/1404008.htm (最終アクセス日：2020年2月1日)

文部科学省(2010)．小・中学校における LD (学習障害), ADHD (注意欠陥／多動性障害), 高機能自閉症の児童生徒への教育支援体制の整備のためのガイドライン(試案)第4部専門家用．

文部科学省(2014)．「不登校に関する実態調査～平成18年度不登校生徒に関する追跡調査報告書～」(平成26年7月)　https://www.mext.go.jp/a_menu/shotou/seitoshidou/1349949.htm (最終アクセス日：2020年2月1日)

文部科学省(2015)．チームとしての学校の在り方と今後の改善方策について　2015年12月中央教育審議会答申　https://www.mext.go.jp/b_menu/shingi/chukyo/chukyo0/toushin/__icsFiles/afieldfile/2016/02/05/1365657_00.

pdf（最終アクセス日：2020 年 3 月 1 日）

文部科学省(2016)．不登校児童生徒への支援に関する最終報告～一人一人の多様な課題に対応した切れ目のない組織的な支援の推進～　平成 28 年 7 月　不登校に関する調査研究協力者会議　https://www.mext.go.jp/component/b_menu/shingi/toushin/__icsFiles/afieldfile/2016/08/01/1374856_2.pdf（最終アクセス日：2020 年 3 月 1 日）

文部科学省(2017)．発達障害を含む障害のある幼児児童生徒に対する教育支援体制整備ガイドライン～発達障害等の可能性の段階から，教育的ニーズに気付き，支え，つなぐために～　https://www.mext.go.jp/component/a_menu/education/micro_detail/__icsFiles/afieldfile/2017/10/13/1383809_1.pdf（最終アクセス日：2020 年 3 月 1 日）

文部科学省(2017)．児童生徒の教育相談の充実について～学校の教育力を高める組織的な教育相談体制づくり～（報告）平成 29 年 1 月　教育相談等に関する調査研究協力者会議　https://www.mext.go.jp/component/b_menu/shingi/toushin/__icsFiles/afieldfile/2017/07/27/1381051_2.pdf（最終アクセス日：2020 年 3 月 1 日）

文部科学省(2018)．スクールカウンセラー等活用事業実施要領　文部科学省初等中等教育局長決定　2018 年 4 月 1 日一部改正　https://www.mext.go.jp/a_menu/shotou/seitoshidou/1341500.htm（最終アクセス日：2020 年 3 月 1 日）

文部科学省(2019)．平成 30 年度児童生徒の問題行動・不登校等生徒指導上の諸課題に関する調査結果について　https://www.mext.go.jp/b_menu/houdou/31/10/1422020.htm（最終アクセス日：2020 年 2 月 1 日）

中村豊(2019)．特別活動におけるガイダンス機能としての「育てる教育相談」――生徒の人と関わる資質・能力を育むための教育実践の検討　東京理科大学教職教育研究, 4.

東京都教育委員会(2014)．いじめ問題に対応できる力を育てるために――いじめ防止教育プログラム（平成 26 年 2 月）https://www.kyoiku-kensyu.metro.tokyo.jp/09seika/reports/files/bulletin/h25/materials/h25_10.pdf（最終アクセス日：2020 年 2 月 1 日）

東京都教職員研修センター(2014)．いじめ問題に関する研究報告書（平成 26 年 2 月）.

東京都教育委員会(2017)．東京都教育委員会いじめ総合対策【第 2 次】（上巻）学校の取組編（下巻）実践プログラム編　https://www.metro.tokyo.lg.jp/tosei/hodohappyo/press/2017/02/09/08.html（最終アクセス日：2020 年 3 月 1 日）

参考文献

柴崎武宏(2004)．自分が変わる・生徒が変わる交流分析　学事出版

下山晴彦(2008)．臨床心理アセスメント入門　金剛出版

村瀬嘉代子(監修)東京学校臨床心理研究会(編)(2013)．学校が求めるスクールカウンセラー――アセスメントとコンサルテーションを中心に　遠見書房

●第 12 章

引用文献

藤岡淳子(2001)．非行少年の加害と被害――非行心理臨床の現場から　誠信書房

八王子少年鑑別所効果検証班(2018)．少年の立ち直りに効果的な支援を考える――法務省式ケースアセスメントツールのデータ分析から　刑政, 129(2), 52-65.

原田杏子(2019)．司法における心理師の役割　下山晴彦・伊藤絵美・黒田美保・鈴木伸一・松田修(編)　公認心理師技法ガイド――臨床の場で役立つ実践のすべて　文光堂

ハーシ, T.　森田洋司・清水新二(監訳)(2010)．非行の原因――家庭・学校・社会のつながりを求めて　新装版　文化書房博文社

臼井渉・原田杏子(2017)．司法・矯正領域の仕事　高橋美保・下山晴彦(編)　シリーズ心理学と仕事 8　臨床心理学　北大路書房

吉村雅世・森伸子(2013)．少年矯正の現場から　伊藤冨士江(編)　司法福祉入門――非行・犯罪への対応と被害者支援　第 2 版　ぎょうせい

参考文献

門本泉(2019)．加害者臨床を学ぶ――司法・犯罪心理学現場の実践ノート　金剛出版

川島ゆか(編)(2017)．犯罪・非行臨床を学ぼう　臨床心理学, 17 (6).

高田治・大塚斉・野村俊明(編)(2019)．くらしの中の心理臨床 6　少年非行　福村出版

●第 13 章

引用文献

Hurrell, J. J., & McLaney, M. A. (1988). Exposure to job stress: A new psychometric instrument. *Scandinavian journal of work, environment & health*, 14 (Suppl 1), 27-28.

International Employee Assistance Professionals Association (2011). DEFINITIONS OF AN EMPLOYEE ASSISTANCE PROGRAM (EAP) and EAP CORE TECHNOLOGY http://www.eapassn.org/About/About-Employee-Assistance/EAP-Definitions-and-Core-Technology（最終アクセス日：2019 年 3 月 18 日）

ジャパン EAP システムズ(編)(2005)．EAP で会社が変わる！　税務研究会出版局

こころの耳(2019)．セクハラに関してまとめたページ　https://kokoro.mhlw.go.jp/sexual-harassment/（最終アクセス日：2019 年 3 月 17 日）

厚生労働省(2012)．心の健康問題により休業した労働者の職場復帰支援の手引き http://kokoro.mhlw.go.jp/guideline/files/syokubahukki_h24kaitei.pdf（最終アクセス日：2019年4月17日）

厚生労働省(2012)．職場のいじめ・嫌がらせ問題に関する円卓会議ワーキング・グループ報告．https://www.mhlw.go.jp/stf/shingi/2r98520000021hkd.html（最終アクセス日：2019年3月18日）

厚生労働省(2015改正)．労働者の心の健康の保持増進のための指針 https://www.mhlw.go.jp/hourei/doc/kouji/K151130K0020.pdf（最終アクセス日：2019年4月10日）

厚生労働省(2018)．職場のパワーハラスメント防止対策についての検討会報告書．https://www.mhlw.go.jp/stf/houdou/0000201255.html（最終アクセス日：2019年5月9日）

坂井一史(2017)．産業・組織領域の仕事 太田信夫(監修)高橋美保・下山晴彦(編) シリーズ心理学と仕事8 臨床心理学 (pp. 75-96) 北大路書房

坂井一史(印刷中)．産業・労働分野におけるチーム・アプローチ 熊野宏昭・下山晴彦(編) シリーズ「現代の臨床心理学」第3巻 臨床心理介入法 東京大学出版会

島津明人(2014)．ワーク・エンゲイジメント――ポジティブ・メンタルヘルスで活力ある毎日を 労働調査会

種市康太郎(2015)．研修デザインのための専門技能 下山晴彦・中嶋義文・妙木浩之・高橋美保(編) 臨床心理学, 15(3), 333-336.

山本和郎(2000)．危機介入とコンサルテーション ミネルヴァ書房

参考文献

平木典子・松本桂樹(編著)(2019)．公認心理師分野別テキスト⑤ 産業・労働分野理論と支援の展開 創元社

三浦由美子・磯崎富士雄・斎藤壮士(2018)．産業・組織カウンセリング実践の手引き――基礎から応用への全7章 遠見書房

下山晴彦・中嶋義文・妙木浩之・高橋美保(編)(2015)．シリーズ・今これからの心理学③ 特集これだけは知っておきたい 産業・組織領域で働く心理職のスタンダード 臨床心理学, 15(3).

このページでは，「考えてみよう」の回答例や回答するためのヒントを示しています。
自分で考える際の参考にしましょう。

■ 第1章（12ページ）
体系的な学問に基づく長期間の教育訓練を通じて習得される高度な専門的知識・技能を必要
とし，自己の利益追求よりも公共への奉仕に価値をおく職業。

■ 第2章（24ページ）
・「人間的・文化的多様性」の習得を目的としたボランティア活動への参加。
・「エビデンス・ベイスト・プラクティス」を目的とした書籍・論文の輪読を行う研究会の
　企画。
・「科学的知識と方法」の習得を目的とした心理学系学会での発表。など

■ 第3章（38ページ）
（回答のヒント）個人の事情にもよるため「これが正解」というものはないが，一例として
は，他者に影響を与えたいという欲求が強く，相手を変化させることに自分の傾向を見出す
傾向のある人は，（ポジティブな影響：）熱心に相手に関わろうとすることで支援をうまく
いかせることもあれば，（ネガティブな影響：）支援に拒否的なクライアントやなかなか変
わらないクライアントに対し，欲求不満や失望を感じたり，支配的になってしまう可能性も
考えられる。

■ 第4章（54ページ）
1．（回答例）
・まずは医療機関で正規雇用として，一定期間経験を積み，将来的には相談室を開業したい。
・結婚や育児の経験も想定しながら，複数の援助機関で非正規雇用を重ねて，そのなかで自
　分に合いそうな職場を残して，細々と臨床を続ける。など
2．（回答例）スーパーバイザーを見つけて，定期的にスーパービジョンを受けるとともに，
研修の機会があれば積極的に参加する。など

■ 第5章（68ページ）
（回答のヒント）多重関係の例は，広範囲にわたりさまざまなものがある。状況によってリ
スクの種類や大きさは異なるが，クライアントに不利益が生じる，公認心理師の中立性・客
観性が損なわれる，クライアントの依存性を高めるなどの問題が起きる可能性がある。たと
えば，「大学の担当教員が心理支援も担当する」場合は，学業上の評価に影響することを恐れ
て，クライアントが支援の場で率直に話せないかもしれない。「知人が偶然勤務先の相談
機関へ来た」場合，お互いのもともとの好悪感情や，プライベートな事情を知っていること

が支援に影響してしまう可能性も考えられる。

クライアントと親密な個人的関係をもつことは避けるべきで，関係の発展につながるような言動も控えたほうがよい。一方，偶然に起きた関係や代替の支援が見つからないなど，多重関係が避けられないケースもある。そのようなときは，起こり得るリスクや利益をクライアントに説明して支援を続けるかどうかをよく話し合い，続ける場合は悪影響が出来る限り出ないよう配慮することが求められる。

■ 第6章（78ページ）

学生相談室に男女関係に関する悩みを相談に来ていたクライアントの学生が，数回目の相談において，「恋人と別れるくらいなら相手を殺して自分も死にます」と述べた。その場合，警察への通報が必要となるが，クライアントが公認心理師に裏切られたと感じることのないよう，あらかじめ初回の相談において，他者や自身に危害が及びそうなときは介入することを説明しておく。そして，いざそのような危機的事態が迫った際には，クライアント本人に安全を考えての行動であると説明したうえで，危害の及びそうな相手や関係者に危険を伝えたり，クライアントの家族にクライアントの他害・自殺の危険があることを伝える。

■ 第7章（88ページ）

- 個人のパソコンや電子機器で記録や予約受付業務などを行わない。
- 心理臨床業務に関わる一切の記録・メモを職場から持ち出さなくて済むように，業務のタスク管理を心がける。など

■ 第8章（104ページ）

（回答例）社会福祉士の専門性と役割：専門的知識及び技術をもって，身体上若しくは精神上の障害があること又は環境上の理由により日常生活を営むのに支障がある者の福祉に関する相談に応じる。また，福祉サービスを提供する者又は医師その他の保健医療サービスを提供する者や，その他の関係者との連絡及び調整その他の援助を行う。（参照：社会福祉士及び介護福祉士法（昭和62年5月26日法律第30号））。

■ 第9章（118ページ）

（回答のヒント）保健医療分野の現場では，心理師にとって馴染みのない専門用語，略語が多く用いられる。そのため，特に働き始めた頃は，他職種の人が言っていること，書いてあることが，理解できないことも少なからずあるだろう。そうした場合に，コミュニケーションをとることに対して消極的になってしまうと，情報収集のみならず，心理師からの情報提

供も阻害される関係性になってしまい，クライアントに不利益をもたらす危険性がある。自主学習はもちろん重要であり，それに関しては学生のうちから取り組めることでもあるが，くわえて現場で他職種へ積極的に質問するということも含め，保健医療分野への理解を深めていこうとする姿勢が重要になる。これはアセスメントの視点についても同様である。他職種の用語や文化，視点を理解しようとすることは，生物・社会面を含めた多角的なクライアント理解にもつながり，スムーズな多職種連携を促すだろう。

■ 第10章 (124ページ)

1．（回答例）「15時になったらおやつが来ますのでこちらに座ってお待ちください（今後の予定を繰り返し伝える）」，「娘さんが「今日はお母さん夕方までここで楽しんでね」って言っていましたよ（身近な人の保証を伝える）」，「ここにいるのがなんだか落ち着かない気持ちがするんですね（共感を示す）」，「一緒におしぼりたたみをしませんか（役割や作業をお願いして不安感をまぎらわす）」など。

（129ページ）

2．子どもが安心感，安全感を持ち，育みそびれた発達課題を積み重ね直すことができるような養育環境。これに加え，必要に応じて専門的な治療的関与。

（133ページ）

3．「検査の実施がその子の支援に役立つと考えられる理由」を丁寧に説明すること。

■ 第11章 (146ページ)

- 子どもたちの発達段階に対する知識や理解。
- 子どもたちとのカウンセリングを充実させる技能。
- 学校の地域性や伝統（教育目標）を理解しようとする姿勢。
- 教職員と連携し協働するチームワーク力。
- 授業観察を積極的に行い日常の子供たちの姿に触れようとする態度。
- 管理職への報告・連絡・相談を怠らない姿勢。
- 専門的な知識や情報を教職員や保護者にわかりやすく伝える技術や姿勢。
- 心理教育を含め校内研修を実施するための知識や技能。
- 地域の専門機関の役割や機能をよく理解すること。
- 知能検査や発達検査に精通し，その結果をわかりやすく相手に伝える知識と技術。など

■ 第12章（158ページ）

1. 非自発的な対象者が何らかの意思を示した場合には，その話に熱心に耳を傾けつつ，必要に応じて面接者の役割について説明するなどして，その面接の場をどんな目的で使っていくかを一緒に検討する姿勢が大切である。また，対象者が情報不足で困っている様子であれば，知りたいと思うような客観的な情報を提供することも有益である。

2. 犯罪被害者への支援等のあり方として，まずは不用意な発言で相手を傷つける可能性があることを意識したい。また，クライアントは支援を自ら望んでいるというよりも，不本意ながら支援を受けざるを得ない状況に陥ったととらえていても不思議ではなく，押しつけがましい関わり方になっていないかどうか，求めたい支援を求めづらい雰囲気を作り出していないかどうかにも気をつけるようにしたい。

■ 第13章（172ページ）

（回答のヒント）労働者の心の健康の保持増進のための指針（厚生労働省，2015改正）によると，セルフケアに関する教育研修として以下の内容を取り上げることで，心の健康に関する理解の普及を図ることとすると言及されている。

① メンタルヘルスケアに関する事業場の方針

② ストレス及びメンタルヘルスケアに関する基礎知識

③ セルフケアの重要性及び心の健康問題に対する正しい態度

④ ストレスへの気づき方

⑤ ストレスの予防，軽減及びストレスへの対処の方法

⑥ 自発的な相談の有用性

⑦ 事業場内の相談先及び事業場外資源に関する情報

　事業場を取り巻く状況，研修の時間，研修のデザイン（種市，2015）などを踏まえて，上記の内容に関連するテーマを取り上げていくことが求められる。

索引

執筆者紹介（執筆順）

下山晴彦（しもやま・はるひこ，東京大学大学院教育学研究科教授）編著者まえがき・第1章・第8章

菅沼慎一郎（すがぬま・しんいちろう，防衛大学校人文社会科学群人間文化学科准教授）第2章

慶野遥香（けいの・はるか，筑波大学人間系心理学域助教）第3章・第5章

高橋美保（たかはし・みほ，東京大学大学院教育学研究科教授）第4章

細川大雅（ほそかわ・たいが，ストレスケア東京上野駅前クリニック院長）第6章

五十嵐友里（いがらし・ゆり，東京家政大学人文学部講師）第7章

藤川　麗（ふじかわ・うらら，駒沢女子大学人間総合学群心理学類教授）第8章

吉田沙蘭（よしだ・さらん，東北大学大学院教育学研究科准教授）第9章

芳賀ゆふ（はが・ゆう，元特別養護老人ホーム三井陽光苑非常勤心理士）第10章第1節

内海新祐（うつみ・しんすけ，児童養護施設旭児童ホーム心理療法担当職員）第10章第2節

高岡佑壮（たかおか・ゆうしょう，東京認知行動療法センター／東京発達・家族相談センター心理職）第10章第3節

石川悦子（いしかわ・えつこ，こども教育宝仙大学こども教育学部教授）第11章

原田杏子（はらだ・きょうこ，矯正研修所効果検証センター効果検証官補）第12章

坂井一史（さかい・ひとし，住友商事グループSCGカウンセリングセンターセンター長付）第13章

編集　株式会社ミネルヴァ書房　編集部　丸山碧

監修者

下山晴彦 (しもやま・はるひこ，東京大学大学院教育学研究科教授)

佐藤隆夫 (さとう・たかお，人間環境大学人間環境学部教授)

本郷一夫 (ほんごう・かずお，東北大学名誉教授)

編著者

下山晴彦 (しもやま・はるひこ)
東京大学大学院教育学研究科教育心理学専攻博士課程中退，博士 (教育学)
現在：東京大学大学院教育学研究科臨床心理学コース教授
主著：『臨床心理学をまなぶ1　これからの臨床心理学』(単著) 東京大学出版会，2010年
　　　『公認心理師のための「基礎科目」講義』(監修・共編著) 北大路書房，2020年

慶野遥香 (けいの・はるか)
東京大学大学院教育学研究科総合教育科学専攻臨床心理学コース博士課程単位取得退学
現在：筑波大学人間系心理学域助教
主著：『テキスト臨床心理学　別巻　理解のための手引き』(共著) 誠信書房，2008年

公認心理師スタンダードテキストシリーズ①
公認心理師の職責

2020年7月20日　初版第1刷発行　　　　　　　　〈検印省略〉
2022年1月30日　初版第2刷発行

定価はカバーに
表示しています

監 修 者	下	山	晴	彦
	佐	藤	隆	夫
	本	郷	一	夫
編 著 者	下	山	晴	彦
	慶	野	遥	香
発 行 者	杉	田	啓	三
印 刷 者	坂	本	喜	杏

発行所　株式会社　ミネルヴァ書房
607-8494　京都市山科区日ノ岡堤谷町1
電話代表 (075) 581-5191
振替口座 01020-0-8076

Ⓒ下山・慶野ほか，2020　　冨山房インターナショナル・新生製本

ISBN978-4-623-08611-5

Printed in Japan

公認心理師スタンダードテキストシリーズ

下山晴彦・佐藤隆夫・本郷一夫　監修

全23巻

B5判／美装カバー／各巻200頁程度／各巻予価2400円（税別）

───── ミネルヴァ書房 ─────
http://www.minervashobo.co.jp/